DOC CHILDRE
KANNST DU MIT DEM HERZEN SEHEN?
MIT KINDERN DIE HERZINTELLIGENZ ENTDECKEN. 77 SPIELE

REIHE: HEARTMATH – HERZINTELLIGENZ

Doc Childre

Kannst du mit dem Herzen sehen?

Mit Kindern die Herzintelligenz entdecken
77 Spiele

Reihe: HEARTMATH – HERZINTELLIGENZ

Unter Mitarbeit von Sara Hatch Paddison,
Deborah Rozman, Jeffrey Goelitz und Wanda Wortmann

VAK Verlags GmbH

Kirchzarten bei Freiburg

Titel der amerikanischen Originalausgabe:
Teaching children to love. 80 games & fun activities for raising balanced children in unbalanced times
© 1996, Planetary Publications
Erschienen bei: Planetary Publications, Boulder Creek, California 95006, USA
ISBN 1-879052-26-1

Hinweise des Verlags

Dieses Buch dient der Information über pädagogische Möglichkeiten zur Förderung des Herzkontaktes. Die dargestellten Verfahrensweisen haben sich in der Praxis als sicher und effektiv bewährt. Wer sie anwendet, tut dies in eigener Verantwortung. Autor und Verlag können keine Haftung für Probleme übernehmen, die sich vielleicht aus irgendwelchen Gründen bei der Anwendung ergeben. Sie beabsichtigen auch nicht, Diagnosen zu stellen und Therapieanweisungen zu geben. Die hier beschriebenen Verfahren sind nicht als Ersatz für professionelle Hilfe bei ernsten gesundheitlichen Beschwerden zu verstehen.

Die Methode HEARTMATH® – HERZINTELLIGENZ sowie deren Techniken FREEZE-FRAME®, HEART LOCK-IN™, CUT-THRU® und Heart Mapping® sind allesamt geschützte Warenzeichen des *Institute of HeartMath* (IHM), Boulder Creek (Kalifornien). Auch die einzelnen Schritte der Techniken sind geschützt.

Die Deutsche Bibliothek – CIP-Einheitsaufnahme
Childre, Doc:
Kannst du mit dem Herzen sehen? : mit Kindern die Herzintelligenz entdecken ; 77 Spiele /
Doc Childre [Übers.: Elisabeth Lippmann] – Kirchzarten bei Freiburg: VAK Verlags GmbH, 2000
(Heartmath, Herzintelligenz)
Einheitssacht.: Teaching children to love <dt.>
ISBN 3-932098-63-3

© VAK Verlags GmbH, Kirchzarten bei Freiburg, 2000
Übersetzung: Elisabeth Lippmann
Satz und Layout: Norbert Alvermann, Gabriele Malm
Umschlag: Hugo Waschkowski
Druck: Kessler Verlagsdruckerei, Bobingen
Printed in Germany
ISBN 3-932098-63-3

Inhalt

Vorwort ... 10

Kapitel 1: Wie Kinder lernen, mit dem Herzen zu sehen ... 13
Was ist Intelligenz? ... 14
Vielfache Intelligenzen ... 15
Die Physiologie der Herzintelligenz ... 16
Zur Arbeit mit diesem Buch ... 19
Beschreibung der grundlegenden Techniken ... 20
Heart Lock-In™ ... 20
Freeze-Frame® ... 22
Cut-Thru® ... 22
Weitere Techniken ... 25

Kapitel 2: Die Liebe entdecken ... 27
Heart Lock-In™ ... 28
Ich drück dich, du drückst mich ... 30
Herzball ... 31
Liebe schicken ... 33
Herzensfreund ... 35
Seifenblasen ... 37
Würfelspiel mit Herz ... 38
Dinge, die das Herz anrühren ... 43
Partner im Herzen ... 48
Heart Mapping® (Herzskizze) ... 49
Tagebuch für Kopf und Herz ... 52

Kapitel 3: Wertschätzung ... 55
Wertschätzung in der Familie ... 56
Bitte und danke sagen ... 59
Tagesereignisse würdigen ... 61
Anerkennung bei den Mahlzeiten ... 62
Kreisspiel mit Anerkennung ... 63
Jede(r) gewinnt ... 65

Kapitel 4: Freeze-Frame ... 67
Wie man Freeze-Frame an Kinder vermittelt ... 68
Fröhlich mit Freeze-Frame ... 69
Geschichten malen mit Freeze-Frame ... 70
Fangen mit Freeze-Frame ... 72
Freeze-Frame-Schatzkiste ... 74
Herzurkunde ... 76
Herz-Erinnerungskarten ... 80

Wunderland des Herzens 82
Codewort: Rot 85

Kapitel 5: Fürsorge 87
Captain CUT-THRU 88
Das Mixerexperiment 94
Kleine Ängste in Spaß verwandeln 95
Forschungsreise in die Welt der Gefühle 97
Lieblingstiere 99
Geheime Freunde 101
Mission Sternenflotte 102
Meine Welt ausschneiden und aufkleben 106
Fürsorge statt Überfürsorglichkeit 107
Rate, was ich fühle 110

Kapitel 6: Aufmerksam zuhören 113
Beruhigt einschlafen 114
Herzohren aufsetzen 115
Die Erde berühren 117
„Oh, oh!" 118
Bewusst wahrnehmen 120
Blind kopieren 121
Regenrohre 122
Intuitiv zuhören 124
Musikgenerationen 126

Kapitel 7: Kommunikation 127
Herztöne 128
Fingergedichte 129
Redestäbe 132
Wer sagt die Wahrheit? 133
Herzensergüsse 134
Wie würdest *du* reagieren? 136
Gespräche am Lagerfeuer 138

Kapitel 8: Ausgeglichenheit 139
Mobiles als Gedächtnisstützen 140
Bewegung, Balance und Spaß 143
Nach Herzenslust kreativ sein 145
Zeit für uns 146
Balance 147
Himmel und Hölle 149
Gewinn-und-Verlust-Karten 151
Niemandsland 159
Gewinn-Verlust-Protokoll 161

Kapitel 9: Die Wahrnehmung vertiefen 163
Besser erkennen und reagieren 164
Ein Fest für die Sinne 166
Hast du das schon mal gesehen? 167
„Ach, nicht weiter schlimm!" 168
Wo wohnst du? 170
Hey, das ist cool 174
Urteile fällen 176
Selbstwahrnehmung 177
Umfrage über Stress 179

Kapitel 10: Teamarbeit 183
Freeze-Frame-Marsch 184
Bilderpuzzle 185
Im Rhythmus klatschen 187
Nichts wie ran! 188
Sketche mit Herz 190
Irrgarten 192
Schnelle Kette 195
Blinde Geometrie 196
Fantasieinseln 197

Anhang 199
Anmerkungen 201
Über den Autor 202
Über die Mitarbeiter 203

Aus Buchbesprechungen

„Wenn Sie Ihre Kinder zu mehr Herzenergie und Herzintelligenz inspirieren wollen, verschlingen Sie dieses Buch und wenden Sie alle darin gelehrten Techniken an."
Mark Victor Hansen, Autor von *Chicken Soup for the Soul*

„Außerordentlich ... Alle Spielvorschläge vermitteln den Zusammenhang zwischen Liebe und der Entwicklung der emotionalen Fähigkeiten des Kindes."
Hudson Valley Parent Magazine

„Sehr lohnenswert ... positive Möglichkeiten zur Verbesserung von Kommunikation und Verständnis in der Familie. Zeigt, was die Welt bewegt."
Nashville Parent Magazine

„Techniken für eine neue Generation von Menschen, die fähig sind, mit allem und jedem fertig zu werden."
Moving Worlds

„Wertvoll für Eltern, Lehrer und natürlich Kinder."
NAPRA REVIEW

„Ein Muss für alle Eltern, Pädagogen und Erzieher!"
Leading Edge Review

„Ideal für die abendlichen Aktivitäten in der Familie ... unverzichtbare Lektüre für alle Eltern ... hilft den Kindern glücklich und liebevoll aufzuwachsen."
Wisconsin Bookwatch

Widmung

Dieses Buch ist gewidmet allen Eltern, Lehrern, Betreuern von Kindern, Beratern, Verwandten, Familien und allen Menschen, die die Verantwortung haben, die Kinder unserer Welt zu lieben, zu erziehen und für sie zu sorgen. Ich hoffe aufrichtig, dass die Spiele und die Aktivitäten und das Verständnis von Liebe, wie es im vorliegenden Buch dargestellt wird, Erwachsenen und Kindern auf der ganzen Welt helfen, die Intelligenz, die Freude und die Kraft der Liebe zu entdecken, die Voraussetzung dafür sind, in unserer unruhigen Zeit ausgeglichene Kinder großzuziehen.

Danksagung

Viele Eltern, Lehrer, Berater und Kinder aus verschiedenen Regionen der Erde und unterschiedlichen sozialen und wirtschaftlichen Verhältnissen leisteten ihren Beitrag durch Erprobung der beschriebenen Aktivitäten. Ihre Bereitschaft, diese neuen Ideen zu testen, und ihre anschließenden Kommentare und Einschätzungen waren von unschätzbarem Wert für die Modifizierung der Aktivitäten, damit diese besser und vielseitig anwendbar wurden.

Wir danken folgenden Eltern, die sich die Zeit nahmen, die Aktivitäten mit ihren Kindern auszuführen: Diana Govan, Naomi Hamamoto, Josefina Viramontes, Carmela Diaz, James Beach, Judie DePesa, Carol Nahod, Barbara Benson, Jane Shuman, Mary Felice, Byron Vineyard, Linda Davine, Kay Steinfeld, Cate McCaughan, Christy Barrera und Michele Pearson.

Wir danken folgenden Lehrern, Beratern, Kinderbetreuern und Koordinatoren für ihre Hilfe: Jim McCaughan, Johnette Picard, Bonita Grandal, Kay Lui, Martha Aines, Kerry Hunt, Marilyn Shaner, Jenny Day, Jan Blom, Ursula Thrush, Edie Fritz, Susan Timmer, Chris Brazil, Lina Jo White, Mikki Robert, Patrice Khan, Twila Christman und Susan Polletts.

Unser besonderer Dank gilt den Fotografen: JJ McCraty, Lena Goelitz, Mikki Robert, Bonita Grandal, Byron Vineyard, Naomi Hamomoto, Sheila Carrillo, Patrice Khan und Susan Timmer.

Wir danken Joseph Chilton Pearce für sein Vorwort, Sandy Royall, der Illustratorin, die durch ihre Kunst die Spiele zum Leben erweckt, Kathryn McArthur für die technische Gestaltung und JJ McCraty für das Organisieren von Produktion und Illustration.

Vorwort

Die revolutionäre Entdeckung, dass unser Herz für die Gehirnfunktionen eine entscheidende Rolle spielt, wird seit mehreren Jahren vom *Institute of HeartMath* (abgekürzt IHM; vgl. Anhang: „Über den Autor") durch Veröffentlichungen und Seminare verbreitet. So spricht man seit einiger Zeit von der „emotionalen Intelligenz" – einer populären Annahme, die jedoch die „Herzintelligenz" noch nicht einbezieht, von der sie eigentlich ausgeht. Die Dynamik Herz-Gehirn spielt eine grundlegend wichtige Rolle in unserer intellektuellen und kreativen Entwicklung, und sie entscheidet darüber, wie unser Familien- und Sozialleben aussieht. Die Entdeckung dieser Dynamik lässt die Intelligenz allgemein in einem neuen Licht erscheinen und sollte unsere Vorstellung von Liebe revolutionieren. Das *HeartMath*-Institut hat dank seiner hervorragenden, innovativen Forschung die Herzintelligenz und Liebe aus dem Bereich der Sentimentalität in den der Biologie befördert. Und gleichermaßen wichtig: Doc Childre und seine Mitarbeiter haben im vorliegenden Buch praktische Übungen ausgearbeitet, mit deren Hilfe jeder Mensch an seiner natürlichen Begabung arbeiten, sie entwickeln und fördern kann.

Ein neues, allgemein anerkanntes Buch, *Descartes' Irrtum: Fühlen, Denken und das menschliche Gehirn,* von Antonio R. Damasio, hat schlüssig bewiesen, dass Emotionen nicht nur unterstützende Funktion für das menschliche Denken, für Vernunft, Logik, analytisches Denken und alle höheren Formen des Intellekts haben, sondern diese nachhaltig beeinflussen. Das nachfolgend erschienene Buch von Daniel Goleman, *Emotionale Intelligenz,* hat Damasios Beobachtungen bestätigt und einer breiten Öffentlichkeit bekannt gemacht. Heute sind Zweifel an der klassischen Vorstellung angebracht, die uns vermittelt wurden, als wir noch Studenten waren, dass nämlich Intelligenz eine abgehobene, höherwertige, reine Gehirntätigkeit sei, die nicht durch Emotionen oder Empfindungen „kontaminiert" sei. Wir wissen mittlerweile, dass dies ein gefährlicher Irrtum ist.

In unserem Gehirn befindet sich eine deutlich erkennbare „emotional-kognitive" Struktur, die als Kommandozentrale für unseren Gesamtorganismus aus Geist und Körper funktioniert. Dieses Zentrum des Gehirns ist durch direkte neurale und hormonale Verbindungen mit unserem Herzen verbunden und wird durch ein vom Herzen ausgehendes elektromagnetisches Feld beeinflusst, das 40 bis 60 Mal stärkere Amplituden aufweist als das elektrische Feld des Gehirns. Diese aus Herz und Gehirn bestehende Dynamik moduliert und reguliert alle Funktionen von Körper und Gehirn, beeinflusst unsere endokrinen Drüsen, das Immunsystem, die Fähigkeit zur Selbstheilung des Körpers, das gesamte Gedächtnis und jegliches Lernen, die DNA-Aktivität und natürlich unsere Beziehungen.

Unser emotionales Zentrum integriert und verkoppelt die unzähligen Bereiche des Gehirns; damit wird synchrone und effektive Gehirnaktivität möglich, allerdings nur in dem Umfang, wie unser emotionales Leben entwickelt, zentriert und stabil ist. Das zu erreichen ist der Zweck der vielen nachfolgenden Übungen und Spiele. Untersuchungen zeigen, dass in dem Augenblick, in dem wir emotional „erregt" sind, jegliche neurale Tätigkeit, Lernen, Gedächtnisleistungen, logisches Denken, die Fähigkeit, Probleme zu lösen, usw. nachteilig beeinflusst werden. Oder einfacher gesagt, unter dem Einfluss von Befürchtungen, Wut oder Angst kann das Gehirn nicht angemessen reagieren. Im Zustand der Wut sind wir oft wie „verrückt", das heißt irrational, nicht voll leistungsfähig oder geistig nicht zurechnungsfähig, ein Zustand, in dem wir uns sehr viel öfter befinden, als wir zugeben würden – ein Zustand, in dem wir wichtige Entscheidungen treffen und uns oft selbst ungemein schaden. So ist es sowohl für unser bloßes Überleben wie für unsere kreative Intelligenz entscheidend wichtig, dass wir die emotionale Intelligenz entwickeln und dass Kinder lieben und mit dem Herzen sehen lernen.

Vor etwa zehn Jahren entdeckten Psychologen das „zustandsspezifische Lernen": Man fand heraus, dass unser emotionaler Zustand integraler und permanenter Bestandteil jeder Lernerfahrung ist. Ob es nun die ersten zögernden Schritte eines Kindes sind oder die Mathematikkurse an der Universität – der emotionale Zustand, in dem wir uns im Augenblick des Lernens befinden, prägt sich als Teil des Lernstoffs ein. Wenn wir das Gelernte später anwenden, tritt meist derselbe emotionale Zustand wieder auf und verbindet sich mit dieser Beschäftigung. Ein Beispiel: Wenn wir in einer angstgeladenen Atmosphäre lernen, dass zwei plus zwei vier ergibt, bedeutet das, dass zwei mal zwei im späteren Leben immer eine angstvolle Vier ergibt. Zudem hat der emotionale Zustand im Augenblick des Lernens Einfluss darauf, die gut das Gelernte im Gedächtnis verfügbar oder assoziativ zugänglich ist.

Obwohl wir uns dessen nicht bewusst sind, arbeitet unser Gehirn stark selektiv und meidet, „übersieht" unter Umständen Gelerntes, das mit Schmerzen oder Unglücklichsein assoziiert war, auch wenn solche „Erinnerungen" als wichtigste Einzelfaktoren unserer Erziehung angesehen werden könnten. Wir haben entdeckt, dass Kinder geliebt werden müssen und umgekehrt auch lieben lernen müssen, damit sich wirkliche Intelligenz entfalten kann. *Kannst du mit dem Herzen sehen?* bietet die Möglichkeit, zu Hause und in der Schule auf vergnügliche Weise das zu lernen, was so oft tragisch vernachlässigt wird: emotionales Selbstmanagement. Wenn es uns gelingt, im Fall von Widrigkeiten einen positiven Zustand aufrechtzuerhalten, können wir intelligent auf Anforderungen von außen reagieren. Allzu oft reagieren wir hektisch und ängstlich – und ohne Verstand.

Unser emotionales Gehirn hat direkte neurale Verbindungen mit den präfrontalen Teilen des Neokortex (der entwicklungsgeschichtlich jüngste Teil des Gehirns). Das ist von großer Bedeutung. Die präfrontalen Lappen sind der jüngste Teil; und wenngleich ihre Funktionsweise noch weitgehend unbekannt ist, da ihre Entwicklung noch kein signifikantes Niveau erreicht hat, sind sie doch ein entscheidendes Glied in der Verbindung zwischen Herz und Gehirn. Sie scheinen mit den „höheren menschlichen Tugenden" wie Liebe, Barmherzigkeit, Vergebung, Mitgefühl, Fürsorge zusammenzuhängen. Diese „Fähigkeiten des Herzens", die in unserer heutigen Gesellschaft weitgehend fehlen, sind im vorliegenden Buch Ziel und Thema.

Während die untersten Schichten des präfrontalen Kortex schon sehr bald in unserem Leben aktiv sind und für logische Überlegungen und „gesunden Menschenverstand" zuständig sind, bilden sich die oberen präfrontalen Bereiche des Gehirns als letzte. Ihre eigentliche Entwicklung setzt erst nach einem „Wachstumsschub" im Alter von etwa acht Jahren ein, und ihre neuralen Pfade werden in der späten Kindheit und im Erwachsenenalter angelegt; sie sind vor dem Alter von 21 Jahren strukturell nicht vollständig und somit kann die endgültige Entwicklung nicht abgeschlossen werden. Damit deutet sich an, dass die Entwicklung eines großen Teils unseres Gehirns von Natur aus erst in reifen Jahren vorgesehen ist, während man früher annahm, dass die neuralen Bahnen des Gehirns bereits gegen Ende der Jugendzeit vollständig von Myelin umgeben und stabil seien.

Das Herz ist mit den präfrontalen Lappen durch das emotionale Gehirn verbunden, und dadurch ist eine „höhere Herzfrequenz" verfügbar, die im Zustand der Reife den Zugang zu einer völlig anderen Form der Intelligenz möglich macht (was bei solchen Entwicklungen der Evolution offensichtlich beabsichtigt ist). Da die Verbindung zum Herzen jedoch nur über das emotionale Gehirn verläuft, bekommen wir nur dann Zugang zu dieser höheren Ebene, wenn sich das emotionale Gehirn vollständig entwickelt hat. Kindheit und Jugend sind die Perioden für die emotionale Entwicklung, die alleinige Voraussetzung für Weiterentwicklung und Reifung der Intelligenz. *Kannst du mit dem Herzen sehen?* von Doc Childre ist der erste – und soweit mit bekannt ist – einzige Leitfaden, der spezifische Anleitungen zum Schaffen dieser Voraussetzung vermittelt.

Liebe erweist sich als unsere grundlegende „Überlebensintelligenz", aber sie muss wie alle Intelligenzen entwickelt werden. Lieben zu lernen ist nicht nur der Ausgangspunkt für alle höheren Formen des Intellekts; Lieben kann auch in jedem

Alter erlernt werden. Im Idealfall lernt ein Kind dadurch lieben, dass es geliebt wird; aber manche Menschen haben das als Kinder selbst nicht erfahren und haben Schwierigkeiten, ihren eigenen Kindern die notwendige Wärme zu geben. Glücklicherweise können die folgenden Spiele und Übungen sowohl die Herzen von Erwachsenen als auch die Herzen der Kinder öffnen. Denn nur wenn wir als Erwachsene diesen Zustand liebevoller Zuwendung kennen und immer wieder erleben, können wir für unsere Kinder Modell sein und sie anleiten. Unsere Kinder lernen mehr durch das, was wir *sind*, als durch das, was wir sagen; also müssen wir so *sein*, wie wir es uns für unsere Kinder wünschen.

Als Letztes möchte ich noch betonen, dass Bewegung ebenfalls integraler Teil der emotionalen Intelligenz und des Lernens ist, auch bei Erwachsenen. Liebe ist nicht nur ein Zustand, Liebe ist auch Handeln. Deshalb finden Sie bei den folgenden Spielen ruhiges Zuhören ebenso wie tatkräftiges Tun, damit Sie für fast jede Situation und jedes Bedürfnis etwas Passendes finden. Eltern oder Lehrer, die eine echte intellektuell-körperlich-geistig-spirituelle Entwicklung fördern wollen, werden das vorliegende Buch als unendlich hilfreich erfahren. Und sie können ein Spielabenteuer erleben, dessen Ende offen bleibt und das immer weiterwirkt, sowohl bei ihnen als auch bei den Kindern.

Joseph Chilton Pearce

Kapitel 1

Wie Kinder lernen, mit dem Herzen zu sehen

Das vorliegende Buch möchte Hilfestellung geben, damit Eltern trotz des raschen Wandels in unserer Welt durch ihr Vorbild erreichen, dass ihre Kinder ausgeglichen sind. Es behandelt im Kern alles, was man braucht, um Werte zu vermitteln, um die Intelligenz zu steigern, die Kommunikation und die familiären Bindungen zu verbessern – kurzum damit Kinder die Chance haben, glücklich und liebevoll zu werden. Lieben zu lernen beginnt mit der Geburt und zieht sich durch das gesamte Leben. Es gibt bereits viele Bücher, die beschreiben, wie Werte und Kommunikationsfertigkeiten gelehrt werden können, wie der IQ gesteigert werden kann, außerdem zu weiteren populären Themen. Dennoch fühlen sich Kinder heute weniger geliebt, stärker verwirrt und verängstigt und mehr unter Druck als je zuvor. Vielen bereitet das Lernen Schwierigkeiten. Die Depressionsrate unter Kindern ist zehn Mal höher als in den fünfziger Jahren. Alkohol und Drogenmissbrauch, Kriminalität und Gewalt unter Kindern sind verbreitet wie nie zuvor. Alle verlangen wieder nach den altmodischen Bindungen und Werten. Eltern und Lehrer bemühen sich nach Kräften, können aber nur schwer mit dem schnellen Tempo des Lebens mithalten.

Untersuchungen haben ergeben, dass Kinder, die nicht genügend Liebe erfahren, mehr Mühe mit dem Lernen haben. In einer unterstützenden, fürsorglichen Umgebung lernen Kinder gerne. Oder einfacher gesagt: Erwachsene wissen, dass Liebe sehr wichtig ist, damit Kinder sich sicher fühlen und gesund und glücklich sind. Heute jedoch verfügen weniger Kinder als früher über ein liebevolles Zuhause oder eine unterstützende Umgebung in der Schule. Und warum? Bei allem technologischen Fortschritt haben nur wenige von uns gelernt, *wie* man liebt. Und das ist entscheidend. Liebe ist der Kern, die Essenz aller Werte. Wenn ein Kind Freude am Leben hat, ist die Liebe ein ganz natürlicher Bestandteil. Liebe ist die Voraussetzung für eine positive und hoffnungsvolle Zukunftsperspektive. Grundsätzlich gilt, dass Liebe notwendig ist, um die vielfältigen Anforderungen unseres heutigen Lebens auszubalancieren.

Das Ziel dieses Buches besteht darin, Kinder zu lehren, wie man liebt und wie man mit dem Herzen sieht – also ihr Know-how zu erweitern. Entsprechende Übungen, Techniken, einfache Spiele und vergnügliche Aktivitäten werden Ihren Kindern helfen, ihre kindliche Freude, ihren kindlichen Geist bis ins Erwachsenenalter zu bewahren. Zu wissen, wie man liebt, kann Ihren Kindern helfen, das Leben zu lieben und Herausforderungen mit Optimismus, mit Verantwortungsgefühl und Unternehmungsgeist anzunehmen. Kinder, die lernen, wie man liebt, bleiben gesund und ausgeglichen. Sie entwickeln ein besseres Verständnis für die Vielfalt des Lebens. Sie treffen bessere Entscheidungen, sie können besser für sich und andere sorgen und sie geben ihr Wissen, wie man liebt, wiederum an ihre Kinder weiter.

In dem Elternratgeber *Immer dem Herzen nach* (Kirchzarten: VAK, 2000) wird erläutert, wie sich durch Liebe die Herzintelligenz – verbesserte Wahrnehmung und intuitives Verständnis – fördern lässt. Wiederholt wird ein Satz zitiert, der oft von Elternberatern und Pädagogen zu hören ist: „Liebevolle Eltern bieten ihren Kindern von sich aus eine sichere Umgebung, in der sie das Leben als eine Folge von Herausforderungen betrachten, durch die sie Selbstvertrauen aufbauen können, und nicht als eine unaufhörliche Kette von unlösbaren Problemen, die ihr Selbstwertgefühl zerstören." Kinder, die sich nicht geliebt fühlen und selbst nicht wissen, wie man liebt, verfügen über eine begrenzte Intelligenz und sie wissen oft nicht, wie sie angemessen auf Herausforderungen in ihrem Leben reagieren sollen. Das vorliegende Buch *Kannst du mit dem Herzen sehen?* ist eine ideale Ergänzung zu dem erwähnten Elternratgeber. Es bietet vergnügliche Spiele und kreative Aktivitäten zur Förderung der Herzintelligenz bei Kindern.

Was ist Intelligenz?

Mit Intelligenz meint man gemeinhin die Fähigkeiten des Lernens, des Denkens und Verstehens: die Befähigung Schlüsse zu ziehen, Beziehungen zu deuten, Fakten und Bedeutungen zu erkennen, usw. Intelligent sein heißt auch zu erkennen, ob ein Verhalten angemessen ist und Erfolg verspricht. Seit langem wird diskutiert, ob Intelligenz ererbt oder durch die Umgebung beeinflusst wird. Im Elternratgeber *Immer dem Herzen nach* habe ich erklärt, dass die DNA zwar den Kode für das grundlegende Muster der Gehirnentwicklung enthält, jedoch nicht für alle neuronalen Verbindungen. Diese entstehen auf Grund von Erfahrungen und Umwelteinflüssen. Wenn Kinder nicht genügend Liebe erhalten, wenn sie ständig übermäßig stimuliert werden oder Angst oder Sorgen haben, sind sie dauernd mit ihrem inneren Stress beschäftigt. Dadurch sind sie nur eingeschränkt anpassungsfähig. Wenn sie sich an den Stress gewöhnen, entstehen im Laufe der Entwicklung ihrer neuronalen Gehirnmuster Stressreaktionsmuster. Martin Seligman, Autor von *The Optimistic Child*, stellt fest, dass trotz der ausgeprägten Bemühungen um die Förderung der Selbstachtung und trotz vieler Erziehungstheorien die heutigen Kinder viel häufiger depressiv und pessimistisch sind als je zuvor.[1] Kinder brauchen Liebe. Sie müssen lernen, ihr kindliches Gemüt zu bewahren oder wiederzubeleben. Eine spielerische, liebevolle Einstellung ist der Schlüssel zu lebenslangem Lernen.

Vielfache Intelligenzen

In seinem Buch *Abschied vom IQ* vertritt Howard Gardner die Auffassung, dass der Mensch über vielfache Intelligenzen verfügt: die linguistische, logisch-mathematische, räumliche, musikalische, körperlich-kinästhetische, intrapersonale (Zugang zum eigenen Gefühlsleben) und interpersonale Intelligenz (Unterscheidungen zwischen anderen Individuen wahrnehmen). Kinder sind gewöhnlich in ein oder zwei Bereichen besser als in anderen.[2] Der Autor Ronald Gross empfiehlt in seinem Buch *Peak Learning* Erwachsenen und Lehrern, die bei einem Kind von Natur aus besonders ausgeprägte oder bevorzugte Art von Intelligenz heranzuziehen, um damit andere Intelligenzen zu fördern.[3] Er meint: „Nehmen Sie einmal an, Sie verfügen über eine umfassende räumliche Intelligenz und sie haben sich vorgenommen, sich mit Philosophie zu befassen. Wie ließe sich diese Aufgabe mit Ihrer Vorliebe für visuelle Formen und Muster verbinden?"

Eine starke räumliche, logisch-mathematische oder sonstige isolierte Teilintelligenz ist als Lernmethode oder -technik einsetzbar – aber eine Intelligenz ist nicht an sich „gut" oder altruistisch. Howard Gardner bemerkt, dass der Begriff Intelligenz in unserer Kultur zwar positiv besetzt ist, dass dies aber nicht bedeutet, dass Intelligenz immer für gute Zwecke eingesetzt wird. Eine logisch-mathematische, linguistische oder interpersonale Intelligenz lässt sich ohne weiteres nutzen, um aus niederen Motiven korrupte Ziele zu verfolgen.

Mit dem Herzen sehen lernen und die Herzintelligenz entwickeln bedeutet, dass alle anderen Bereiche der Intelligenz *im Rahmen des Gesamtwohls* gefördert werden. Die Herzintelligenz ist immer auf eine umfassende Intelligenz ausgerichtet. Herzintelligenz erweitert die Wahrnehmung und die Vorstellungskraft, so dass jedes Problem zu einer Gelegenheit zum Lernen wird. Albert Einstein hat einmal gesagt: „Häufig ist es sehr viel wichtiger, ein Problem exakt zu formulieren, als dessen Lösung zu finden. Diese kann mit Hilfe der Mathematik oder durch ein Experiment gefunden werden. Um neue Fragen zu stellen, neue Möglichkeiten zu entdecken oder ein altes Problem aus einem neuen Blickwinkel zu betrachten, braucht es eine schöpferische Phantasie und erst dadurch wird wirklicher Fortschritt in der Wissenschaft möglich." Einsteins Leidenschaft für die Wissenschaft und seine Liebe zu den Menschen waren die Grundlage für seine Herzintelligenz, durch die er den Menschen so viele Visionen und Erkenntnisse vermittelte.

Die Spiele und Aktivitäten im vorliegenden Buch berücksichtigen die Lernstile jeder einzelnen Teilintelligenz. Das Hauptziel jedoch – die Entwicklung der Herzintelligenz – wird dazu beitragen, dass Ihr Kind in allen Bereichen besser lernt. Die Herzintelligenz macht es möglich, alle Arten von Intelligenz zu verstehen und schätzen zu lernen. Gleich ob Kinder ein Instrument spielen, gut malen können oder auch nicht – mit der Intelligenz des Herzens werden sie fähig sein, Musik und Kunst zu lieben und zu schätzen. Ob ihre interpersonalen Fertigkeiten gut ausbildet sind und sie gut kommunizieren können oder auch nicht – durch die beschriebenen Techniken und Spiele wird ihre interpersonale Intelligenz entwickelt, indem der Herzkontakt zu anderen Menschen in ihrem Umfeld gestärkt wird. Hat ein Kind Schwierigkeiten beim Lernen, können mit den HEARTMATH – HERZINTELLIGENZ-Methoden diejenigen Fähigkeiten gefördert werden, die zur Überwindung der Probleme beitragen. Mit der Erweiterung und Entwicklung der Herzintelligenz lässt sich auch das Potenzial der geistigen Intelligenz mehr und mehr nutzen und ausschöpfen. Erwachsene und Kinder können in jedem beliebigen Bereich mehr Intelligenz erreichen. Und das beginnt mit mehr Liebe, besserer Wahrnehmung und mehr Verständnis.

Die Physiologie der Herzintelligenz

Die wichtigste Entdeckung am *Institute of HeartMath* (IHM; vgl. Anhang) war die Erkenntnis, dass das Herz für effektives Lernen auf allen Ebenen – körperlich, mental und emotional – Grundvoraussetzung ist. Das Herz spielt eine wichtige Rolle als Gleichgewichtsorgan. Es trägt zum Ausgleich des autonomen Nervensystems bei, indem es ein Hormon erzeugt, ANP, das „Gleichgewichtshormon", dessen Rezeptoren sich im Gehirn befinden.[4] (Das Hormon regelt das Blutvolumen und den Salzhaushalt. Anmerkung der Übersetzerin) Untersuchungen am IHM haben ergeben, dass die höhere Ebene der Wahrnehmung besser funktioniert, wenn die elektrischen Rhythmen des Herzens ausgeglichen und harmonisch sind.[5] Die positiven Gefühle von Liebe, Fürsorge, Wertschätzung und Mitgefühl sorgen für ausgeglichene und harmonische Herzrhythmen.[6]

Menschen fühlen die Liebe im Bereich des Herzens. Das Herz reagiert auf Liebe, was sich anhand des Elektrokardiogramms (EKG) und durch Messungen der Herzschlagfrequenz gut nachweisen lässt.[6] Wenn ein Kind oder ein Erwachsener sich frustriert fühlt, wütend, besorgt, ängstlich oder gestresst ist, gerät der Herzrhythmus aus dem Gleichgewicht und wird unregelmäßig. Stress führt zu einer Einschränkung der Gehirnfunktion und damit zu verminderter Kreativität; das Gehirn kann nicht mehr genügend Wahlmöglichkeiten zur Verfügung stellen. Wenn wir lernen, Gefühle von Liebe und Wertschätzung zu erzeugen, stellt sich die Balance der Herzrhythmen und deren natürliche Harmonie wieder ein. Anpassungsvermögen und kreatives Lernen werden wiederhergestellt. Während Erwachsene nach einem unangenehmen Erlebnis Stunden oder Tage brauchen, bis sie wieder liebevolle Gefühle empfinden können, wechseln Kinder sehr leicht zwischen Liebe und Frustration hin und her. Wenn jedoch der Stress nicht aufgelöst wird und die Herzrhythmen unausgeglichen bleiben, schwindet die natürliche Anpassungsfähigkeit und Zuversicht der Kinder.

Viele asiatische und ursprüngliche Kulturen wissen darum, dass das Herz mehr als nur ein physisches Organ ist. Das japanische Wort *kokoro* bedeutet „Geist des Herzens". Diese Herzintelligenz ist der Schlüssel zum Lernen, sie wird durch die Liebe aktiviert. Durch die *Liebe* werden die elektrischen Rhythmen des Gehirns mit den harmonischen elektrischen Rhythmen des Herzens synchronisiert. Wenn Herz und Gehirn synchron sind, verfügt das Gehirn über mehr Kraft und Intelligenz. Damit wird die Wahrnehmung umfassender. *Kannst du mit dem Herzen sehen?* zeigt Kindern, wie sie selbst Gefühle von Liebe, Fürsorge, Wertschätzung und Mitgefühl hervorrufen können, um ihre Wahrnehmung zu verbessern und ihr Wohlbefinden zu steigern. Liebevolle Gefühle sorgen nicht nur dafür, dass Herz und Gehirn synchron sind; durch wissenschaftliche Versuche wurden auch positive Auswirkungen auf das Nerven-, das Immun- und das Hormonsystem nachgewiesen.

Karl Pribram ist einer der Pioniere der modernen Neurowissenschaften und Autor zahlreicher Bücher über das Gehirn. In *Brain and Perception* weist er mathematisch nach, wie das Gehirn nach holographischen Prinzipien funktioniert. Pribram bemerkt: „Das Herz ist als Eingangsregion für das

Gehirn von großer Bedeutung. Es kann genauso untersucht werden wie der Sehsinn oder das Hörvermögen. Das optische System kann funktionieren, ohne Linse jedoch sieht man nichts, das ist erst mit einer Linse möglich. Wenn wir die Aufmerksamkeit auf den Herzbereich und auf das Gefühl von Liebe konzentrieren, ist das genauso, als würden wir das Herzsystem durch eine Linse vervollständigen. Wir brauchen Augen, um zu sehen, und brauchen unser Herz, um zu fühlen. Die ‚Linse' positiver Gefühle im Herzen – Liebe, Fürsorge und Wertschätzung – macht intuitive Wahrnehmung möglich. Liebe sorgt für deutlichere Zusammenhänge und mehr Klarheit. Wenn mit Techniken wie FREEZE-FRAME und CUT-THRU (Näheres dazu folgt hier weiter unten) das Durcheinander (mental und emotional) für eine Weile angehalten wird, ist das so, als konzentriere man sich auf die Linse der Herzwahrnehmung."

Karl Pribram erklärt, dass die Amygdala der Teil des Gehirns ist, der auf intensive emotionale Erinnerungen wie zum Beispiel Angst spezialisiert ist. Die Amygdala vergleicht neu eintreffende Informationen mit *vertrauten* Inhalten des Gedächtnisses.[7] Wenn Angst zu einem vertrauten Gefühl geworden ist, reagiert ein Kind auf neue Informationen mit Angst, auch wenn das nicht die intelligenteste Antwort ist.

Die Reaktion der Amygdala wird an den unteren Teil des Stirnlappens weitergeleitet, damit entschieden werden kann, was als Antwort *angemessen* wäre. Die Stirnlappen entwickeln sich sehr langsam und sind noch bei Neunzehnjährigen nicht ausgereift. Deshalb fühlen und handeln Kinder und Teenager oft, ehe sie denken. Sie wählen ein Verhalten, das ihnen vertraut ist, da sie noch nicht entscheiden können, was angemessen ist. Wenn keine Gelegenheit besteht, von erwachsenen Rollenmodellen angemessenes Verhalten zu lernen, bleiben die gewohnten emotionalen Reaktionen im Erwachsenenalter erhalten und erweisen sich als stärker als das Potenzial der Stirnlappen.

Menschen bewältigen ihr Leben aus der Perspektive vertrauter emotionaler Erfahrungen und reagieren mit gewohnheitsmäßigem Verhalten; sie versuchen so, das *Gefühl von Sicherheit* zu erreichen. Ein Junge beispielsweise, in dessen Elternhaus häufig geschrien oder geschlagen wird und in dem Gewalt vorherrscht, hat sich vielleicht bereits an die Gefühle von Unsicherheit und Angst gewöhnt. Wenn dann in der Schule ein Gleichaltriger die Stimme erhebt oder ihm einen fragenden Blick zuwirft, ist die Wahrnehmung des Jungen durch das vertraute Gefühl der Angst geprägt und er schlägt zu. Er hält dieses Verhalten für angemessen bei dem Versuch, sich sicher zu fühlen. Ohne die Herzintelligenz kann er nicht erkennen, dass er durch den Gleichaltrigen nicht bedroht wird. Gewohnte Angstreaktionen sind in den Schulen heute derart verbreitet, dass Kinder sich fürchten, andere nur anzusehen, aus Angst, angegriffen zu werden. Angst ist notwendig, wenn wir wirklich in Gefahr sind und schnell reagieren

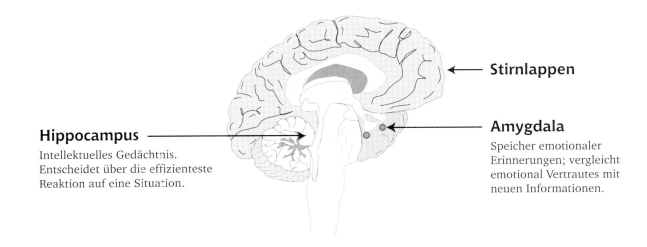

Hippocampus
Intellektuelles Gedächtnis.
Entscheidet über die effizienteste
Reaktion auf eine Situation.

Stirnlappen

Amygdala
Speicher emotionaler
Erinnerungen; vergleicht
emotional Vertrautes mit
neuen Informationen.

müssen; solange wir uns nicht in Gefahr befinden, behindert Angst jedoch die Wahrnehmung, die Kommunikation und das Lernen.

Um im Leben angemessene Entscheidungen zu treffen, brauchen Kinder und Erwachsene Ausgeglichenheit und Sicherheit als Grundlage. Daniel Goleman stellt in seinem bahnbrechenden Buch *Emotionale Intelligenz* Untersuchungen vor, die zeigen, wie die emotionalen Lektionen, die die Kinder mitbekommen, die Schaltkreise im Gehirn prägen.[8] Er berichtet auch von Studien, denen zufolge Menschen, die das tägliche Leben gut meistern, die gute Beziehungen pflegen und an ihrem Arbeitsplatz sehr beliebt sind, gewöhnlich nicht über einen besonders hohen Intelligenzquotienten verfügen. Diese Menschen haben emotionale Intelligenz erlernt – eine andere Art von Klugheit – die sich durch Impulskontrolle, Charakter und Selbstdisziplin, Nächstenliebe und Mitgefühl auszeichnet. Nach Goleman sind diese Eigenschaften Indikatoren für Erfolg im Leben und Zeichen wirklicher Intelligenz. Er betont jedoch auch, dass sich die Schaltkreise im Gehirn verändern können und dass es zum Lernen nie zu spät ist. Die Herzintelligenz ist es, durch die wir emotionale Reife erreichen und die Schaltkreise im Gehirn neu organisieren können.

Die Amygdala sichtet Vertrautes, das intellektuelle Gedächtnis für Gefühle befindet sich jedoch in einem anderen Gehirnbereich, dem Hippocampus.[7] Der Hippocampus entscheidet mit, was in einer Situation die *effizienteste* Reaktion wäre. Seine Entscheidungsfähigkeit kann jedoch eingeschränkt sein: Studien haben ergeben, dass ein hoher Pegel des Stresshormons Kortisol im Hippocampus auf wiederholte Angstanfälle hinweist. So wird die Wahrnehmung dessen, was wirkungsvoll wäre, dann durch die Angst verzerrt. Vom Hippocampus geht das Signal weiter in den oberen Bereich des Stirnlappens, wo die *effektivste* Reaktion gewählt wird. Zum Beispiel teilt ein Schüler seinen Tag genau ein: Schulbesuch, mit einem Freund spielen und danach Hausaufgaben erledigen. Und dann ereignet sich etwas Unvorhergesehenes, das Angst auslöst. Wenn im intellektuellen Gedächtnis des Hippocampus wiederholte Angst gespeichert ist, hat das großen Einfluss auf das, was der Schüler als Nächstes tun wird. Der obere Bereich der Stirnlappen muss eine Anpassung vornehmen und auf der Basis der erhaltenen Information eine effektive Reaktion wählen. Im mittleren Bereich der Stirnlappen kommen die Informationen aus der unteren und oberen Region der Stirnlappen zusammen, sodass der nächste Schritt geplant werden kann. Wenn unausgeglichene Herzrhythmen, Frustration, Angst, Stress oder Sorgen den Wahrnehmungsprozess beeinflussen, sieht die Entscheidung darüber, was am effektivsten oder angemessen wäre, völlig anders aus, als wenn die Wahrnehmung durch ausgeglichene Herzrhythmen und ein Klima von Liebe, Fürsorge und Sicherheit bestimmt wird. Liebe ist die Voraussetzung, damit das Gefühl von Sicherheit zu einem vertrauten Gefühl wird. Liebe stärkt die kindliche Intuition. Das Ergebnis ist eine emotionale Wahrnehmung, die auf der Grundlage größerer Ausgeglichenheit immer häufiger zu angemessenem Verhalten und zu einem kreativen Denken führt, das zunehmend effizienter und effektiver wird.

Die Schlussfolgerung ist der Menschheit seit Jahrhunderten intuitiv vertraut: Das Herz ist entscheidend beteiligt an der Umsetzung von Wahrnehmungen, der Lösung von Herausforderungen und der Bestimmung von Werten, die dem Ganzen dienlich sind. Wofür sollten Werte gut sein, wenn nicht für die Auswahl eines effizienten, effektiven und angemessenen Verhaltens, das zu größerer Harmonie und Befriedigung führen kann? Das harmonische Zusammenspiel von Herz und Gehirn durch die Liebe fördert eine umfassende Intelligenz und ein eigenständiges Selbst, sodass ein Kind im Leben die Fülle der Möglichkeiten erkennen kann und nicht nur Sackgassen sieht. Das größte Geschenk, das Eltern ihren Kindern in allen Höhen und Tiefen des Lebens geben können, ist die Liebe.

Die im Elternratgeber und im vorliegenden Buch vorgestellten *HeartMath*-Herztechniken bieten Kindern und Eltern die Erkenntnis, dass es immer einen Weg aus Schwierigkeiten heraus gibt und dass die Intelligenz erkennen kann, was zu tun ist.⁹ (*HeartMath* ist der Oberbegriff für die Techniken und Übungen, die hier vorgestellt werden. Anmerkung des Verlags) Die Übungen wurden auf Grund ausgedehnter Studien und Trainingsprogramme mit Erwachsenen und Kindern entwickelt. Sie wurden mit Erfolg an Kinder in Schulen und in Kursen weitergegeben. Für Erwachsene wurden in Firmen und in Behörden Seminare angeboten, desgleichen für Ärzte und das Militär.

Jetzt werden die Übungen hier vorgestellt – in Form von lustigen Spielen und einfachen Aktivitäten für Zuhause, in der Schule und für die Gruppenarbeit. Wenn Kinder lernen, den zunehmenden Stress in unserer modernen Welt durch die Intelligenz ihres Herzens auszugleichen, können sie mehr Kreativität und Lebensqualität erreichen. Wenn Kinder zunehmend bessere Entscheidungen treffen, eröffnen sich ihnen damit gesunde und positive Lebensperspektiven.

Zur Arbeit mit diesem Buch

Bei der ersten Übung geht es darum, dass die Kinder lernen, ihre Aufmerksamkeit „im Herzen" zu konzentrieren und die Gefühle von Liebe, Fürsorge und Wertschätzung zu spüren, die sie glücklich machen. Wenn wir „in unserem Herzen" sind, möchten wir forschen, lernen und kreativ sein. Ist unsere Aufmerksamkeit „weg vom Herzen", können Frustration, Wut, Langeweile, Selbstmitleid oder Angst auftreten. Wir sehen dann keine Lösung für ein Problem. Wenn Kinder „weg vom Herzen" und erregt sind, versuchen Eltern sie instinktiv zu beruhigen, sie reden ihnen gut zu, fragen nach oder lenken von dem Problem ab, damit die Kinder wieder zu ihrem Herzen zurückfinden.

Der gesunde Menschenverstand weiß, dass Kinder aufgeschlossener sind und besser zuhören, wenn sie in ihrem Herzen sind. Die Herzübungen oder -techniken helfen Eltern, Lehrern oder Kindern, schnell in ihr Herz zurückzufinden. Für Kinder (und Erwachsene) ist es sehr ermutigend, wenn sie erkennen, dass sie mit ihren Gefühlen umgehen können und dass sie die Möglichkeit haben, sich glücklicher zu fühlen, besser zu lernen und auch ihren Freunden und ihrer Familie zu helfen.

Eltern sind für das Kind das erste Rollenmodell für Liebe. Da Kinder die Sichtweisen der Eltern in sich aufnehmen und befolgen, sollten Eltern unbedingt versuchen, sich in ihr Kind hineinzuversetzen, um zu erfahren, wie ihr Kind sie wahrnimmt und modelliert. Eltern können mit Hilfe der Herztechniken ihren Kindern helfen, ihre Liebe intelligenter zum Ausdruck zu bringen. Eltern sollten die drei im Folgenden beschriebenen Grundübungen – HEART LOCK-IN™, FREEZE-FRAME® und CUT-THRU® – selbst lernen und üben, damit sie Modell sein können, wenn sie die Übungen an ihre Kinder weitergeben.

Die Wirksamkeit dieser Techniken wurde in umfangreichen Studien gründlich analysiert und dokumentiert. Gleichwohl sind die Übungen selbst sehr einfach. Liebe ist einfach. Durch die Übungen soll Liebe aktiviert werden. Wenn Sie die Übungen wiederholt praktizieren, fällt es Ihnen leichter, Zugang zu Ihrer Herzintelligenz zu bekommen.

Im vorliegenden Kapitel werden die Grundschritte der Übungen erklärt. Ausführlicher sind die Übungen HEART LOCK-IN und FREEZE-FRAME im Elternratgeber erklärt. Dort ist auch beschrieben, wie sie Kindern verschiedener Altersstufen beigebracht werden können. Außerdem gibt es jeweils ein Buch zu den Übungen: FREEZE-FRAME: *Fast Action Stress Relief* und CUT-THRU: *A Scientifically Proven Insight on How to Care Without Becoming a Victim.*[10,11] In jedem Buch wird der wissenschaftliche Hintergrund der jeweiligen Übung beschrieben, ebenso die Anwendungsmöglichkeiten im persönlichen Bereich, im Geschäftsleben und in der Familie; außerdem werden die Übungen ausführlich erklärt.

Um mit dem vorliegenden Buch arbeiten zu können, praktizieren Eltern am besten die beschriebenen *HeartMath*-Techniken und lesen sich die Anleitung durch, wie Kinder verschiedener Altersstufen die Übungen am besten lernen. Bei vielen Spielen und Aktivitäten werden kreative und spielerische Methoden beschrieben, mit deren Hilfe die Übungen zu Hause und in der Schule vermittelt werden können. Jedes Kapitel beschreibt eine andere Herzeinstellung oder -haltung. Am Besten lernen Sie selbst erst die Grundübungen, gehen dann zu Kapitel 2 und wählen ein Spiel aus, das für Ihr Kind altersgemäß ist. Sie können während der Beschäftigung mit Kapitel 2 zusätzliche Spiele machen oder gleich zu Kapitel 3 weitergehen. Sie müssen bei den Kapiteln und bei den Übungen keine bestimmte Reihenfolge einhalten, aber vielleicht lernen sich die Übungen in der vorgegebenen Reihenfolge leichter und vielleicht machen die Spiele so mehr Spaß. Fertigkeiten, die in den ersten Kapiteln erlernt werden, können die anschließenden Spiele und Aktivitäten leichter machen. Wichtig ist jedoch vor allem, dass Sie die Aktivitäten oder Übungen passend zur jeweiligen Situation auswählen. Vielleicht erscheint es manchen von Ihnen richtig, den Kindern zunächst die Grundübungen beizubringen, dann Teamspiele aus Kapitel 10, Spiele zum Zuhören aus Kapitel 6, Spiele zum Thema Fürsorge aus Kapitel 5 usw. vorzunehmen.

Aufbau der Anleitungen

Für jedes Spiel gibt es Angaben zur Altersgruppe, zu Spieldauer und Teilnehmerzahl, wo das Spiel am besten stattfindet und welche Hilfsmittel dazu nötig sind. Zusätzlich sind häufig Variationen angefügt. Die für eine Übung benötigte Zeit ist von der Teilnehmerzahl und ihrer Konzentrationsfähigkeit abhängig. Die angegebene Zeitdauer schließt die Vorbereitung nicht mit ein. Sollte ein Erwachsener das Spiel anleiten, wird dies ebenfalls angegeben. Bei Aktivitäten, bei denen kein Erwachsener erforderlich ist, kann trotzdem ein Erwachsener die Anweisungen geben und beobachten. Heißt es bei einem Spiel „einer oder mehrere Kinder", kann diese Aktivität auch mit einer Klasse oder mit einer Gruppe durchgeführt werden. Die benötigten Hilfsmittel sind durch schwarze Pfeile ➡ gekennzeichnet. Zusätzliche Gegenstände für die Spielvarianten sind durch weiße (das heißt nur umrandete) Pfeile ⇨ kenntlich gemacht. Am besten lesen Sie zunächst die Anleitung durch, dann lässt sich die Vorbereitungszeit abschätzen und es kann entschieden werden, wann gespielt werden soll. Die Reihenfolge der Übungen richtet sich nach dem Alter, wobei zuerst die Spiele für Jüngere beschrieben sind. Einige Kapitel beginnen mit einem Spiel, durch das die Grundtechnik des Kapitels eingeführt wird.

Beschreibung der grundlegenden Techniken

HEART LOCK-IN™

Dies ist eine der grundlegenden Techniken der Methode HEARTMATH – HERZINTELLIGENZ. Der (geschützte) Name HEART LOCK-IN™ bedeutet etwa: sich mit dem Herzen positiv einklinken. (Als Kurzform zum besseren Behalten kann dienen: „Herzanker-Übung".)

1. Suchen Sie sich einen ruhigen Platz, an dem Sie fünf bis fünfzehn Minuten entspannen können, und schließen Sie die Augen.
2. Ziehen Sie Ihre Aufmerksamkeit von Ihrem Kopf und Ihrem Geist ab, lassen Sie Ihre Gedanken los und fokussieren Sie den Bereich um Ihr Herz, den Ort, an dem Sie gewöhnlich tiefe Gefühle wie Liebe, Fürsorge oder Wertschätzung empfinden.
3. Erinnern Sie sich an ein bestimmtes Erlebnis mit Ihrem Kind, das Sie ganz mit Liebe, Fürsorge oder Wertschätzung erfüllte. Rufen Sie sich diese Gefühle in Erinnerung. Es kann schwierig sein, sich an ein solches Gefühl zu erinnern, wenn Sie sich gerade über Ihr Kind ärgern. Versuchen Sie sich daran zu erinnern, wie Sie unendliche Freude verspürten – vielleicht während Sie Ihr Kind im Arm hielten oder den „kleinen Engel" im Schlaf beobachteten.
4. Lassen Sie dieses aufrichtige Gefühl der Liebe jetzt zu Ihrem Kind ausstrahlen; das erfüllt die Liebe mit Energie und verschafft Ihnen ein umfassenderes Verständnis für Ihr Kind.
5. Wenn Ihr Kopf dazwischenfunkt, richten Sie einfach Ihre Aufmerksamkeit wieder auf Ihre

Herzgegend und lassen Liebe vom Herzen ausstrahlen. Ihre Fragen werden irgendwann beantwortet, wenn Sie einfach Ihre Herzenergie aussenden. Die Liebe zu Ihrem Kind lässt Sie geduldig werden und schafft Verständnis.

6. Lassen Sie jetzt Liebe zu Ihrem Kind ausstrahlen (fünf bis fünfzehn Minuten), um HEART LOCK-IN, das positive Einklinken, zu vertiefen. Denken Sie an das, was Sie an Ihrem Kind lieben, und lassen Sie dieses Gefühl von Liebe ausstrahlen. Dazu sind keine Worte nötig. Sie sind jetzt in der Liebe zu Ihrem Kind „verankert", und damit bekommen Sie Zugang zu intuitivem Wissen. Auf die Intuition Ihres Herzens zu lauschen hilft Ihnen, die Gefühle von Liebe und Erfüllung aufrechtzuerhalten. Die Belohnung für diese elterliche Fürsorge wird nicht lange auf sich warten lassen, und es bedarf dazu nur ein wenig aufrichtiger Bemühung.

Wenn Sie mit Ihrem Kind Schwierigkeiten haben, gelingt es Ihnen meist nicht, sofort Zugang zu den Gefühlen von Liebe, Fürsorge und Wertschätzung zu finden; vielleicht sind Sie schmerzlich berührt, und auch das ist in Ordnung. Entspannen Sie sich und lassen Sie Ihr Herz weich werden, besinnen Sie sich auf Ihr „weiches Herz" und verweilen Sie bei diesem angenehmeren Gefühl. Wenn Sie aber HEART LOCK-IN eine Weile üben, werden positive Gefühle gestärkt und schmerzliche Gefühle der Unsicherheit, die im Unterbewusstsein gespeichert sind, losgelassen, sodass Sie im Herzen über eine Basis an Sicherheit verfügen. In dem Maße, wie die Liebe gestärkt wird, werden alte Einstellungen und Gefühle schrittweise aufgegeben. Betrachten Sie alle Gefühle, die beim HEART LOCK-IN aufsteigen, als Teil einer Liebe, die im Wachsen begriffen, aber noch nicht vollendet ist.

Wenn Sie mit Ihrem Kind über wichtige Dinge sprechen wollen, sollten Sie zuerst HEART LOCK-IN machen und Liebe zu Ihrem Kind ausstrahlen. Diese Übung trägt dazu bei, dass Herz und Gehirn synchron werden und damit die intuitive Wahrnehmung und das Verständnis wachsen. Wenn Sie aufrichtig aus dem Herzen heraus mit Ihrem Kind sprechen und Verständnis und Fürsorge spüren lassen, kann der gegenseitige Respekt bei Kindern und Eltern gedeihen. Wenn Sie außerdem das „intuitive Zuhören" (aus dem Elternratgeber) praktizieren, verstehen Sie besser, was Ihr Kind Ihnen mitteilt – die Worte, die Gefühle und die Essenz.

Um Kindern das HEART LOCK-IN beizubringen, wählen Sie einen ruhigen Platz (kleinere Kinder nehmen Sie auf den Schoß) und gehen mit ihnen die einzelnen Schritte durch, wobei Sie diese auf die Situation und das Alter der Kinder abstimmen. Bitten Sie die Kinder, mit Ihnen zu üben. Gemeinsam zu üben – und wenn es nur für eine oder zwei Minuten ist – und Herzenergie zur eigenen Familie und zu Freunden auszustrahlen, ist eine sehr wertvolle Aktivität, die die Chance für eine tiefergehende Kommunikation bietet. Um Ablenkung auszuschließen, können Sie den Kindern anbieten, dass sie die Augen geschlossen halten. Das Auge nimmt aus der Umgebung unendlich viele Reize auf. Während das menschliche Auge nur ein Billionstel der empfangenen Informationen wahrnimmt, kann das Gehirn mehrere hundert Millionen visuelle Einzelheiten gleichzeitig zusammensetzen und interpretieren. Das macht die menschliche Wahrnehmung einzigartig. Aus den empfangenen Informationen entstehen Gedanken, Gefühle und Eindrücke. Deshalb ist es hilfreich, wenn Kinder während der Übung HEART LOCK-IN die Augen für eine Weile schließen – sie können dann ihr Herz besser spüren. Vielleicht stellen Sie fest, dass kleinere Kinder nur für etwa dreißig Sekunden die Augen schließen und fokussieren können. Diese Zeitspanne kann mit weiterem Üben verlängert werden. Wenn Kinder lernen, Kontakt zu ihrem Herzen aufzunehmen, genießen sie es, die Liebe zu spüren und die in ihrem Herzen verborgene Intuition zu finden.

Kinder, die HEART LOCK-IN lernen, wenden diese Technik an, wenn sie Lösungen für anstehende Probleme suchen oder wenn sie sich besser fühlen wollen. Erwachsene wenden HEART LOCK-IN aus den gleichen Gründen an; außerdem bringen sie dadurch ihr Nervensystem ins Gleichgewicht, senken ihren Blutdruck, und verbessern ihre Herzrhythmen und ihre Gesundheit allgemein. So sagt ein Achtjähriger: *„Wenn du dich mit dem Herzen einklinkst, fühlst du die Liebe überall in dir. Was du fühlst, ist Herzwärme in deinem ganzen liebenden Körper. Wenn du ärgerlich bist, heißt das, dass es dir an Herzwärme fehlt. Wenn du den Ärger löst, ist das ein Vorteil. Mach dir aber deswegen keine Sorgen, denn jeder verursacht täglich solche Situationen mit einem Mangel an Herzwärme. Wenn du dich aber mit dem Herzen einklinkst, hast du mehr Energie."*

FREEZE-FRAME®

Die FREEZE-FRAME-Technik kann mit offenen Augen ausgeführt werden, während Sie gerade etwas tun oder mit jemandem sprechen; sie ist dann geeignet, wenn die Zeit für HEART LOCK-IN nicht reicht. (FREEZE-FRAME ist eine zentrale Technik der Methode HEARTMATH – HERZINTELLIGENZ und bedeutet etwa: „den gewohnten Rahmen einfrieren". Anm. d. Vlgs.) Wenn Sie die Schritte beherrschen, lassen sich mit dieser Technik sehr schnell Stress, Frustration oder Ärger beseitigen, Sie kommen wieder ins Gleichgewicht und finden oft in weniger als einer Minute Lösungen. Diese Technik fördert außerdem die Kreativität beim Schreiben, in der Kunst, beim Sport, in der Naturwissenschaft, eigentlich in jedem Bereich.

Die FREEZE-FRAME®-Technik

1. Erkennen Sie den Stress und begegnen Sie ihm mit FREEZE-FRAME: Nehmen Sie sich eine Auszeit!
2. Bemühen Sie sich aufrichtig, Ihre Aufmerksamkeit weg von Ihrem rasenden Verstand oder Ihrem Gefühlsaufruhr und stattdessen in Ihre Herzgegend zu lenken. Stellen Sie sich vor, Sie atmen mit dem Herzen und bringen so Ihre Energie in diesen Bereich. Verweilen Sie mit Ihrer Aufmerksamkeit zehn Sekunden oder länger in diesem Bereich.
3. Erinnern Sie sich an ein positives, fröhliches Gefühl oder eine positive Zeit in Ihrem Leben und versuchen Sie, dieses Gefühl oder diese Zeit noch einmal zu erleben.
4. Fragen Sie jetzt mit Hilfe Ihrer Intuition und mit Ihrem gesunden Menschenverstand aufrichtig Ihr Herz, welche Reaktion auf die vorliegende Situation angebrachter wäre – eine Reaktion, die Ihren künftigen Stress verringert.
5. Hören Sie auf die Antwort Ihres Herzens. (Damit können Sie Ihren ständig aktiven Geist und Ihre Emotionen in Zaum halten – und haben Ihre eigene Quelle für Menschenverstand und intuitive Lösungen!)

Im Elternratgeber wird erklärt, wie FREEZE-FRAME Kleinkindern, Vier- bis Sechsjährigen und Sieben- bis Zwölfjährigen erklärt werden kann. Jugendliche können die Anleitung für Erwachsene lernen. Steht Ihnen der Elternratgeber (*Immer dem Herzen nach*) nicht zur Verfügung, hilft Ihnen sicher Ihre Kreativität, die Einzelschritte für Kinder anzupassen und zu erklären, oder Sie nehmen die Spiele und Aktivitäten aus Kapitel 4 und üben die Technik auf diese Weise ein. FREEZE-FRAME unterstützt Kinder und Erwachsene, die augenblicklich ihren Gefühlsausbruch zügeln und Probleme lösen wollen. Wenn Kinder mit FREEZE-FRAME vertraut sind, finden sie sofort Zugang zu ihrer Herzintelligenz, wenn sie sie brauchen.

CUT-THRU®

FREEZE-FRAME unterstützt Erwachsene und Kinder, Frustration und Wut zu beherrschen, schnell zu Ihrem Herzen zurück und neue Perspektiven zu finden. Die CUT-THRU-Technik dient dazu, schwelende Gefühle wie Sorgen, Ärger, Unsicherheit, Schuld oder Angst aufzulösen. CUT-THRU (wörtliche Bedeutung etwa so: „die Verbindung zum Gewohnten durchtrennen". Anm. d. Vlgs.) hilft Ihnen, mit ausgewogener Fürsorge und nicht mit Überfürsorglichkeit oder Besorgnis zu reagieren. Ein Beispiel für übertriebene Besorgnis bieten Eltern, die sich ängstigen und sorgen, weil ihr Sohn nicht zur verabredeten Zeit heimgekehrt ist. Wenn gut gemeinte Fürsorge sich in Sorgen, Ärger und jede Menge Stress verwandelt, wird sie zu übertriebener Besorgnis. Dieses Gefühl hindert uns daran, Lösungen zu erkennen. Im täglichen

Leben ziehen sich Kinder und Jugendliche vor überfürsorglichen Eltern mit ihren unendlichen Sorgen lieber zurück.

Außerdem ahmen Kinder überfürsorgliche Erwachsene ihrer Umgebung nach. Solche Kinder sorgen sich um ihre Eltern, sie sind bei familiären oder schulischen Problemen und bei Schwierigkeiten mit anderen schnell beunruhigt. CUT-THRU macht es Erwachsenen und Kindern leichter, übertriebene Besorgnis und Ängstlichkeit abzubauen, ihr emotionales Gleichgewicht wiederzufinden und Auswege zu erkennen. Bei dieser Technik müssen nicht alle Schritte ausgeführt werden, man geht nur so weit, bis die Emotion nachlässt und eine neue Einsicht auftaucht – dann geht man zu Schritt 5 und folgt der eigenen Herzintelligenz. Bei geringfügigen Ängsten und Sorgen genügen oft schon die ersten beiden Schritte und man fühlt sich besser. (Kinder mit ernsthaften emotionalen Problemen sollten allerdings professionelle Hilfe bekommen.)

Die CUT-THRU-Technik

1. **Erkennen Sie Gefühle und Gedanken von Überfürsorglichkeit.** Überprüfen Sie, welches „Wetter" in Ihrem Inneren herrscht, ob es regnet oder die Sonne scheint. Verändern Sie Ihr Wetter, um einer „Flut" vorzubeugen. Wählen Sie die hoffnungsvollere Perspektive. Ihr inneres Wetter wird dadurch bestimmt, ob in Ihrem Herzen gute Gefühle vorherrschen oder nicht. Sind Sie besorgt, ärgerlich, verstört oder ausgelaugt, ist Ihr inneres Wetter regnerisch oder bewölkt. Gehen Sie in Ihr Herz, um eine hoffnungsvollere Perspektive zu finden und so Ihr inneres Wetter zu verbessern.
2. **Halten Sie die Gedanken oder Gefühle von Überfürsorglichkeit im Herzen.** Und denken Sie daran: Anpassung stoppt den Energieverlust. Stellen Sie sich vor, Sie lassen sich für kurze Zeit auf einem Floß treiben oder Sie baden in herzerwärmendem Wasser. Wenn Ihre unangenehmen Gefühle nicht nachlassen oder wirklich in Aufruhr sind, hilft es, wenn Sie die Gefühle im Herzen „homogenisieren" oder verquirlen, sodass sich die Energie verteilt und Sie zu einer neuen Sichtweise kommen. Sich im Herzen treiben lassen löst die Über-Identifikation mit dem Gefühl der übertriebenen Sorge auf und hilft Ihnen, sich umzustellen. Versuchen Sie jede unbehagliche Strömung aufzulösen, finden Sie Frieden und lassen Sie sich mit weichem Herzen treiben. Das Ziel besteht nicht darin, unangenehme Gefühle zu unterdrücken, sondern sie aufzulösen. Die meisten Menschen haben nicht gelernt, beunruhigende Gefühle und Gedanken loszulassen. Stattdessen lassen sie ihnen freien Lauf, analysieren oder unterdrücken sie, um sie loszuwerden. Auf lange Sicht wirkt jedoch keine dieser Methoden. Der Stress steigert sich immer weiter. Den Emotionen freien Lauf zu lassen ist etwas anderes als mit jemandem über ein Problem zu sprechen – was Ihnen die Intuition Ihres Herzens vielleicht eingibt.
3. **Finden Sie Ihren Frieden.** Während sich der Strom des Unbehagens auflöst, kann ein neues Gefühl von Frieden und ein intuitives Wissen aufsteigen. Bleiben Sie bei jedem Gefühl von Frieden. Besinnen Sie sich dann auf Ihr „gerechtes Herz", um klar zu sehen und zu überlegen. Um dorthin zu gelangen, richten Sie Ihre Aufmerksamkeit auf Ihr Herz, während Sie sich Fragen zum anstehenden Problem stellen; hinterfragen Sie dabei ehrlich und fair die Annahmen, die hinter Ihren Wahrnehmungen stehen. Wenn Sie Energie im Bereich des Herzens konzentrieren, betrachten Herz und Gehirn eine Situation in Übereinstimmung und mit zunehmender Klarheit.
4. **Finden Sie den Bezugspunkt für Fürsorge.** Fragen Sie sich etwa: „Wo hat meine Fürsorge ursprünglich begonnen?" Erinnern Sie sich kurz an diese anfänglichen Gefühle der Fürsorge. Fragen Sie sich dann: „Wie kam es, dass meine ursprüngliche Fürsorge wegen übertriebener Sorge langsam verschwand und Energie abzog?" Erkennen Sie, wie Ihre Fürsorge übertrieben und unwirksam wurde? Erinnern Sie sich an die ursprüngliche Fürsorge und finden Sie die höhere Perspektive des Herzens.

Bedenken Sie verständnisvoll, dass übersteigerte Sorge immer von Fürsorge ausgeht. Wenn Sie sich die angegebenen Fragen stellen, können Sie die übermäßige Sorge auf das ursprüngliche Gefühl von Fürsorge zurückführen und die Reihenfolge der Ereignisse nachvollziehen. Es ist wichtig, dass Sie daran denken, bei dem ursprünglichen Gefühl der Fürsorge zu bleiben. Das verhindert, dass die übersteigerte Sorge wiederkehrt. Um bei einer ausgewogenen Fürsorge zu bleiben, braucht es etwas Übung, aber das Gefühl dabei ist gut und gleichzeitig wird das gesamte System regeneriert. Sie lernen, dass Sie, wenn Sie dem folgen, was sich für Ihr Herz gut anfühlt, durch die Ergebnisse eine große Stärkung erfahren. Wenn die Überbesorgnis sich über einige Zeit verfestigt hat, macht ihnen das vielleicht noch etwas länger zu schaffen. Haben Sie beim Üben Mitgefühl für sich.

5. **Folgen Sie Ihrer Herzintelligenz.** Bei diesem letzten Schritt hören Sie auf Ihr Herz – mit klarer Wahrnehmung und dem wiederkehrenden Gefühl der Sicherheit – damit Sie erfahren, was in der gegebenen Situation wirkliche Fürsorge wäre. Bringen Sie die wahre Fürsorge zum Ausdruck. Das bedeutet für sich und andere sorgen. Ihre Herzintelligenz zeigt sich Ihnen in Form von neuen Wahrnehmungen und Hoffnungen. Es ist wichtig, auch flüchtigen Wahrnehmungen des Herzens zu lauschen und sie zu befolgen. Wenn eine Wahrnehmung friedlich ist und sich für Sie gut anfühlt, ist das Ihr Signal, dem Sie folgen. Das Herzsignal ist oft schwächer als der Geist, deshalb müssen Sie tief hineinhorchen. Folgen Sie dem Herzen und beobachten Sie, wie das Leben sanfter und glücklicher verläuft.

Wenn nach allen fünf Schritten immer noch ein Rest an übermäßiger Sorge vorhanden ist, betrachten Sie über diesen Rest hinweg all Ihre neuen Erkenntnisse. Wenn Sie Ihrem Herzen weiterhin mit Achtung folgen, wird sich das Leben Ihrem Verständnis besser erschließen. Nach einiger Übung werden Sie sich nur noch die nachfolgenden Stichworte von Cut-Thru merken und sie dann rekapitulieren müssen, wenn Sie Ihre Emotionen und Ihre Fürsorge wieder ausgleichen wollen.

> **Die Cut-Thru-Technik in Stichworten**
> Schritt 1: Überprüfen Sie Ihr inneres Wetter – „Regen oder Sonnenschein?"
> Schritt 2: Passen Sie sich an, um den Energieverlust zu stoppen. Lassen Sie die Gefühle im Herzen treiben, einweichen oder sich vermischen.
> Schritt 3: Finden Sie Ihr „gerechtes Herz".
> Schritt 4: Erinnern Sie sich an die „ursprüngliche Fürsorge".
> Schritt 5: Folgen Sie Ihrer Herzintelligenz.

Eine ausgewogene Fürsorge nährt und heilt, sie schafft Sicherheit und Unterstützung für alle Beteiligten. Sie trägt durch ein tieferes Verständnis dazu bei, dass Erwachsene ihre Vorbehalte gegenüber Kindern und ihren Ärger über ihr Verhalten beiseite lassen. Cut-Thru ist hilfreich für Erwachsene und Kinder, weil es ihnen zeigt, wie sie ihre Gefühle im Herzen konzentrieren können und dadurch bessere Wahlmöglichkeiten zur Verfügung haben. Bevor Sie Cut-Thru an Kinder weitergeben, sollten Sie die Technik zunächst selbst praktizieren, damit Sie ein „Gefühl" dafür bekommen, wie sie wirkt. Danach können Sie Rollenmodell dafür sein, wie sich übertriebene Besorgnis mit Cut-Thru durchbrechen lässt.

Wenn Teenager Cut-Thru lernen, erkennen sie leichter andere Lösungsmöglichkeiten und merken, welches die Konsequenzen von Gefühlen und Handlungen sind. Sie werden in die Lage versetzt, ihre Energien sinnvoll einzusetzen und ihre Zukunft optimistisch zu betrachten. Sie werden erfahren, dass sie wählen können, wie sie sich fühlen und wie sie handeln. Besprechen und üben Sie die Technik mit Teenagern so, wie sie hier für Erwachsene beschrieben ist.

Um kleineren Kindern über Angst oder Sorgen hinwegzuhelfen, machen Sie mit ihnen die ersten Schritte von Heart Lock-In oder Freeze-Frame, damit sie lernen, ihr Herz zu fühlen. Danach sagen Sie: „Wir machen dieses Mal etwas anderes. Wir bringen die Gefühle in unserem Herzen sanft in Bewegung und vermischen sie." Sie sprechen dabei langsam und rhythmisch. „Das Herz spricht zu jedem Menschen auf seine Weise. Du siehst oder fühlst vielleicht verschiedene Farben oder Formen oder bekommst neue Gedanken und Ideen. Wenn traurige (beunruhigende, ängstliche, furchtsame) Gefühle aufsteigen, bringst du sie in dein Herz zurück, du rührst sie um, wie wenn du Farbe umrührst oder Kakao in die Milch rührst. Du tust dies eine Weile. (Pause) ... Wenn du dich jetzt besser fühlst, entspannst du dich und lässt dich in deinem Herzen treiben. Stell dir vor, du treibst friedlich in einem schönen, herzerwärmenden Bad dahin." Fragen Sie die Kinder jeweils, ob sie sich besser fühlen. Fordern Sie sie dazu auf, Ihnen zu erzählen, was ihr Herz sagt. Wenn die Kinder das gelernt haben, können Sie die weiteren Schritte mit ihnen durchgehen. Lassen Sie die Kinder ihr inneres Wetter überprüfen und verschiedene Gefühle identifizieren. Leiten Sie sie dann dazu an, ihr Herz zu fragen und eine hoffnungsvollere Perspektive zu finden. Wenn Sie die einzelnen Schritte gemeinsam üben und besprechen, lernen Kinder sehr bald, wie sie übertriebene Sorge und Ängstlichkeit aufgeben, Zugang zur Klugheit ihres Herzens finden und ausgewogene Fürsorge erleben können. Die Aktivitäten in Kapitel 5 tragen dazu bei, dass Kinder lernen, wie sie auf die eigenen und die Gefühle anderer achten können, und sie erkennen den Unterschied zwischen ehrlicher und übertriebener Sorge.

Weitere Techniken

Um die Wahrnehmung aus dem Herzen heraus zu verbessern, die für die Spiele und Aktivitäten nötig ist, gibt es weitere Techniken. Zum Beispiel: „Ach, nicht weiter schlimm!" Mit diesem Ausspruch erinnern wir uns daran, dass es nichts ausmacht, wenn wir einen Fehler machen oder Angst vor einer Aufgabe haben. Kinder lernen Mitgefühl und verurteilen sich oder andere nicht mehr. Sie sagen sich: „Ach, nicht weiter schlimm, ich gehe einfach in mein Herz zurück und mache weiter." Ein Beispiel dafür ist schlechtes Abschneiden bei Tests in der Schule. Eine Schülerin fühlt sich schlecht, fürchtet sich vor der Reaktion ihrer Eltern oder verurteilt sich selbst. Der Stress kann eine Verbesserung der Leistungen verhindern. Wenn sie lernt, sich zu sagen: „Ach, nicht weiter schlimm, ich gehe einfach in mein Herz zurück und mache weiter", so heißt das nicht, dass es ihr nichts ausmacht. Damit wird lediglich ihr Kummer beseitigt und sie kann an sich selbst denken und lernen.

Heart Mapping® ist eine Technik, mit deren Hilfe größere Kinder oder Erwachsene klar den Unterschied zwischen den Wahrnehmungen des Geistes und denen des Herzens erkennen können. Damit wird Intuition eingebracht, die für jedes Thema, Projekt oder Problem neue Perspektiven eröffnet. *Heart Mapping* ist bestens geeignet, Werte und Tun zur Deckung zu bringen, wenn Projekte geplant sind oder wichtige Entscheidungen anstehen, wie zum Beispiel die Planung der beruflichen Karriere oder Ähnliches. Die Technik wird in Kapitel 2 anhand eines Beispiels beschrieben. Jugendliche erfassen mit Hilfe dieses Spiels die Herzintelligenz schneller.

Um die Spiele und Aktivitäten aus dem Buch zu planen und auszuführen, brauchen Sie einige Zeit; diese ist jedoch gut investiert. Wenn Sie nur an die viele Zeit denken, die in Familien und in der Schule für weniger wichtige Tätigkeiten aufgebracht wird, werden Sie sicher bereit sein, Zeit zu opfern, um Ihren Kindern so viel Liebe wie nur möglich zu geben. Gibt es ein besseres Geschenk als das Wissen, wie man mit dem Herzen sieht und damit die Wahrnehmung verbessert, die Intelligenz steigert und ein ausgeglichenes und erfülltes Leben lebt?

Heart Lock-In

Ziel

Bei dieser Übung können Kinder das Gefühl der Sicherheit erleben. Sie üben Heart Lock-In für einige Minuten, das heißt sie versenken sich in ein positives Gefühl für jemanden, den sie gern haben, oder in ein positives Gefühl für etwas, das sie sehr schätzen. So lernen sie, sich mit der Kraft und Stärke ihres eigenen Herzens zu verbinden. Durch Heart Lock-In wird außerdem die Zuversicht gestärkt, den Herausforderungen des Lebens gewachsen zu sein.

Alter
3 bis 10 Jahre

Zeit
5 Minuten

Teilnehmer
1 Erwachsener und 1 Kind oder mehrere Kinder.

Ort
Drinnen oder draußen. (Suchen Sie einen Platz, wo die Teilnehmer entspannt sitzen können. Wenn das auf dem Boden nicht möglich ist, sorgen Sie für Stühle oder Kissen.)

Hilfsmittel
➡ Kassettenrekorder oder CD-Player
➡ Lustige und fröhliche Musik nach eigener Wahl. Zu langsame Stücke oder Musik, die zu sehr entspannt, lässt die Kinder unter Umständen einschlafen. Das erste und das vierte Stück der CD/MC *Heart Zones* sind besonders geeignet. Auch das sechste, siebte oder achte Stück der CD/MC *Speed of Balance* (zur Förderung der emotionalen Balance) bieten sich an.

Anleitung

1. Die Kinder setzen sich und Sie kündigen an, dass Sie ihnen Heart Lock-In beibringen, wodurch die Kraft ihres Herzens gestärkt wird. Erklären Sie den Kindern, bei der Technik Heart Lock-In gehe es sozusagen darum, einen Schlüssel in das Schloss ihres Herzen zu stecken und die Tür zu ihrem Herzen zu öffnen, damit mehr Liebe hinein und mehr Liebe hinausgeschickt werden könne – an Eltern und Freunde, zu Tieren und Blumen und allen Lebewesen. Machen Sie zunächst einen Übungsdurchgang.

2. Sie bitten die Kinder, sich vorzustellen, sie hätten in ihrem Herzen eine Tür mit einem Schloss. „Ihr konzentriert euch jetzt auf euer Herz, den Bereich, wo ihr Liebe und Zuneigung spürt (legen Sie zur Demonstration Ihre Hand auf die Brust), und stellt euch vor, dass ihr durch euer Herz atmet – dann könnt ihr den Schlüssel umdrehen und diese Tür aufschließen. Jedes Mal, wenn ihr jetzt einatmet, könnt ihr spüren, wie sich die Tür eures Herzens ein bisschen mehr öffnet, um Liebe und Sonnenschein in euer Herz einzulassen. Jedes Mal, wenn ihr ausatmet, könnt ihr Liebe und Sonnenschein an jemanden schicken, den ihr gerne habt, vielleicht an eure Mutter und euren Vater." Demonstrieren Sie das Atmen: Schließen Sie dabei den Mund und legen Sie die Hand auf die Brust. (Atmen Sie nicht zu tief, sonst fangen die Kinder zu keuchen an.)

3. Lassen Sie jetzt die Kinder die Übung machen. Fordern Sie sie auf, eine Hand auf die Brust zu legen und sich vorzustellen, sie würden durch ihr Herz atmen.

4. Bitten Sie die Kinder jetzt, sich auf HEART LOCK-IN einzustellen. Sagen Sie ihnen, dass sie die Augen schließen können, wenn sie wollen. Erklären Sie ihnen, dass sie mit geschlossenen Augen nicht so leicht abgelenkt werden und sich besser nach innen konzentrieren können.
5. Machen Sie die Kinder darauf aufmerksam, dass sich die Tür zu ihrem Herzen etwas weiter öffnet, um mehr Sonnenschein hineinzulassen, wenn sie beim Einatmen Liebe in ihr Herz lassen. Die Kinder fühlen sich vielleicht so gut, dass sie lächeln wollen. Wenn sie ausatmen und ihren Sonnenschein und ihre Liebe an jemanden senden, den sie gern haben, sehen sie vielleicht, wie das Sonnenlicht noch heller wird oder sie sehen die Farben des Regenbogens oder sie sehen sogar den Sonnenschein in den Herzen der Menschen, die ihre Liebe empfangen.
6. Wenn alle ruhig sind, schalten Sie die Musik ein. Machen Sie HEART LOCK-IN zwei Minuten lang oder so lange, wie ein Stück auf der CD/MC dauert. Wenn die Kinder lernen, *länger* aufmerksam zu sein, können Sie die Übungszeit entsprechend ausdehnen.

7. Wenn die Musik endet, bitten Sie alle, die Augen zu öffnen. Fragen Sie nach, ob ein Kind über sein Erlebnis sprechen möchte. Kleinere Kinder teilen sich besonders gerne anderen mit.

Ein Elternpaar schrieb: „HEART LOCK-IN ist die Lieblingsübung unserer Kinder, neben den Anerkennungsspielen für die Familie. Wir machen die Übung jeden Abend vor dem Schlafengehen mit unseren Kindern im Alter von sechs und neun Jahren."

Variationen

1. Bitten Sie die Kinder, die Namen derjenigen aufzuschreiben, denen Sie vor der Übung HEART LOCK-IN ihre Liebe schicken wollen. Das können Mutter oder Vater sein, Großmutter, ein krankes Familienmitglied oder jemand, der besonders Liebe braucht, ein Lieblingstier, der Teddy, ein Lehrer – irgendjemand, den sie gern haben.
2. Wenn Kinder mit HEART LOCK-IN Schwierigkeiten haben, fordern Sie sie auf, ihr „weiches Herz" zu finden, die Stelle, die sich weich und zart anfühlt. Damit sie ihr „weiches Herz" fühlen, können sie sich vorstellen, sie hätten ein weiches, flauschiges Häschen oder ein kuschelig weiches Kätzchen in ihrem Herzen.
3. Beherrschen Kinder die HEART LOCK-IN-Übung, können Sie sie mit ihnen während des Tages immer wieder kurz üben und Liebe durch das Herz atmen. Das hilft allen, emotional im Gleichgewicht zu bleiben.

Ich drück dich, du drückst mich

Ziel

Dieses Spiel macht Kinder schon sehr früh mit dem Gefühl der Liebe vertraut. Kleinkinder werden gerne umarmt und schmiegen sich gerne an die Brust der Eltern. Die Kleinkinder lernen hier, dass die Liebe von Menschen kommt und dass es unterschiedliche Arten und Nuancen von Liebe gibt. Liebe geben ist *ein* Gefühl, ein anderes ist geliebt werden. Mama zu lieben fühlt sich anders an als Papa zu lieben. Wenn Kleinkinder bereits verschiedene Nuancen von Liebe erkennen, entwickeln sie intensiveren Herzkontakt zu sich selbst und zu ihrer Familie. Zum Schutz der Kinder wird empfohlen, dass Eltern dieses Spiel nur mit den eigenen Kindern machen. Wenn Kinder lernen, ihren Eltern Liebe zu schicken und Liebe von ihnen zu empfangen, können sie wahrhaft „herz-liche" Kontakte zu anderen Menschen aufbauen.

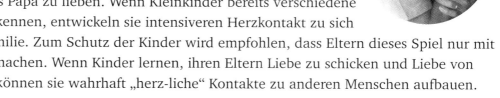

Alter
6 bis 24 Monate
Zeit
5 Minuten
oder länger
Teilnehmer
Mutter oder Vater und Kleinkind
Ort
Drinnen (an einem gemütlichen Platz)
Hilfsmittel
Ein bequemer Stuhl

Anleitung

1. Spielen Sie dieses Spiel immer nur dann, wenn Ihr Kind zufrieden oder glücklich ist. Halten Sie es zunächst nahe an Ihrem Herzen.
2. Dann bringen Sie das Kind noch näher an Ihren Körper, umarmen es sanft und drücken es, wobei Sie sagen: „Ich drück dich, du drückst mich!"
3. Kurze Zeit später lockern Sie die Umarmung und entspannen. Sagen Sie: „Ich hab dich lieb."
4. Dann bringen Sie Ihr Kind wieder spielerisch schmusend nahe an Ihr Herz und sagen: „Ich drück dich, du drückst mich!" Konzentrieren Sie sich auf die Liebe zu Ihrem Kind, während Sie es drücken, lockern Sie die Umarmung und wiederholen Sie dann: „Ich hab dich lieb."
5. Machen Sie mit dem Spiel weiter, solange es Ihnen und Ihrem Kind Spaß macht. Die meisten Kinder mögen dieses einfache Spiel, und wenn sie sprechen lernen, fragen sie vielleicht selbst danach, indem sie zu sagen versuchen: „Ich drück dich, du drückst mich!"
6. Mit Kindern, die sprechen können, erweitern Sie das Spiel. Sie drücken Ihr Kind, sagen den dazugehörigen Satz und schicken Liebe aus, dann lassen Sie los. Sie warten, bis Ihr Kind antwortet: „Ich drück dich, du drückst mich!" Spielen Sie so lange, wie das Kind aufmerksam ist.

Variationen

1. Sie können Ihr Kind nicht nur sanft, sondern auch stürmisch umarmen. Lassen Sie sich von Ihrem Kind ebenso umarmen und sagen Sie dann: „Ich kann deine Liebe spüren."
2. Es könnte auch Spaß machen, wenn Mama und Papa beim Spiel abwechseln. Ein Kind spürt jeweils die Liebe und lernt unterscheiden. Sie sagen dabei „Mama liebt dich" und dann „Papa liebt dich". Wenn Ihr Kind Sie dann wieder drückt, sagen Sie „(Name) liebt mich."

Herzball

Ziel
Durch dieses Spiel lernen kleine Kinder Liebe auszusenden und zu empfangen. Sie erfahren, dass lieben lernen Spaß macht und sich im Herzen gut anfühlt. Das Spiel eignet sich gut, Kinder wieder in ihr Herz zurückzubringen und glücklich zu machen, wenn sie missmutig oder erregt gewesen sind.

Alter
1 bis 4 Jahre
Zeit
5 Minuten oder länger
Teilnehmer
1 Erwachsener und 1 bis 5 Kinder
Ort
Drinnen (auf dem Boden)
Hilfsmittel
Bälle mit etwa 10 bis 15 cm Durchmesser

Anleitung
1. Ein Kind und ein Erwachsener sitzen einander gegenüber am Boden, etwa 1,80 Meter voneinander entfernt. Beide halten die Beine gespreizt, damit der Ball beim Hin- und Herrollen nicht wegrollt.
2. Dann erklärt der Erwachsene dem Kind das Spiel: „Ich werde den Ball zu dir hin rollen und dir dabei Liebe schicken."
3. Ehe Sie den Ball in Bewegung setzen, halten Sie ihn einen Augenblick an Ihr Herz. Atmen Sie ein und aus, als würden Sie den Ball mit Liebe füllen. Bevor Sie den Ball rollen lassen, sagen Sie: „Hier kommt er. Er ist voller Liebe."
4. Wenn das Kind den Ball fängt, fragen Sie: „Hast du meine Liebe bekommen?" Nachdem das Kind geantwortet hat, fordern Sie das Kind auf: „Jetzt gibst du Liebe in den Ball und rollst ihn zu mir zurück." Setzen Sie das Spiel so lange fort, wie das Kind Interesse zeigt.
5. Bei Zwei- bis Dreijährigen können Sie vorschlagen, dass sie ihre Liebe zu ihrem Vater, ihrer Mutter, Großmutter, usw. schicken, während sie den Ball hin- und herrollen. Lassen Sie das Kind selbst entscheiden. Vielleicht dehnt es seine Liebe auf die gesamte Welt aus.

Beispiel

Ein Betreuer einer Kindertagesstätte spielte Herzball mit der vierjährigen Tami, die sehr wütend war, weil ihre Eltern sie in der Tagesstätte abgeliefert hatten und weggegangen waren. Eines der anderen Kinder und der Betreuer begannen, mit Tami Herzball zu spielen und ihr ihre Liebe zu senden. Tami erfasste schnell, worum es ging, und beteiligte sich am Spiel. Sie spielten eine Stunde lang. Als Tamis Mutter sie abholte, sagte der Betreuer zu ihr: „Wir begannen damit, dass wir ihrer Mutter und ihrem Vater Liebe schickten und dann Freunde, Großeltern, die Welt, die Sonne, den Mond und die Sterne einbezogen. So wurde aus einem Wutausbruch eine Herzreise!"

Variation

Herzball kann auch in einer kleinen Gruppe gespielt werden. Alle sitzen mit gespreizten Beinen im Kreis.

Ein Mitspieler gibt Liebe in den Ball und schickt den Ball zu einem anderen Spieler weiter. Der Empfänger füllt den Ball wiederum mit Liebe und gibt ihn an jemanden weiter, der den Ball noch nicht hatte. Setzen Sie das Spiel fort und lassen Sie alle abwechselnd an die Reihe kommen.

Liebe schicken

Ziel
Dieses Spiel ist eine Version von *Darts* für Jüngere. Anstelle von Pfeilen wirft jedes Kind jedoch Säckchen mit Trockenbohnen. Das Spiel fördert die Hand-Augen-Koordination der Kinder und lehrt sie gleichzeitig, dass Liebe vom Herzen kommt, aktiv gefühlt und an andere ausgeschickt werden kann.

Alter
2 bis 8 Jahre

Zeit
15 Minuten oder länger

Teilnehmer
1 Erwachsener und 1 Kind oder mehrere Kinder

Ort
Drinnen (auf dem Fußboden)

Hilfsmittel
- Ein großer Bogen Pappe oder ein Stück Sperrholz von etwa 90 x 90 Zentimeter
- Buntstifte, Farben oder Marker
- Papier, Bleistift und Klebeband
- Mehrere kleine Säckchen, die mit Bohnen oder Reis nicht zu prall gefüllt sind, oder „Herzensfreunde" (vgl. nächstes Spiel!)

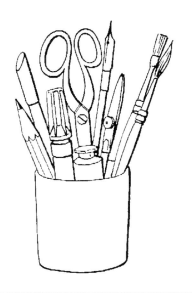

Eine herzförmige Zielscheibe herstellen
1. Auf die Pappe (oder das Holz) wird ein Herz aufgemalt, Höhe und Breite etwa 50 Zentimeter. Kinder über 5 Jahre können ein kleineres Herz wählen, da sie schon geschickter sind.
2. Malen Sie zwei konzentrische Herzen in das große Herz. In das äußere Herz wird die 5 eingetragen, in das mittlere die 10 und in die Mitte die 20.
3. Setzen Sie Ihre Kreativität ein, um das Herz möglichst schön zu gestalten – mit verschiedenen Farben und lustigen Figuren um das Herz herum. Lassen Sie sich von den Kindern helfen.

Anleitung
1. Legen Sie die Zielscheibe so auf den Boden, dass die Kinder sich außen herum aufstellen können.
2. Fordern Sie die Kinder auf, Liebe in das Herz zu geben, indem sie ihre Säckchen mit Liebe füllen und auf die Zielscheibe werfen. Der Spielleiter zeigt, wie es gemacht wird: Er hält das Säckchen an sein Herz, atmet Liebe hinein und wirft es auf die herzförmige Zielscheibe. Bitten Sie die Kinder, an jemanden zu denken, den sie lieb haben, und diese Liebe auszuschicken, während sie das Säckchen auf das Herz werfen.
3. Die Kinder stehen nicht weiter als 60 bis 90 Zentimeter vom Herz entfernt, während sie abwechselnd werfen. Erinnern Sie die Kinder daran, Liebe in das Säckchen zu schicken, wenn sie es werfen.

4. Immer wenn ein Säckchen in den Kreis fällt, sagt der Spielleiter: „Gut, da kommt noch mehr Liebe in das Herz." Bei größeren Kindern können die Punkte jeweils aufgeschrieben werden. Um das Spiel für sie anspruchsvoller zu machen, zielen sie aus größerer Entfernung auf das Herz. Markieren Sie den Abstand auf dem Fußboden mit Klebeband.
5. Nach dem Spiel erinnert der Spielleiter die Kinder daran, dass sie sehr viel Liebe in das Herz gegeben haben. Jetzt sollten sie einander Liebe schicken: „Lasst uns gemeinsam Liebe schicken, ... eins, zwei, drei, los." Der Spielleiter zeigt wieder, wie die Liebe ausgeschickt wird, indem er eine Hand auf sein Herz legt. Auf diese Weise können die Kinder außerdem nach dem Spiel wieder zur Ruhe kommen.

Variation

Die Kinder nennen abwechselnd einen Menschen, dem sie Liebe senden, bevor sie ihr Säckchen werfen, und die anderen Kinder senden ihre Liebe ebenfalls an diese Person.

Herzensfreund

Ziel
Dieses Spiel soll Kindern helfen, im Herzen fokussiert zu bleiben. Wenn Mutter oder Vater ernsthaft mit ihrem Kind sprechen wollen und es spielt mit irgendetwas herum, stört das sehr. Viele Kinder müssen etwas in der Hand halten, um sich auf ein Gespräch zu konzentrieren. So haben Kinder mit Ihrem „Herzensfreund" nicht nur etwas zum Halten, sie werden auch daran erinnert, ihr Herz eingeschaltet zu lassen. „Herzensfreunde" sind klein und weich. Die Kinder sollten sie immer bei sich tragen.

Alter
3 bis 10 (Wenn die „Herzensfreunde" von Erwachsenen genäht werden, können bereits Dreijährige beim Ausstopfen helfen.)

Zeit
30 Minuten und länger

Teilnehmer
1 Erwachsener und 1 Kind oder mehrere Kinder

Ort
Drinnen (Man braucht einen Tisch zum Zuschneiden und einen Platz zum Nähen.)

Hilfsmittel
➡ Schere
➡ Weiße Filzstücke, etwa in der Größe von DIN-A4-Blättern (Aus jedem Stück lassen sich zwei Herzen herstellen.)
➡ Nadel und Faden
➡ Stickgarn oder Permanentfarben für das Gesicht
➡ Wolle oder Schaumstoff zum Ausstopfen
⇨ Vorlage für den „Herzensfreund" (siehe nächste Seite)

Anleitung
1. Falten Sie die Filzstücke in der Mitte und legen Sie die Herzvorlage mit der Spitze auf die Falte, sodass Sie beide Herzen gleichzeitig ausschneiden können. Die beiden Herzen müssen nicht ganz auseinander geschnitten werden.
2. Zuerst malen die Kinder mit Bleistift auf eines der Herzen ein Gesicht. Dann werden die Umrisse des Gesichts entweder gestickt oder mit Permanentfarbe bemalt.
3. Legen Sie die beiden zusammengehörigen Herzen aufeinander, mit den späteren Außenseiten (dem „Gesicht") nach innen.
4. Nähen Sie die Herzen am äußeren Rand zusammen, als wollten Sie ein Kissen nähen; lassen Sie eine Öffnung, um die Innenseiten (das „Gesicht") nach außen wenden und das so entstehende kleine „Kissen" füllen zu können.
5. Füllen Sie das Herzkissen mit Wolle oder Schaumstoff und schließen Sie die Naht.
6. Lassen Sie dann die Kinder den fertigen „Herzensfreund" an ihr Herz drücken (nahe der Brustmitte). So lernen Kinder zentrieren und mehr im Herzen zu sein.
7. Dann schicken alle eine Minute lang Liebe an ihren neuen „Herzensfreund", damit sie sich daran erinnern, im Herzen zentriert zu bleiben.
8. Sprechen sie mit den Kindern, während sie ihre „Herzensfreunde" halten. Fordern Sie sie auf, Herzenergie auszusenden, während sie sprechen und während sie zuhören.

Beispiele

Eine Mutter erzählte, wie glücklich ihr achtjähriger Jason und die dreijährige Kara über ihre „Herzensfreunde" waren. Jason hatte den seinen immer im Rucksack bei sich. Und sie fügte hinzu: „Man vergisst den ‚Herzensfreund' so leicht im Alltagstrott. Ich habe den Unterschied sofort gemerkt, als wir eine Woche lang nicht über die ‚Herzensfreunde' gesprochen hatten. Ich halte es für wichtig, dass Eltern ihre Kinder an die ‚Herzensfreunde' erinnern und täglich darüber sprechen."

Eine andere Mutter meinte: „Ich benutze immer den ‚Herzensfreund', wenn mein Sohn nicht gut zuhört. Ich lasse ihn seinen ‚Herzensfreund' holen, damit wir unsere Unterhaltung aus dem Herzen heraus fortsetzen können. Manchmal hole ich auch meinen eigenen ‚Herzensfreund'. Im Gespräch halten wir beide unsere ‚Herzensfreunde' an unser Herz. Mein Junge hört dann viel besser zu."

Lehrer berichten, dass die „Herzensfreunde" bei ernsthaften Gesprächen mit Kindern zwischen fünf und zehn sehr hilfreich sind. Auch wenn die Aufmerksamkeit bei kleineren Kindern schneller nachlässt: Mit den „Herzensfreunden" konzentrieren sie sich länger.

Variation

Es kann sehr nützlich sein, die Kinder aufzufordern, ihre „Herzensfreunde" zu streicheln, wenn sie merken, dass sie abgelenkt sind. Nervöse Kinder bleiben ruhig, wenn sie ihren „Herzensfreund" an sich drücken, während sie zuhören.

Vorlage für den „Herzensfreund" (Originalgröße)

Entlang der durchgezogenen Linie ausschneiden

Entlang der gestrichelten Linie zusammennähen

Seifenblasen

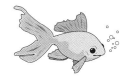

Ziel

Damit Kinder lernen, mit dem Herzen zu sehen, ist es wichtig, dass sie wissen, wie es sich anfühlt, wenn ihre Aufmerksamkeit bei ihrem Herzen ist und sie liebevoll sind, während sie spielen. Hier üben sie eine liebevolle Haltung, während sie Seifenblasen losschicken. Wenn Sie die Kinder häufig daran erinnern, sich auf ihr Herz zu konzentrieren und liebevoll zu sein, während sie etwas tun, fördern Sie damit die charakterliche Entwicklung und steigern die Herzintelligenz. Damit die Kinder verstehen oder sich erinnern, wie es sich anfühlt im Herzen und liebevoll zu sein, machen Sie vor diesem Spiel zunächst die Übung HEART LOCK-IN. (S. 20)

Alter
4 bis 8 Jahre

Zeit
15 Minuten oder länger

Teilnehmer
1 Erwachsener und 1 Kind oder mehrere Kinder

Ort
Draußen

Hilfsmittel
Seifenblasenflüssigkeit mit einem Blasrohr für jeden Mitspieler. (Dazu sind Strohhalme oder leere Garnspulen geeignet.)

Anleitung

1. Besorgen Sie Seifenblasenlösung oder stellen Sie sie mit Spülmittel selbst her und nehmen Sie zum Blasen Garnspulen oder Strohhalme. (Für kleinere Kinder eignen sich Spulen sehr gut. Warnen Sie sie davor, die Flüssigkeit einzusaugen oder zu trinken.)
2. Zeigen Sie den Kindern zunächst, wie man es anstellt, dass Seifenblasen entstehen.
3. Schlagen Sie den Kindern vor, ein Spiel mit Ihnen zu spielen, während sie die Seifenblasen in die Luft blasen. Fordern Sie sie auf sich vorzustellen, dass sie sanft Liebe in jede Blase atmen und jede Blase mit Liebe aus dem Herzen füllen. Wenn die Blasen wegfliegen und platzen, wird ihre Liebe über alles, was sich im Umkreis befindet, ausgestreut. Während die Blasen davonfliegen, fragen Sie die Kinder, wer oder was ihre Liebe erhalten soll. (Menschen, Blumen, Bäume, Insekten, die Welt, usw.)

Würfelspiel mit Herz

Ziel

Dieses „Würfelspiel mit Herz" ist ein Gesellschaftsspiel, das mehrere Ziele verfolgt: Es soll ... 1. die Mitspieler mit den Herzintelligenztechniken vertraut machen; 2. sie daran erinnern, dass sie ihre Aufmerksamkeit auf ihr Herz gerichtet lassen, während sie ein Spiel mit ungewissem Ausgang spielen; und 3. eine vergnügliche Freizeitbeschäftigung bieten. Die Mitspieler sind lebende Spielfiguren und bewegen sich auf einem großen Spielplan – wobei durch Würfeln entschieden wird, in welche Richtung und wie weit der einzelne Spieler vorankommt. Ziel ist es, als Erster die Ziellinie zu überschreiten.

Alter
8 bis 14 Jahre

Zeit
15 Minuten oder länger

Teilnehmer
2 bis 6 Kinder

Ort
Drinnen oder draußen (auf dem Fußboden oder auf einer anderen glatten Oberfläche)

Hilfsmittel
➡ 2 Würfel
➡ 2 Stücke Pappkarton zur Herstellung der 18 Anleitungs- oder „Ereigniskarten" (s. S. 40–41)
➡ Schere, Bleistift oder Kugelschreiber, Klebeband, Lineal
➡ Kreide, um im Freien die Spielfelder aufzumalen, oder 38 Rechtecke aus Pappe (ca. 20 x 30 cm), die drinnen als Spielfelder dienen. Sie können die Spielfelder und die Spielkarten auch mit einem Computer und einem Drucker herstellen.
⇨ Tisch
⇨ Plastikfolie
⇨ Knöpfe

Anleitung

1. Malen Sie den Spielplan entsprechend der Vorlage auf Seite 42 mit Kreide auf. Die Grundfläche sollte etwa 1,50 mal 2 Meter betragen. Wenn genügend Platz vorhanden ist, machen Sie die einzelnen Felder so groß, dass zwei Spieler bequem darauf Platz finden; vorteilhaft wären etwa 30 mal 45 Zentimeter. (Wenn zwei Spieler gleichzeitig auf einem Feld ankommen und die Felder klein sind, kann sich einer außen neben dem Feld aufstellen.) Wenn Sie Pappe für die Spielfelder verwenden, kleben Sie immer zwei Stücke aufeinander.

2. Machen Sie dann die Ereignis- bzw. Anleitungskarten. Schneiden Sie die Karten aus – ziehen Sie vorher Linien mit einem Lineal, damit alle Karten gleich groß werden. Schreiben Sie den Text auf die Karten oder kopieren Sie die Kartenvorlagen von Seite 40–41.

3. Um zu bestimmen, wer das Spiel beginnen darf, würfeln Sie; der Spieler mit der höchsten Zahl beginnt.

4. Gewürfelt wird mit zwei Würfeln. Der erste Spieler würfelt und beginnt von Feld 1, er bewegt sich so viele Felder weiter, wie der Würfel anzeigt. Befindet sich auf dem neuen Feld ein Hinweis, muss der Spieler diesen befolgen. Ist er fertig, so ist der nächste Spieler an der Reihe.

5. Auf einigen Feldern wird der Spieler aufgefordert, eine Ereigniskarte vom Stoß in der Mitte des Spielfelds zu nehmen. Zieht der Spieler eine Karte, muss er erst die Anweisungen befolgen, bevor der nächste Mitspieler an die Reihe kommt.

6. Die Spieler müssen sich gut merken, auf welchem Feld sie stehen, denn um Karten zu ziehen und zu würfeln, müssen sie auf das große Feld in der Mitte des Spielplans gehen. Ein Erwachsener kann dabei helfen. Wenn Streit um das richtige Feld entsteht, können die Spieler daran erinnert werden, Herzintelligenztechniken einzusetzen, um sich zu einigen.
7. Wer als Erster das Ziel (Liebe) erreicht, hat gewonnen. Wenn ein Spieler auf einem der Felder bis zu Feld 13 eine größere Zahl würfelt, als nötig ist, um ins Ziel zu gelangen, muss er auf seinem Feld bleiben, bis er bei der nächsten Runde die passende oder eine kleinere Zahl würfelt. Nach Feld 13 gelangt der Spieler automatisch ins Ziel, wenn er eine größere Zahl als nötig würfelt.

Beispiele (Sonderfälle): Wenn ein Spieler auf Feld 13 insgesamt mehr als 6 würfelt, kann er nicht ins Ziel – außer wenn beide Würfel 6 zeigen! Wer auf Feld 18 landet, *muss* 2 x 1 würfeln (da man mit zwei Würfeln keine 1 würfeln kann).

Variation

Das Würfelspiel mit Herz kann auch auf dem Tisch gespielt werden. Man kann eine Plastikfolie über eine (eventuell vergrößerte) Kopie des Spielplans legen und nimmt Knöpfe als Spielfiguren.

Gehe 3 Felder zurück.	**Gehe auf das Feld „Wertschätzung".**	**Gehe zurück zu Feld 1 und übe „Heart Lock-In".**
Rücke 3 Felder vor.	**Gehe auf „Wertschätzung".** **Setze eine Runde aus.** **Denke daran: Lerne alles schätzen, was dir begegnet.**	**Du bist der Gewinner:** **Geh bis zum Ziel, und das heißt „Liebe".**
Gehe 5 Felder zurück. **Bleibe in deinem Herzen.**	**Rücke 2 Felder vor.**	**Du hast „Heart Lock-In" gewonnen.** **Gehe zurück an den Start.** **Setze eine Runde aus.** **Wenn du daran denkst, dich mit deinem Herzen einzuklinken, wird es dir gut gehen.**

	Setze eine Runde aus. Denk daran: Nimm es einfach hin und mach dir nichts draus.	Du darfst nochmals würfeln.
Rücke 8 Felder vor.		
Gehe auf Feld 10 und übe Wertschätzung.	Gehe 1 Feld zurück.	Rücke 2 Felder vor.
Rücke 4 Felder vor und 1 Feld zurück.	Diese Karte macht die Anweisung „Setze eine Runde aus" ungültig. Hebe dir die Karte dafür auf und lege sie nach Gebrauch unter den Stoß.	Diese Karte macht die Anweisung auf Feld 14 („Zurück an den Start") ungültig. Hebe dir die Karte dafür auf und lege sie nach Gebrauch unter den Stoß.

Dinge, die das Herz anrühren

Ziel
Die meisten Menschen wissen, wie das Herz *funktioniert* und wie viel es *leistet*; das ist jedoch genauso, wie wenn man die Spitze eines Eisbergs sieht und meint, das sei der gesamte Eisberg. Venen, Arterien und Blutzellen sind nicht alles, auch wenn diese körperlichen Bestandteile für unsere Gesundheit und unser Überleben ausschlaggebend sind. Die Kraft des Herzens und seine Fähigkeit zu lieben, mitzufühlen, zu lachen und intuitiv zu sein machen es zu einer Quelle für positive Gefühle und für die intelligente Wahl von Reaktionen. Die folgende Übung vermittelt spielerisch einiges mehr an Wissen über das Herz.

Alter
10 bis 18 Jahre
Zeit
30 Minuten oder länger
Teilnehmer
1 Erwachsener und 2 oder mehr Kinder bzw. Jugendliche
Ort
Drinnen oder draußen

Anleitung
Teilen Sie zunächst einige Informationen über das Herz mit:
- Das Herz arbeitet ein Leben lang Tag und Nacht ohne Unterbrechung, meist ohne dass es besonders gepflegt, gereinigt, repariert oder ersetzt wird.
- Es schlägt 100 000 Mal täglich und etwa 40 Millionen Mal jährlich, es erbringt in 70 Jahren eine Pumpleistung von fast drei Milliarden Herzschlägen.
- In der Minute pumpt das Herz etwa 7,5 Liter, in der Stunde etwa 380 Liter Blut durch ein Gefäßsystem von etwa 96 000 Kilometern Länge – fast so viel wie 2,5 Mal der Erdumfang.
- Mit dem Herzen gibt ein Embryo erste Lebenszeichen.
- Es beginnt von selbst zu schlagen und kann weiterschlagen, auch wenn das Gehirn nicht mehr funktioniert und als tot gilt.
- Bei einem Erwachsenen ist das Herz etwa faustgroß.

Übung 1: Jeder Teilnehmer macht eine Faust und öffnet die Hand wieder, und das wird zwei Minuten lang wiederholt. Stellen Sie Vergleiche zwischen Ihren Herzmuskeln und den Muskeln in Ihrer Hand an. Welche besitzen mehr Kraft? Warum?

Weitere Bemerkungen zum Herzen:
- Das Herz ist die stärkste Energiequelle im Körper, es erzeugt etwa 40 bis 60 Mal mehr elektrische Energie als das Gehirn. Manchmal können wir unseren Herzschlag im kleinen Zeh oder Finger spüren, nicht jedoch die elektrischen Impulse des Gehirns.
- Zeigen Sie der Gruppe die im Elektrokardiogramm sichtbaren Aktionsströme des Herzens bei Frustration und bei Anerkennung. Mit jedem Herzschlag entsteht Elektrizität, die zu allen Körperzellen geschickt wird. Wenn wir frustriert sind, werden die Ausschläge im EKG inkohärent und unregelmäßig, sie veranlassen das Herz zu stärkerem Einsatz. Wenn wir Anerkennung oder Fürsorge empfinden, wird das Herzmuster kohärent und harmonisch.

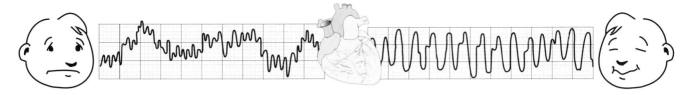

Aufzeichnung der elektrischen Muster im EKG

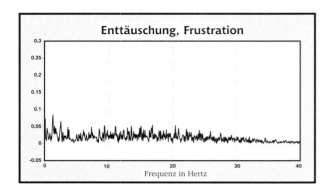

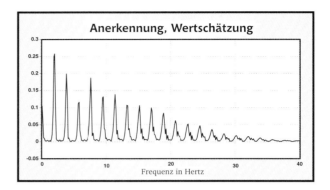

Emotionale Zustände wie zum Beispiel Frustration führen zu einem so genannten inkohärenten Spektrum; das bedeutet, dass die Kraft ungerichtet und nicht konzentriert ist. Dieses Signal wird an alle Körperzellen weitergeleitet.

Diese Person empfand aufrichtig Anerkennung, und so ist das Muster völlig anders als das Muster bei Frust. Man spricht hier von einem kohärenten Spektrum.

Übung 2 (5 oder mehr Teilnehmer): Machen Sie gemeinsam die „Welle" („La ola"), wie Sie sie von Sportveranstaltungen kennen. Lassen Sie die Teilnehmer eine Reihe bilden und ein kohärentes, geordnetes Herzaktionsmuster eines Menschen, der Anerkennung oder Fürsorge empfindet, nachahmen. Dazu bewegen die Spieler der Reihe nach ihre Arme nach oben. Wiederholen Sie die geordnete Welle mehrmals. Dann gehen Sie zur inkohärenten Welle über: Dabei gibt es weder Reihenfolge noch Ordnung, sie stellt das Gefühl von Frustration dar. Auch diese Welle wird mehrmals wiederholt.

Übung 3: Richten Sie Ihre Aufmerksamkeit auf Ihren linken großen Zeh. Bewegen Sie ihn einige Sekunden. Richten Sie dann Ihre Aufmerksamkeit auf Ihre Herzmitte. Stellen Sie sich 10 Sekunden lang vor, dass Sie durch Ihr Herz atmen. Denken Sie an ein positives, angenehmes Gefühl, das Sie in der zurückliegenden Zeit empfunden haben, oder an jemanden, den Sie mögen oder schätzen. Versuchen Sie, sich etwa eine Minute auf dieses Gefühl im Herzen zu konzentrieren, ohne dass Ihre Gedanken immer wieder wie ein Tennisball zum Kopf und wieder zum Herzen zurück schießen.

Weitere Wahrnehmungen zum Herzen:
Mit dem Gehirn können wir denken, lesen, uns erinnern, Mathematik betreiben, uns an Witze erinnern und in der Schule Wissen aufnehmen. Mit dem Herzen können wir Fürsorge, Liebe und Anerkennung empfinden, uns auf andere Menschen einstellen und uns in sie einfühlen, den Unterschied zwischen einer guten und einer schlechten Entscheidung spüren und viel Spaß haben. Können Sie sich vorstellen, dass eine Mutter zu ihrem Säugling sagt „Ich liebe dich mit meinem ganzen Kopf"? Warum nicht?

Übung 4: Fragen Sie die Teilnehmer nach Dingen, die ihr Herz ansprechen, und zählen Sie dazu zunächst einige der folgenden Beispiele auf: Schokolade auf der Zunge, der Geruch frisch gewaschener Bettwäsche, die Wärme eines Ofens, Nieselregen auf dem Haar und im Gesicht, der Anblick eines jungen Hundes, eine sommerliche Brise, usw.

Stellen Sie unter den nachfolgenden Stichworten weitere Beispiele zusammen, um das Gespräch zu bereichern und die Teilnehmer das Herz besser verstehen zu lassen:

- Orte, die unser Herz ansprechen

- Gebräuchliche Wörter oder Wendungen bzw. Volksweisheiten, die sich auf das Herz beziehen

- Filme, die das Herz berührten

- Gerüche, die das Herz ansprachen

- Bücher, die das Herz ansprachen

- Aktivitäten, die uns tief im Herzen berühren

- Musik, die uns in unser Herz führt

Hier als Beispiele die Liste der „zu Herzen gehenden Dinge" von zwei Vierzehnjährigen:

Dinge, die das Herz berühren: sich den Rücken schrubben lassen, heißes Wasser über den Rücken laufen lassen, einen guten Freund treffen, beim Basketball einen Korb erzielen; sich kratzen, wenn es juckt; der Sieg der eigenen Mannschaft, ins Meer rennen; Kleidung anziehen, die noch warm vom Trockner ist; heiße Schokolade an einem kalten Tag, sich beim Heimkommen vom eigenen Hund begrüßen lassen, sich in seiner Kleidung wohl fühlen, seine Meinung äußern, Stolz auf sich selbst.

Orte, die mein Herz berühren: der Basketballplatz, ein hohes Gebirge, Disneyland, ein Flussufer, ein Ort in einem warmen Land, ein Supermarkt, ein menschenleerer Platz, ein kräftiger Wind

Sätze, die mich ansprechen: Einfach ich selbst sein. Ich möchte Menschen so behandeln, wie ich selbst behandelt werden möchte.

Gerüche, die das Herz rührten: der Geruch eines neues Basketballs, eines neuen Autos, von Schokokeksen, frisch aus dem Herd, von frisch gewaschenem Haar, von frischem Holz

Bücher, die das Herz ansprachen: *Der Herr der Ringe*, *Mathilda*, Comics von *Calvin* und *Hobbes*

Aktivitäten, die uns „in unser Herz" bringen: mit einem Freund Basketball spielen, mit einer Freundin einen Film anschauen, Musik hören, einen alten Freund treffen, Auto fahren

Musik, die uns „in unser Herz" bringt: Beatles, Beach Boys, Al Green, manche Rap-Musik, Classic Rock.

Partner im Herzen

Ziel
Jugendliche haben oft viel mehr gemeinsam, als ihnen bewusst ist. Mangelhafte Kommunikation und fehlendes Verständnis aus dem Herzen heraus können sie daran hindern zu erkennen, dass sie trotz unterschiedlichen Aussehens und sozialer Vorbehalte vieles gemeinsam haben. Wenn nur die Unterschiede wahrgenommen werden, führt das zu Ängsten und unfairen Vergleichen. Durch die Übung sollen Jugendliche lernen, ihre Herzintelligenz zu nutzen, um andere besser zu verstehen. Es braucht mehr als oberflächliche Wahrnehmungen, um die Unterschiede und Gemeinsamkeiten zu erkennen.

Alter
12 bis 18 Jahre

Zeit
15 Minuten oder länger

Teilnehmer
1 Erwachsener und 4 oder mehr Jugendliche

Ort
Drinnen oder draußen (ein ruhiger Platz)

Hilfsmittel
Stifte
Pro Paar 1 Kopie des Fragebogens (siehe S. 48)

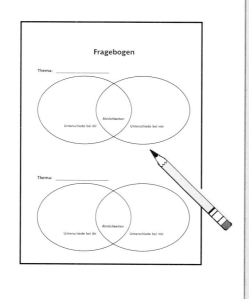

Anleitung
1. Erklären Sie das Ziel der Übung: Es soll herausgefunden werden, was jeweils zwei Teilnehmer – und die gesamte Gruppe – gemeinsam haben und worin sie sich unterscheiden.
2. Lassen Sie Paare bilden. Bleibt ein Teilnehmer übrig, bildet er mit dem Spielleiter ein Paar.
3. Geben Sie jedem Paar einen Fragebogen. Lassen Sie jeden Teilnehmer eine Minute nachdenken, welches die fünf wichtigsten Dinge sind, die er mag, und welches die wichtigsten fünf Punkte sind, die ihm Stress bereiten. Jeweils ein Teilnehmer schreibt alle Punkte auf. Der Schreibende setzt die Punkte, die anders sind als die seines Partners, unter „Unterschiede bei mir". Antworten des Partners, die anders sind als die eigenen, unter „Unterschiede bei dir". Übereinstimmende Antworten werden unter „Ähnlichkeiten" eingetragen.
4. Der Spielleiter nennt Beispiele, ehe die Teilnehmer sich selbst Punkte überlegen.

Beispiele:

Dinge, die wir schätzen: Freunde, Filme, Sport, Eltern, Kleidungsstücke, Essen, Haus, Musikstile, Tanzen

Dinge, die uns Stress bereiten: Arbeit in der Schule, Eltern, Beziehungen, Gewalt, Bekleidung, Erwachsene, Anpassung

5. Bitten Sie die Jugendlichen, darauf zu achten, wie sie auf die Antworten ihrer Partner reagieren. Reagieren sie kritisch, fragend oder zustimmend? Sie sollen Ihrem Partner Herzenergie oder Zuneigung senden, um mehr Verständnis zu gewinnen. Wenn beide fertig sind, können sie über die Unterschiede und Ähnlichkeiten sprechen, während sie weiterhin gegenseitig Herzenergie aussenden.
6. Sind die einzelnen Paare fertig, nimmt der Spielleiter die Fragebögen und stellt die Gemeinsamkeiten zusammen, also Dinge, die die Jugendlichen übereinstimmend mögen oder ablehnen. Und er sammelt auch die am häufigsten genannten Unterschiede.
7. Die Ergebnisse werden in der Gruppe besprochen. Stellen Sie folgende Fragen, um zu Schlussfolgerungen zu kommen: Wart ihr überrascht über die Ergebnisse in eurem Zweiergespräch? Oder in der Gesamtgruppe? Gibt es Dinge, die alle Jugendlichen gemeinsam haben? Wenn ja, wo? Warum betonen wir Unterschiede so stark? Worauf weisen die Unterschiede hin? Wie hilft uns das Aussenden von Herzenergie, uns gegenseitig besser zu verstehen?

Variationen

1. Die Partnerarbeit machen jeweils möglichst solche Jugendlichen zusammen, die sonst selten miteinander sprechen.
2. Praktizieren Sie die gleiche Gesprächsform mit anderen Themen. Beispiele: Fürsorge – übertriebene Fürsorge. Was macht uns Spaß – keinen Spaß? Was macht uns glücklich – traurig? Was macht uns ärgerlich – friedlich? Wann reagieren wir mit dem Kopf – mit dem Herzen?
3. An die Gespräche schließt sich eine Übung im Zuhören an. Jeder muss intuitiv zuhören und dann Feedback geben, a) was mit Worten gesagt wurde und b) welches Gefühl im Hintergrund war.

Fragebogen

Thema: _____

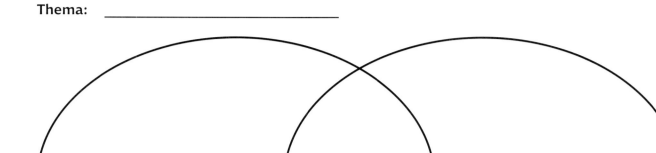

Thema: _____

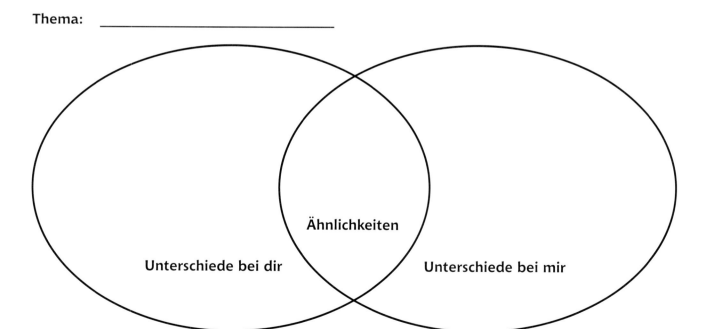

Heart Mapping® (Herzskizze)

Ziel

Heartmapping (hier in eingedeutschter Schreibweise, entsprechend dem bereits eingedeutschten *Mindmapping*) meint so viel wie das Anlegen einer *Heartmap*, einer „Landkarte des Herzens" (das heißt einer Skizze intuitiver Wahrnehmungen) und ist als Technik bestens geeignet, die Kraft des Herzens zu demonstrieren und sie freizusetzen. Während *Heartmapping* in der betrieblichen Fortbildung als Technik zur Problemlösung, für die Projektplanung sowie zur Stärkung der Kreativität eingesetzt wird, kann es auch im privaten Bereich die intuitive Entscheidungsfindung fördern. *Heartmapping* stützt sich auf *Mindmapping*, das von Pädagogen entwickelt wurde, um Brainstorming und Lernen mit dem ganzen Gehirn zu fördern. (*Mindmapping* meint das Anlegen von „Gedankenlandkarten" oder Ideenskizzen oder Orientierungsplänen mit Hilfe von Linien und Stichworten. Anm. d. Vlgs.) Dank der Kombination von Kopf- und Herzintelligenz finden Jugendliche besser Zugang zu ihrem Lernpotential und sie können besser entscheiden, wie sie reagieren wollen.

Alter
12 bis 18 Jahre
Zeit
45 Minuten und länger
Teilnehmer
1 Erwachsener und 1 Jugendlicher oder mehrere
Ort
Drinnen
Hilfsmittel
➡ Tafel oder Flipchart mit entsprechenden Stiften oder Markern
➡ DIN-A4-Blatt und Stifte für jeden Teilnehmer
⇨ Größere Papierbogen für Gruppen
⇨ Farbige Marker oder Filzstifte
⇨ MC *Heart Zones*, Kassettenrekorder

Anleitung:

1. Sie erläutern das Ziel: Mit *Heartmapping* können Probleme oder Projekte intelligenter und mit der Intuition des Herzens angegangen werden. Zunächst wird eine *Mindmap* angefertigt, danach folgt eine FREEZE-FRAME-Übung und schließlich *Heartmapping*. Dadurch kommen fundierte Wahrnehmungen zustande, die aus dem Kopf und aus dem Herzen gespeist sind. Aus der Kombination von *Mindmapping* und *Heartmapping* kann dann ein Entschluss oder ein Aktionsplan hervorgehen. (Beispiel S. 51)

2. Machen Sie mit der ganzen Gruppe *Mindmapping*. Wählen Sie dafür ein einfaches Thema, zu dem jeder eine Beziehung hat, zum Beispiel die Planung, wie die Gruppe sich anderen vorstellen kann, oder die Planung eines Projekts. (Zu Anfang kein Problem wählen!) Für die Mindmap malen Sie einen kleinen Kreis in die Mitte der oberen Hälfte von Flipchart oder Tafel und schreiben das Thema hinein.

Machen Sie *Brainstorming* und lassen Sie die Teilnehmer ihre Vorstellungen, Gesichtspunkte, Bedenken, Hoffnungen und Fragen zum Thema sagen (ohne zu kommentieren). Schreiben Sie jeden Gedanken auf eine der Linien, die sich von der Mitte wie die Speichen eines Rads ausbreiten. Für

Gedanken, die einen bereits vorhandenen Gesichtspunkt weiterführen oder differenzieren, werden von den Hauptästen Nebenäste abgezweigt.

3. Als Nächstes machen alle Teilnehmer eine Minute lang konzentriert FREEZE-FRAME und lassen damit die mit dem *Brainstorming* verbundenen Gedanken und Emotionen hinter sich. Klären Sie die Teilnehmer darüber auf, dass sie durch eine Verschiebung ihrer Aufmerksamkeit auf den Herzbereich Zugang zu einer ganz anderen Dimension intuitiver Wahrnehmung bekommen. Fordern Sie sie auf, die Intuition ihres Herzens um Gedanken zum Thema zu bitten.
4. Unterteilen Sie die Tafel oder den Bogen auf der Flipchart durch einen waagrechten Strich in der Mitte. Die *Heartmap* beginnt mit einem kleinen Kreis in der Mitte der verbleibenden (unteren) Fläche, in den Sie das gleiche Thema hineinschreiben. Fragen Sie die Teilnehmer, welche Gedanken und Gefühle nach der FREEZE-FRAME-Übung von der Intuition ihres Herzens kamen. Fordern Sie die Teilnehmer auf, ihre Gefühle nicht zu bewerten, sondern mit ihrem Herzen in Kontakt zu bleiben und zu sagen, was sie fühlen und denken. Schreiben Sie die Wahrnehmungen der Teilnehmer, die aus ihrem Herzen kamen, auf. Die *Heartmap* wird vielleicht nicht so viele Punkte enthalten wie die *Mindmap*, aber sie sind wahrscheinlich charakteristisch und bedeutsam.
5. Schließlich vergleichen Sie die beiden Skizzen. Achten Sie auf Unterschiede und Überschneidungen. Wählen Sie Begriffe aus der *Mindmap*, um die *Heartmap* zu vervollständigen.
6. Ordnen Sie, beginnend mit der *Heartmap*, die notwendigen Schritte nach ihrer Priorität. Nehmen Sie dann Punkte aus der *Mindmap* dazu, die die *Heartmap* ergänzen oder die energetisch sinnvoll oder praktisch sind.
7. Jetzt fordern Sie die Teilnehmer auf, eine *Heartmap* zu einem Thema zu erstellen, das ihnen persönlich wichtig ist (ein eigenes Projekt oder Problem). Sprechen Sie über das Beispiel „Computer" auf der nächsten Seite und über die anschließenden Schlussfolgerungen.
8. Die Teilnehmer gehen jetzt genauso vor, wie demonstriert wurde. Sie malen zwei kleine Kreise auf ihr Papier und schreiben jeweils das Thema in den Kreis. Bitten Sie sie zunächst, eine *Mindmap* anzufertigen und sieben Minuten lang alle Gedanken, Bedenken, Hoffnungen, Ängste und Fragen aufzuschreiben. Dann legen alle den Stift weg und machen eine Minute lang FREEZE-FRAME, wobei sie die Intuition ihres Herzen um Ideen bitten. Danach machen alle in sieben Minuten eine *Heartmap* und schreiben die Gefühle und Gedanken auf, die während des FREEZE-FRAME aus ihrem Herzen kamen (wieder ohne sie zu bewerten). Schließlich drehen sie das Blatt um und schreiben in sieben Minuten eine Schlussfolgerung oder einen Aktionsplan.
9. Während der gesamten Übung können Teilnehmer, die blockiert sind oder Hilfe brauchen, ihre Hand heben und um Hilfe bitten.
10. Die Ergebnisse werden besprochen.

Beispiel

Die *Heartmap* auf Seite 51 stammt von einem Jugendlichen. Als Schlussbemerkung schrieb er:
„Der Geist war stärker stimuliert und wurde zunehmend frustriert, da ich so viel in so kurzer Zeit lernen wollte und nachts aufblieb, um Dinge zu klären. Ich war so auf Computer fixiert! Das Herz hatte Recht. Besessenheit ist nur eine Flucht, damit ich mich nicht mit Gefühlen beschäftigen muss. Die wirkliche Kraft liegt darin, dass ich mich emotional ins Gleichgewicht bringe."

Variationen

1. Geben Sie den Teilnehmern Marker in verschiedenen Farben, so dass sie ihre Gedanken *in Farbe* zu Papier bringen können.
2. Machen Sie eine gemeinsame *Heartmap* zu einem Problem der Gruppe.
3. Gruppen von zwei oder mehr Teilnehmern erstellen jeweils eine *Heartmap* zu Themen, die von allgemeinem Interesse sind. Die Teilnehmer verwenden dazu große Papierbögen, so dass die Arbeiten mit dem dazugehörigen Aktionsplan ausgehängt werden können.
4. Lassen Sie die MC *Heart Zones* (erschienen bei VAK) im Hintergrund laufen, während die Teilnehmer FREEZE-FRAME und *Heartmapping* machen.

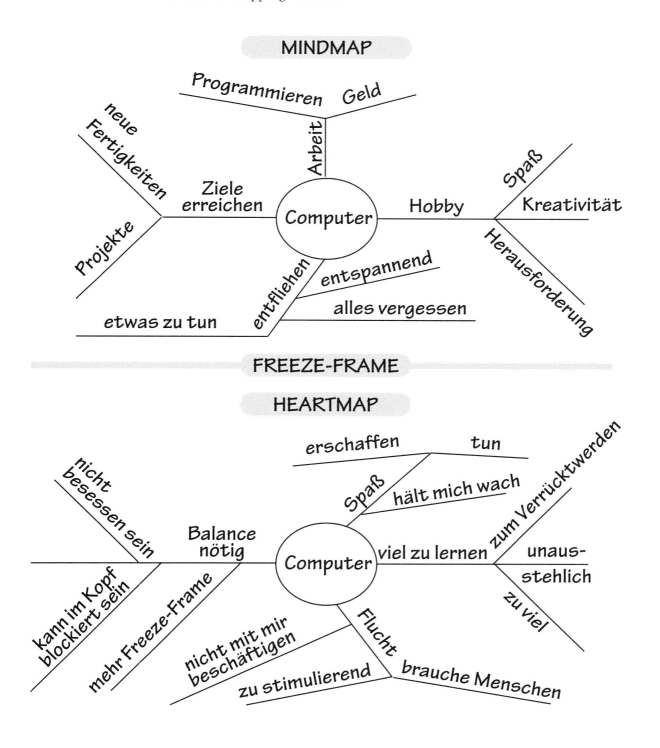

Tagebuch für Kopf und Herz

Ziel

Ein Kopf-Herz-Tagebuch zu führen bietet Jugendlichen die Chance, sich selbst besser anzunehmen und zwischen den Vorgängen in ihrem Kopf und in ihrem Herzen zu unterscheiden: Auf der *einen* Seite werden täglich Gefühle, Ereignisse und Beobachtungen aufgeschrieben, die mit dem *Kopf* erlebt wurden. Die gegenüberliegende Seite enthält die Wahrnehmungen des *Herzens.* So können die Jugendlichen ihr innerstes Selbst sicher vor anderen zum Ausdruck bringen. Das Tagebuchschreiben kann sehr wichtig sein, da die Jugendlichen ihr Herz unmittelbar als Quelle der Intelligenz und neuer Einsichten erfahren. Auch Sprichwörter, Gedichte, Metaphern oder Zeichnungen können helfen, den Unterschied zwischen der Sichtweise des Geistes und der des Herzens zu erkennen.

Alter
12 bis 18 Jahre

Zeit
15 Minuten oder länger

Teilnehmer
1 Erwachsener und 1 Jugendlicher oder mehrere

Ort
Drinnen oder draußen (ruhig)

Hilfsmittel
➡ Jeder Teilnehmer benötigt ein Tagebuch (am besten mit einem Schloss)
➡ Bleistift oder Kugelschreiber
⇨ MC *Heart Zones* oder *Speed of Balance*, Kassettenrekorder

Anleitung

1. Legen Sie gemeinsam eine Zeit fest, wann Sie mit dem Tagebuchschreiben beginnen wollen. Jeder Jugendliche erhält ebenso wie der Spielleiter ein Tagebuch. Wichtig ist, dass der Erwachsene sich auch beteiligt, um die Jugendlichen durch sein Beispiel zu motivieren.
   Erklären Sie die Ziele, die mit dem Tagebuchschreiben verfolgt werden:
   - die Stimmen im Kopf und im Herzen unterscheiden lernen
   - sich selbst erforschen und ausdrücken
   - besser mit Stress umgehen

2. Legen Sie dar, wie die Herzintelligenz den Berichten im Tagebuch mehr Aussagekraft verleiht. Die Tagebuchseite für den „Kopf" enthält die Gefühle, Ereignisse, Begegnungen und Beobachtungen des Tages, die für wichtig erachtet werden. Dabei werden sowohl angenehme als auch ärgerliche und stressige Ereignisse berücksichtigt. Verfassen Sie einen ehrlichen und kreativen Bericht. Wenn der Bericht aus der „Kopf"-Perspektive beendet ist, machen alle ein dreiminütiges FREEZE-FRAME, wobei sie die guten Anteile des Tages würdigen. Während der zweiten Hälfte der FREEZE-FRAME-Übung werden alle gefragt, was ihre Herzintelligenz zu dem sagt, was sie aufgeschrieben haben. Gibt es etwas, was ihr Herz hinzufügen oder anmerken will? Gibt es Ereignisse, für die sie in ihr Herz gehen wollen, um sie zu würdigen? Gibt es Möglichkeiten, besser mit Stress umzugehen? Alle tragen jetzt die Eingebungen der Intuition ihres Herzens in ihr Tagebuch ein.

3. Wenn gewünscht, kann über die Unterschiede zwischen den Perspektiven des Kopfes und des Herzens diskutiert werden. Der Erwachsene kann Beispiel geben und über seine Erfahrung sprechen, es sollte aber erlaubt sein, nichts zu sagen. Die Privatsphäre muss geschützt bleiben.

Beispiel

Berichte von Kopf und Herz (von einem Vierzehnjährigen):

Kopf

Gestern Abend war ich mit einem Freund zusammen und wir machten ein Puzzle. Mein Freund aß und trank auf dem Teppich, während wir spielten. Ich bekam auch Hunger und holte mir auch etwas zu essen. Eine Freundin unserer Familie passte auf uns auf, weil meine Mutter nicht zu Hause war. Sie forderte uns auf, an den Esstisch im Wohnzimmer zu gehen, damit wir den Teppich nicht schmutzig machten. Dabei aß mein Freund etwas, was fast gar keinen Schmutz macht. Dann beschwerte sie sich, wir seien zu laut und ich wüsste schließlich, dass wir nicht auf dem Teppich essen dürften. Sie war ziemlich müde und gereizt.

Herz

Sie hatte einen harten Tag. Sie hatte sich den Fuß angeschlagen. Wir aßen öfter auf dem Teppich, aber nur bestimmte Dinge waren erlaubt, wie Wasser oder Nüsse, aber kein Grapefruitsaft. Alle Dinge, die Flecken machen, waren verboten. Erwachsene sagen manches nicht deutlich, und wir sind dann schuld, obwohl wir es wirklich nicht wissen. Gestern Abend war ich wütend und leicht beleidigt. Ich habe das Gefühl, ich muss Erwachsenen beweisen, dass ich selbst auf mich aufpassen kann, dass ich mich selbst um meine Spiele und alles, was getan werden muss, kümmere. Wenn ich den Erwachsenen nachgebe und tue, was sie mir sagen, hilft das, die Dinge zu bereinigen.

„Du hast immer Gefühle. Sie sind da, auch wenn du dir ihrer nicht bewusst bist. Du hast die Wahl, ob du deine Gefühle wahrnimmst oder ob du sie vergisst."

Du hast immer Gefühle. Sie sind da, auch wenn du dir ihrer nicht bewusst bist. Du hast die Wahl, ob du deine Gefühle wahrnimmst oder ob du sie beiseite schiebst. Wenn ich mich allzu schlecht fühle, so wie letzte Nacht, sollte ich sie einfach nicht beachten, auch wenn ich glaube, dass ich Recht habe. Vielleicht bleibt ein Rest von diesem Gefühl übrig, aber das kann man später mit den Eltern klären. Manchmal sind da Tausende von Gefühlen gleichzeitig, die du klären müsstest, aber dazu fehlt dann die Zeit. Du versuchst die meisten zu klären, steckst den Rest weg und versuchst zu vergessen. Das ist wie bei einem Videospiel, bei dem du zu gewinnen versuchst.

Variation

Sie lassen die MCs *Heart Zones* oder *Speed of Balance* (beide bei VAK) im Hintergrund laufen, während die Jugendlichen FREEZE-FRAME machen und auch während sie die Einsichten ihres Herzens in ihre Tagebücher eintragen.

Kapitel 3

Wertschätzung

Wertschätzung in der Familie

Spiele, in denen die Wertschätzung von Familienmitgliedern untereinander geübt wird, stärken die Bindung innerhalb der Familie (Bonding) und vertiefen das Gefühl von Sicherheit. Gleichzeitig wird damit der Wert der Familie unterstrichen. Für Kinder und Jugendliche sind heute Beziehungen mit Gleichaltrigen sehr wichtig, wie auch die Entwicklung ihrer eigenen Identität. Der Gedanke an die Fürsorge ihrer Eltern und ihrer Familie und die Wertschätzung dafür geraten dabei zunehmend in den Hintergrund. Wird bei den Kindern eine Einstellung gefördert, die die Wertschätzung nicht nur gegenüber Eltern und Familie, sondern allgemein dem Leben gegenüber betont, stärkt man damit das Selbstvertrauen und eine optimistische Haltung. So kann der Neigung zu Pessimismus, Zynismus oder Zweifeln entgegen gewirkt werden. Spiele für die Wertschätzung innerhalb der Familie sind für alle Familienmitglieder, besonders für Jugendliche geeignet: um ihre Perspektive zu erweitern, ihnen immer mehr das Gefühl von Sicherheit zu geben und ihnen zu zeigen, wie sie ihre Dankbarkeit ausdrücken können.

Alter
6 bis 18 Jahre (Kleinere Kinder können teilnehmen, wenn sie sich ruhig verhalten.)

Zeit
15 Minuten oder länger

Teilnehmer
1 Erwachsener und 1 Kind oder mehrere

Ort
Drinnen (man braucht einen Tisch zum Schreiben und Malen)

Hilfsmittel
➡ Papier, Karten oder Zeichenpapier
➡ Bleistifte oder Buntstifte

Spiel 1
Pessimismus wird zu Optimismus

1. Suchen Sie eine günstige Gelegenheit, um mit der Familie über Wertschätzung zu sprechen und wie wertvoll sie ist. Sprechen Sie darüber, wie zynisch die Gesellschaft manchmal sein kann, und fragen Sie die Jugendlichen, wie weit sie selbst Anzeichen von Zynismus beobachtet haben. Machen Sie am Beispiel eigener Erfahrungen deutlich, wie Wertschätzung den Blickwinkel der Menschen für das Öffnen kann, was wirklich wichtig und wertvoll ist.

2. Bitten Sie alle Familienmitglieder, Menschen, Ereignisse und Dinge aufzulisten, die sie schätzen. Es sollten mindestens fünf Beispiele auf der Liste sein. Kleineren Kindern können Sie bei ihrer Liste helfen.

3. Sprechen Sie gemeinsam über einige der genannten Personen oder Dinge auf den einzelnen Listen. Horchen Sie tief in Ihr Herz hinein und sprechen Sie darüber, wie die Wertschätzung für

die genannten Menschen, Ereignisse und Dinge gefördert werden kann. Helfen Sie sich gegenseitig, neue, kreative Wege zu finden, wie Wertschätzung ausgedrückt werden könnte.

4. Bitten Sie alle Familienmitglieder, ihre Liste in ihrem Schlafzimmer anzubringen, damit sie daran erinnert werden, wen oder was sie schätzen. Wenn die Einzelnen ihre Liste öfter betrachten, kommen ihnen vielleicht kreative Ideen, wie sie ihre Wertschätzung noch ausdrücken könnten. Vielleicht erleben sie dabei auch einen Energieschub, wenn sie gerade niedergeschlagen oder pessimistisch gestimmt sind.

Variationen

1. Sie bitten alle Familienmitglieder um ihre Zustimmung dazu, dass die einzelnen Listen an einer zentralen Stelle aufgehängt werden. So wird jeder Einzelne immer wieder an das erinnert, was die anderen schätzen. Der Anblick der Listen erinnert alle daran, immer wieder Wertschätzung auszusprechen, und vielleicht kommen dabei weitere Ideen auf, wie man Wertschätzung ausdrücken könnte.

2. Mit selbst gestalteten Karten kann den auf den Listen genannten Personen die Wertschätzung in Wort oder Bild ausgedrückt werden. Lesen Sie sich den Text gegenseitig vor oder zeigen Sie sich die Bilder. Wenn jemand eine Karte nicht zeigen will, ist das auch in Ordnung. Er kann seine Karte dann direkt an die Person übergeben, an die sie gerichtet ist, oder sie auch für sich behalten, damit er immer wieder an die Wertschätzung erinnert wird.

3. Die Familie bringt gemeinsam auf einer Karte mit Worten oder einer Zeichnung ihre Wertschätzung für Menschen zum Ausdruck, die besonderen Dank verdient haben: Eltern, Verwandte, Freunde, Lehrer, usw.

4. Lassen Sie auch Verwandte oder enge Freunde an diesem Familienspiel teilnehmen.

Spiel 2
Anerkennung für jedes Familienmitglied

1. Jeder in der Familie schreibt fünf Eigenschaften auf eine Karte (oder stellt sie symbolisch in einer Zeichnung dar), die er jeweils an *einem* anderen Familienmitglied schätzt. Damit jedes Familienmitglied Anerkennung erhält, werden Regeln aufgestellt, wer wen wählt: zum Beispiel die ältesten die jüngsten, die jüngsten die ältesten; diejenigen, deren Geburtstage am nächsten zusammenliegen; oder man kann durch Los entscheiden, usw.

2. Wenn die Eigenschaften (Komplimente) aufgeschrieben sind, besprechen Sie die Ergebnisse mit allen Familienmitgliedern. Dabei wird festgestellt, über *welche* ihnen zugeschriebenen Eigenschaften die Betreffenden staunten und welche Eigenschaften sie erwartet hatten.

3. Hängen Sie die fertigen Komplimentekarten an einer für alle sichtbaren Stelle auf.

4. Nach einer Woche richten alle Beteiligten ihre Wertschätzung auf ein anderes Familienmitglied und der Prozess wird wiederholt.

Variationen

1. Schreiben Sie für *jedes* Familienmitglied zwei Eigenschaften auf (bzw. illustrieren Sie zwei Eigenschaften), die Sie an dem Betreffenden am meisten schätzen. Machen Sie für *jedes* Mitglied eine Karte. Horchen Sie tief nach innen in Ihr Herz, um ihre Gefühle der Wertschätzung ehrlich auszudrücken.
2. Lesen Sie sich die Karten gegenseitig vor. Legen Sie die Karten, die *Sie* bekommen, auf Ihren Nachttisch, als Wertschätzung für die erhaltenen Komplimente.
3. Bringen Sie immer wieder neue Komplimentekarten für die Familienmitglieder an Zimmertüren, am Badezimmerspiegel oder am Kühlschrank an.
4. Widmen Sie jedem Familienmitglied einen „Tag der Wertschätzung". Zusätzlich zu den Komplimentekarten tun Sie jedem einen Gefallen. Achten Sie darauf, was dem Einzelnen Freude bereitet: zum Beispiel eine Einladung ins Kino, Frühstück im Bett, ein Essen nach Wahl, ein Einkaufsbummel, usw. Das ausgewählte Familienmitglied kann selbst entscheiden, was es essen will oder welche Form der Unterhaltung es gerne hätte und wann. Verteilen Sie Komplimentekarten überall im Haus.

Spiel 3
Sich selbst Anerkennung bezeugen

1. Jedes Familienmitglied schreibt fünf Eigenschaften auf (oder illustriert sie), die er oder sie *an sich selbst* schätzt. Danach wird die Liste der Selbsteinschätzung mit den Listen verglichen, die die anderen Familienmitglieder vorher zusammengestellt hatten.
2. Holen Sie nach einem Monat die Wertschätzungslisten wieder hervor und sehen Sie sie noch einmal durch. Fügen Sie weitere Eigenschaften hinzu, die bis dahin noch nicht erwähnt waren.

Bitte und danke sagen

Ziel
Bitte und danke werden auch als „Zauberworte" bezeichnet, denn wenn man aufrichtig um etwas bittet oder dankbar etwas entgegennimmt, vertieft das die „herz-liche" Verbindung zwischen Menschen. Viele Kindern jedoch lernen bitte und danke als höfliche Floskeln, weniger als Ausdruck einer Bitte beziehungsweise der Dankbarkeit. Um Kindern ein Gefühl für den Gehalt dieser Wörter zu vermitteln, müssen Erwachsene wirklich das Gefühl von Liebe, Freundlichkeit oder Wertschätzung empfinden, während sie diese Worte aussprechen. Dann werden auch die Kinder, wenn sie bitte oder danke sagen, dies aufrichtig und mit Respekt tun. Wenn man diese Haltung konsequent beibehält, bekommen die Kinder ein Gefühl und Verständnis für die Werte, die in der Familien gepflegt werden sollen.

Alter
2 bis 6 Jahre
Zeit
10 Minuten oder länger
Teilnehmer
1 Erwachsener und 1 Kind oder mehrere Kinder
Ort
Drinnen oder draußen
Hilfsmittel
➡ Papier und Bleistifte
⇨ Farbstifte oder farbige Marker
⇨ Lochzange, Schere
⇨ Papierstreifen in der Größe 5 x 30 Zentimeter
⇨ Metallringe zum Auffädeln der Blätter

Anleitung
1. Für den Anfang ist es wichtig, dass Sie selbst Beispiel geben. Immer wenn Sie Ihr Kind auffordern, etwas für Sie zu tun, sagen Sie bitte und senden dabei das Gefühl von Wertschätzung, Liebe oder Freundlichkeit aus. Immer wenn ein Kind etwas für Sie tut, seine eigene Aktivität unterbricht, um Ihnen zu helfen, oder Ihnen ein Geschenk macht usw., sagen Sie danke und vermitteln dabei das ehrliche Gefühl der Wertschätzung. Bei einem Kleinkind können Sie kommentieren, was Sie tun: „Ich schicke dir aus meinem Herzen ein Gefühl der Wertschätzung."
2. Was das bedeutet, können Sie demonstrieren, indem Sie Ihre Hand auf Ihr Herz legen und Liebe zum Kind ausstrahlen. Erklären Sie dem Kind, dass man immer, wenn man aufrichtig dankbar ist, wirklich im Herzen ist.
3. Wenn ein Kind danke sagt oder seine Wertschätzung für jemanden zum Ausdruck bringt, können Sie es daran erinnern, Herzenergie einzusetzen: „Warte noch einen Moment und lass uns mit unserem Dank Liebe aussenden" (an denjenigen, dem das Kind dankt).
4. Weisen Sie darauf hin, dass andere Menschen, die uns ein Geschenk machen, ein Kompliment aussprechen oder etwas für uns tun (uns Essen servieren, unser Zimmer aufräumen, etwas aufheben, was wir fallen gelassen haben, ein

Spielzeug ausleihen), das deshalb tun, weil sie uns mögen. Wenn wir aus dem Herzen heraus danke sagen, werden sie spüren, dass wir ihre Fürsorge schätzen. Suchen Sie gemeinsam mit ihrem Kind Beispiele, wann man danke sagt.

5. Das Gleiche gilt für das Wort „bitte". Wenn man bitte sagt, bedeutet das, dass man die Person, um deren Hilfe man bittet, schätzt und respektiert. Wenn wir jemanden bitten, etwas für uns zu tun (zum Beispiel uns ein Glas Wasser zu bringen, uns beim Knöpfezumachen oder Schuhebinden zu helfen, uns ein Buch zu leihen, ein Spielzeug zu reparieren usw.), und wenn wir dabei bitte sagen, wissen die Betreffenden, dass wir sie mögen. Und wenn sie bereit sind, uns zu helfen, haben wir das Gefühl, dass sie für uns da sind. Machen Sie mit Ihrem Kind gemeinsam eine Liste mit Beispielen, wann man bitte sagt.

Beispiel

Eine Mutter übte einige Wochen lang mit ihren vier- und fünfjährigen Töchtern dieses „Bitte- und-danke-Spiel". Jedes der Mädchen hatte eine Liste, in der die Gelegenheiten aufgeführt waren, bei denen man bitte und danke sagte. Diese Liste hing im Schlafzimmer über den Betten der Kinder. Bevor sie sich abends zu Bett legten, sahen sie die Listen durch und überlegten, ob während des Tages eine der genannten Situationen aufgetreten war und ob sie daran gedacht hatten, bitte und danke zu sagen. Danach erinnerten sie sich an sonstige angenehme Ereignisse des Tages und brachten ihre Dankbarkeit zum Ausdruck. Desgleichen erinnerten sie sich an weniger angenehme Dinge und überlegten, ob die jeweilige Situation anders ausgesehen hätte, wenn sie bitte gesagt und um Hilfe gebeten hätten.

Variationen

1. Schreiben Sie die Beispiele des Kindes für bitte oder danke auf einen großen Bogen Papier und lassen Sie nach jeder Zeile Platz für eine Zeichnung. Das Kind kann dann das Beispiel durch eine Zeichnung illustrieren.
2. Falten Sie ein Blatt Papier in der Mitte und dann noch ein- oder zweimal, so dass vier oder acht gleiche Flächen entstehen. Ein Kind malt in die so entstandenen Flächen jeweils ein Bild von einer Situation, in der es bitte oder danke sagen sollte. Danach lassen Sie sich erklären, was die einzelnen Bilder darstellen. Sie schreiben dann den entsprechenden Begriff unter das Bild.
3. Für diese Variation brauchen Sie eine Lochzange, Papierstreifen von etwa 5 x 20 cm und zwei offene Metallringe. Lochen Sie jeden Papierstreifen auf einer Seite. Schreiben Sie alle Beispiele des Kindes für danke auf jeweils einen Streifen und stecken Sie diese auf einen Ring. Das Gleiche machen sie mit den Beispielen für bitte, die Sie auf den zweiten Metallring fädeln. Die Kinder werden ihre Freude daran haben, ihre Beispiele für bitte und danke gebündelt zu haben und werden sie immer wieder gerne betrachten. Später können weitere Papierstreifen mit Beispielen hinzugefügt werden.

Tageseignisse würdigen

Ziel

Die Übung oder Technik der „Wertschätzung" kann Menschen helfen, den Tag mit einer gesünderen Erwartungshaltung zu beginnen und abends positiv abzuschließen. Wenn die Familienmitglieder ihre verschiedenen Erfahrungen und Beobachtungen austauschen und ihre Dankbarkeit zum Ausdruck bringen, so wirkt das ansteckend und verstärkt eine echte, herzliche Verbundenheit innerhalb der Familie.

Alter
3 bis 18 Jahre
Zeit
10 bis 15 Minuten täglich, eine Woche lang
Teilnehmer
1 Erwachsener und 1 Kind oder mehrere
Ort
Küche, Esszimmer oder Wohnzimmer
Ausrüstung
➡ Kugelschreiber, Bleistifte, Buntstifte
➡ unliniertes Papier
➡ glatte Unterlage zum Schreiben oder Malen
➡ Notizblock oder Schnellhefter, um ein Notizbuch herzustellen
⇨ Schere und Klebstoff

Anleitung

1. Am Abend denken alle an eine Sache oder an ein Ereignis des Tages, für das sie dankbar sind; sie schreiben es auf, stellen es durch eine Zeichnung dar oder erzählen es (damit es von jemand anderem aufgeschrieben werden kann). Danach überlegen alle, wofür sie am nächsten Tag Wertschätzung zeigen wollen. Die Zettel aller Mitspieler werden an einer für alle sichtbaren Stelle aufgehängt.
2. Es wird eine Zeit ausgemacht, zu der man am nächsten Tag gemeinsam die Zettel wieder hervorholt und durchsieht.
3. Sprechen Sie darüber, wie es jedem Einzelnen ergangen ist. Waren sie dankbar, so wie sie es sich vorgestellt hatten? Oder haben sie es vergessen? Waren sie für weitere Dinge dankbar? Und wofür? Die Dinge, die neu hinzukamen und auch anerkannt wurden, werden ebenfalls in die Liste geschrieben.
4. Auch wenn Sie ärgerlich sind, könnten Sie versuchen Wertschätzung zu empfinden und damit vielleicht Ärger oder Stress abbauen. Fragen Sie nach, ob jemand in der Runde diese Erfahrung vielleicht schon gemacht hat.
5. Wiederholen Sie diesen Prozess eine Woche lang täglich. Heben Sie alle Blätter mit den Aufzeichnungen auf.
6. Legen Sie alle Blätter in einem Ordner ab und gehen Sie die Aufzeichnungen am Ende der Woche gemeinsam durch. Betrachten Sie die Sammlung als eine lustige Familiengeschichte der Dinge, die in der betreffenden Woche Anlass für Dankbarkeit und Wertschätzung waren.
7. Sprechen Sie darüber, welche Bedeutung das Spiel für jeden Beteiligten hatte. Wenn es Spaß gemacht hat, wollen Sie es vielleicht einen Monat lang weiterführen und jede Woche zur gleichen Zeit zusammenkommen, um die Sammlung auf den neuesten Stand zu bringen und gemeinsam durchzusehen. Vielleicht wollen sie aber auch jede Woche eines der Familienspiele vom Anfang dieses Kapitels machen.

Variationen

1. Machen Sie eines oder mehrere der Familienspiele auf den Seiten 56–58 und nehmen Sie die Listen der Familie mit den Aufzählungen gewürdigter Objekte in den Ordner.
2. Suchen Sie sich aus Zeitschriften Bilder mit Gegenständen oder Darstellungen, die Anlass zu Dankbarkeit bieten. Kleben Sie die Bilder auf einen Bogen Papier und hängen Sie ihn deutlich sichtbar auf. So können alle Familienmitglieder etwas auswählen, was sie daran erinnert, dankbar zu sein.

Anerkennung bei den Mahlzeiten

Ziel

Zum Ausdruck von Anerkennung eignen sich gemeinsame Mahlzeiten besonders gut. Dieser einfache Akt, die Familie zum gemeinsamen Essen zu versammeln miteinander über Dinge zu sprechen, die die einzelnen Mitglieder schätzen, vertieft die Gefühle von Wertschätzung, Liebe und Fürsorge für die ganze Familie. Dieses Zusammentreffen ist außerdem eine sehr gute Gelegenheit für ehrliche Gespräche. Wird diese Gelegenheit eine Woche lang spielerisch und bewusst genutzt, kann damit der positive Austausch innerhalb der Familie in Gang gesetzt oder weiter verbessert werden.

Alter
4 bis 18 Jahre (Kleinere Kinder können vielleicht auch teilnehmen oder zumindest ruhig zuhören.)

Zeit
5 Minuten oder länger

Teilnehmer
Erwachsene und eines oder mehrere Kinder

Ort
Esstisch

Hilfsmittel
keine

Anleitung

1. Folgt die Familie der christlichen Tradition, so wird vor dem Essen ein Gebet gesprochen. Damit das Gebet wirklich Anerkennung und Dankbarkeit zum Ausdruck bringt, schließen alle für etwa eine halbe Minute die Augen und schicken aus ihrem Herzen Dankbarkeit und Anerkennung an die Umsitzenden, an die Nahrung und an den Schöpfer der Nahrung.
2. Wenn das Essen ausgeteilt ist und alle essen, wählt einer der Anwesenden etwas aus dem Umfeld der Familie aus, was er wirklich schätzt oder mag. Das kann zum Beispiel das Haustier, der Hund der Familie sein. Er erklärt, warum er den Hund mag.
3. Alle, die um den Tisch sitzen, nennen auch einen Grund, warum sie den Hund mögen.
4. Bei der nächsten Mahlzeit ist ein anderes Familienmitglied an der Reihe und muss etwas auswählen, was es schätzt, und alle anderen müssen ebenfalls etwas dazu sagen.

Beispiele: ein Familienmitglied oder der Großvater, der zu Besuch ist, Dankbarkeit für den Ofen, der im Winter warm hält, oder für den Postboten, der täglich die Post bringt, usw.

Variationen

1. Fordern Sie die Kinder auf, verschiedene mögliche Objekte für Anerkennung oder Wertschätzung zu nennen, zu denen alle anderen dann ihren Kommentar abgeben. Wenn zum Beispiel ein Kind das Thema Nahrung wählt, kann man der Mutter Anerkennung geben, weil sie die Nahrungsmittel einkauft und immer gutes Essen serviert, oder man kann dem Gemüseverkäufer Anerkennung aussprechen, dass er frisches Gemüse aussucht; wir können dankbar sein, dass die Nahrung uns gesund erhält, usw.

2. Jeder der Anwesenden erzählt von einem Problem, das ihn gerade beschäftigt, und alle anderen denken darüber nach, ob es einen Aspekt geben könnte, der positiv anzuerkennen wäre. Wenn man lernt, in einer schwierigen Situation oder bei Problemen auch positive Punkte zu finden, können sich neue Perspektiven für eine Lösung ergeben.

Kreisspiel mit Anerkennung

Ziel

Anerkennung und Wertschätzung ausdrücken ist eine grundlegende Übung oder Technik, mit der ein Kind seine Vorstellung von seiner eigenen Person, von anderen Menschen und vom Leben ständig zu erweitern lernt. Das Kreisspiel zur Anerkennung verbessert die Selbstwahrnehmung, indem Gleichaltrige oder die Familienmitglieder die positiven Eigenschaften der anderen entdecken und sie benennen. Diese Informationen können sehr nützlich sein (und sicher auch Freude bereiten), denn sie können ein negatives oder starres Selbstbild verändern helfen.

Alter
7 bis 14 Jahre
Zeit
30 Minuten oder länger
Teilnehmer
1 Erwachsener und 2 oder mehr Kinder
Ort
Drinnen oder draußen (jedoch ohne Ablenkung)
Hilfsmittel
➡ Papier und Bleistift
➡ Tafel zum Schreiben und Marker
⇨ Karten

Anleitung

1. Alle sitzen im Kreis, entweder auf Stühlen oder auf dem Fußboden. Der Erwachsene erklärt den Zweck der Übung. Jeder erhält Gelegenheit, einmal in der Kreismitte zu sitzen, während die anderen nacheinander positive Eigenschaften aufzählen, die sie mit ihrem Herzen als die seinen ansehen. Wer in der Mitte sitzt, ist „Empfänger", im Kreis sitzen die „Geber".

2. Bevor das Spiel beginnt, werden im gemeinsamen Gespräch verschiedene Kategorien oder Bereiche besprochen, zu denen positive Bemerkungen möglich sind. Beispiele: die Fähigkeit zur Kommunikation; wie gut jemand mit

anderen auskommt; die Einstellung zur Schule; wie jemand reagiert, wenn er ein Spiel verliert; kann jemand Freude empfinden, freundlich oder lustig sein?

3. Fragen Sie, wer als Erster Empfänger oder Empfängerin im Kreis sein will. Die Empfängerin schweigt, während die anderen ihre Kommentare abgeben. Der jeweilige Geber geht um den Kreis herum und nennt Eigenschaften, die er an der Empfängerin wirklich schätzt. Wenn Aussagen über die Frisur, die Kleidung und das Aussehen gemacht werden (besonders wenn einem Geber nichts anderes einfällt), bitten Sie die Geber, sich ehrlich um Aussagen über Eigenschaften zu bemühen. Schreiben Sie die Aussagen auf, damit sie anschließend auf einer Tafel gesammelt oder als Liste verteilt werden können.

4. Die Übung ist beendet, wenn jeder Teilnehmer einmal Empfänger war. Sollte die Zeit nicht reichen, machen Sie an einem anderen Tag weiter, bis alle an der Reihe waren. Danach besprechen Sie die Übung. Wie war sie? War sie leicht? War sie schwierig? Welche Rolle war einfacher, als Empfänger oder als Geber? Warum? Kamen Dinge zur Sprache, die die jeweiligen Empfänger nicht erwartet hatten?

Variationen

1. Wenn alle Geber ihre Kommentare abgegeben haben, wird die Empfängerin gebeten zu sagen, was sie an sich selbst schätzt. Auch diese Aussage wird zu den Übrigen auf das Poster oder in die Liste geschrieben.

2. Bilden Sie einen Geheimkreis der Anerkennung: Die Teilnehmer schicken ihre aufrichtige Anerkennung drei Minuten lang entweder an die rechts oder links von ihnen Sitzenden oder sie schicken ihre Herzenergie heimlich an jemanden, dessen Namen sie mit einer Karte gezogen haben.

Jede(r) gewinnt

Ziel
Dieses Spiel soll die Anerkennung eines jeden Teilnehmers für Freunde, Familie, Lehrer, Verkäufer, Feuerwehrleute und andere noch steigern. In diesem Spiel wird der Name einer Person, ein Ort, eine Sache oder eine Kategorie (zum Beispiel Lehrer, Verwandte, Tiere, usw.) in ein Feld des Spielplans eingetragen. Dann werden so viele Chips auf dieses Feld gelegt, wie man Eigenschaften findet, die man ehrlich anerkennen kann. Der Spieler mit den meisten Chips ist der Gewinner des Spiels – aber eigentlich sind *alle* Gewinner, weil sie Spaß am Spiel hatten und weil sie mehr Anerkennung verteilt haben.

Alter
7 bis 15 Jahre

Zeit
30 Minuten

Teilnehmer
1 Erwachsener und 2 bis 6 Kinder

Ort
Drinnen oder draußen (auf einem Tisch, dem Fußboden oder der Erde)

Hilfsmittel
- Tafel oder großer Papierbogen von etwa 60 x 90 cm
- Würfel
- Spielchips (pro Spieler 25 Chips der gleichen Farbe)
- Tafelkreide und Papiertücher für jeden Spieler (schmale Papierstreifen und ein Bleistift für jeden Spieler, wenn ein großer Papierbogen verwendet wird)
- Uhr mit Sekundenzeiger (Stoppuhr)
- Papier und Bleistift

Anleitung
1. Teilen Sie die Tafel oder den Papierbogen in sechs gleiche Felder auf und schreiben Sie in jedes Feld eine Nummer von eins bis sechs.
2. Der Erwachsene ist Spielleiter und bestimmt, wie viele Runden ein Spiel hat. Mit drei Spielern können in einer halben Stunde zehn Runden gespielt werden.
3. Jeder Spieler erhält 25 Spielchips.
4. Jeder Spieler sucht sich ein Feld aus. Bei drei Spielern kann jeder zwei Felder nehmen, zwei Spieler können je drei Felder wählen; vier, fünf oder sechs Spieler bekommen nur je ein Feld. Leere Felder gehören zum Haus. Die Spieler schreiben in jedes ihrer Felder (oder auf Papierstreifen, die sie in die Felder legen) den Namen einer Person oder etwas, wofür sie Wertschätzung empfinden.
5. Jeder Mitspieler konzentriert sich auf sein Herz und fragt sich, was er an der genannten Person oder Sache anerkennenswert findet. Für jede Eigenschaft, die er findet, legt er einen Spielchip auf das Feld. Fordern Sie die Spieler auf, ehrlich zu suchen und nicht zu viele Chips auf ein Feld zu legen.
6. Der Spielleiter würfelt, um den ersten Spieler zu bestimmen. Die gewürfelte Zahl zeigt an, welches Feld beginnt. Der betreffende Spieler muss eine Eigenschaft nennen, die er an dem Gegenstand oder an der Person schätzt, die in diesem Feld genannt ist. Er muss für jeden Chip eine Eigenschaft nennen und darf den Chip dann behalten.
Beispiel: Der Spielleiter würfelt die Sechs. Markus hat drei Chips auf Feld 6 und den Namen

seines Bruders in dieses Feld geschrieben. Um die Runde und alle Chips auf dem Feld zu gewinnen, muss er drei Eigenschaften nennen, die er an seinem Bruder schätzt. Sind keine Chips auf dem Feld, dessen Nummer gewürfelt wurde, gewinnt das Haus und eine neue Runde beginnt.

7. Achten Sie darauf, dass das Spiel nicht ausartet und oberflächliche oder sarkastische Bemerkungen gemacht werden. Der Spielleiter kann eine ehrliche, anerkennende Aussage verlangen oder den Chip nicht herausgeben, wenn die Aussage zu oberflächlich ist. Während ein Spieler seine Wertschätzung zum Ausdruck bringt, beteiligen sich die übrigen Spieler, indem Sie selbst ein Gefühl der Anerkennung an die genannte Person oder Sache schicken.

8. Nach jeder Runde können die Mitspieler kurz die Namen oder Begriffe in ihren Feldern mit den Papiertüchern wegwischen, sich einen neuen Namen oder Begriff ausdenken und auf die Tafel in ihr Feld schreiben bzw. auf einen Papierstreifen schreiben und auf ihr Feld legen. Der Spielleiter achtet darauf, dass nicht zu lange nachgedacht wird.

9. Besitzt ein Spieler keine Chips mehr, kann er vom Haus weitere fünf kaufen, indem er zwei Dinge nennt, die er an diesem Tag besonders anerkennenswert findet, oder er kann zehn Chips kaufen, wenn er vier Dinge nennt.

10. Gewinner ist, wer die meisten anerkennenswerten Eigenschaften gefunden und damit die meisten Chips gewonnen hat. Machen Sie den Spielern klar, dass eigentlich jeder Gewinner ist, sobald er Anerkennung zum Ausdruck bringt.

Beispiel

Hier wird die Erfahrung einer Lehrerin geschildert, die „Jede(r) gewinnt" mit einem neuen Schüler spielte: „Jörg und Bastian wollten spielen und so bekam jeder drei Felder auf der Spieltafel. Nachdem die Spielregeln festgelegt waren, schrieb Jörg den Namen seiner Mutter auf ein Feld und die Namen seiner beiden Brüder in zwei weitere Felder. Er legte drei Chips auf das Feld mit dem Namen seiner Mutter und einen Chip auf das Feld eines Bruders, sein Bruder Mike bekam jedoch keinen Chip. Er saß dann einige Zeit da und dachte über Mike nach. Als ich ihn fragte, ob wir mit dem Spiel beginnen könnten, meinte er, er sei nicht sicher, ob er Mikes Namen auf dem Feld lassen wollte. Als ich ihn fragte, warum, antwortete er, dass ihm nichts einfalle, was er an Mike schätze, und dass er ihn häufig nicht ausstehen könne. Ich unterbrach das Spiel und fragte Jörg, ob er nicht versuchen wolle, vor Beginn des Spiels wenigstens einen Punkt zu finden, der ihm an Mike gefiel. Nach einer langen Pause räumte er ein, dass er dankbar sei, weil Mike sein Fahrrad repariert habe. Jörg überlegte noch einmal und sagte: ‚Er hilft mir auch bei meinen Hausaufgaben und manchmal macht er Milchshakes für mich.' Und er legte zwei weitere Chips auf Mikes Feld. Mikes Name blieb während der ganzen Stunde, die wir spielten, auf dem Spielfeld, und jedes Mal, wenn das Feld mit Mikes Namen gewürfelt wurde, fand Jörg drei weitere Punkte, die er an ihm schätzte."

Variation

Alle Spieler überlegen sich einen Namen, einen Ort oder eine Sache aus einer vorgegebenen Kategorie, die sie dann in ihr Feld schreiben. Der Spielleiter nennt in jeder Runde eine andere Kategorie, zum Beispiel Familienmitglieder, Haustiere, beliebte Ferienziele, Lehrer, Lieblingsspeisen, Vorbilder.

Wie man Freeze-Frame und andere HeartMath-Techniken an Kinder vermittelt

Von Susan Timmer, Grundschullehrerin, und Edie Fritz, Berater

Sowohl Schüler wie Lehrer brauchen heute Methoden, mit denen sie ihr emotionales Gleichgewicht in der Klasse aufrechterhalten. Die FREEZE-FRAME-Technik ist sehr gut geeignet, Balance in die Klasse zu bringen, und sie wirkt schnell. Hier einige Tipps, wie FREEZE-FRAME vermittelt werden kann.

(Anmerkung zur Übersetzung: FREEZE-FRAME bedeutet so viel wie „den gewohnten Rahmen einfrieren"; als Kurzformel für Kinder könnte auch das Wort „Standbild" dienen. Vgl. Kap. 1)

1. **Nehmen Sie sich zu Anfang genügend Zeit.** Sprechen Sie mit den Kindern zunächst über den Unterschied zwischen Kopf und Herz. Zeigen Sie FREEZE-FRAME erst, nachdem Sie Rapport hergestellt haben und in Ihrer Klasse Gemeinschaftsgefühl und eine Sicherheit zu spüren sind.

2. **Legen Sie eindeutige Grundregeln fest.** Wir können als Lehrer kein Kind dazu bringen, sich auf sein Herz zu konzentrieren, aber wir können es auffordern, die anderen nicht zu stören. Verlangen Sie konsequent Rücksichtnahme auf andere. Das bedeutet, dass andere während des FREEZE-FRAME nicht berührt werden, dass nicht geflüstert oder gesprochen wird. Machen Sie vorher nonverbale Signale aus, mit denen Sie Kinder auffordern, sich zu entfernen, wenn sie stören. Für Kinder, die sich nicht beteiligen wollen, sollten Dinge zur stillen Beschäftigung wie Malen oder Schreiben vorbereitet sein.

3. **Damit Sie als Lehrer auf Ihr Herz konzentriert bleiben, machen Sie vor dem Unterricht HEART LOCK-IN** (vgl. Kap. 1). Dann können Sie sich auf die Bedürfnisse Ihrer Schüler konzentrieren, während diese in ihrem Herzen sind. Setzen Sie besonders „bedürftige" Kinder in Ihre Nähe und schicken Sie ihnen Herzenergie. Befragen Sie Ihre Herzintelligenz, welches Kind oder welche Kinder während dieser Zeit besonders Herzenergie benötigen, und schicken Sie ihnen Liebe. Bedenken Sie, dass Schulanfänger manchmal unruhig und zappelig sind, insbesondere zu Schulanfang und manchmal sogar das ganze Schuljahr hindurch. Wichtig ist, dass sie andere nicht stören.

4. **Lassen Sie genügend Zeit, damit die Kinder nach der FREEZE-FRAME-Übung über ihre Eindrücke sprechen können.** Lehrer, die es sich zur Aufgabe gemacht haben, das Herz zu stärken, müssen bereit sein, sich sehr persönliche Bemerkungen ihre Schüler anzuhören. Auf diese Weise werden die Kinder auch angeregt, über persönliche Dinge oder Geschichten zu schreiben.

5. **FREEZE-FRAME und die anderen Techniken von *HeartMath* lassen sich gut mit Techniken zur Konfliktlösung oder mit Meditation verbinden.** Damit können Kinder bei der Lösung von Problemen und Streitigkeiten in der Schule unterstützt werden. Führen Sie jedoch zuerst *HeartMath* ein und integrieren Sie dann die anderen Programme. Betrachten Sie *HeartMath* als den Antrieb, der die anderen Programme erst funktionieren lässt. Durch regelmäßiges tägliches Üben werden die Kinder an den Punkt kommen, dass sie Probleme auf dem Spielplatz, in der Mittagspause usw. selbst lösen wollen. Helfen Sie ihnen, zwischen Kopf und Herz zu differenzieren, indem Sie während des Tages immer wieder darauf hinweisen. Sprechen Sie dabei die Kinder einzeln an, um sie nicht in Verlegenheit zu bringen. Seien Sie ehrlich, wenn Sie die Kinder loben. Erkennen Sie als Lehrer oder Berater für sich selbst, wann Sie in Ihrem Kopf sind, und demonstrieren Sie vor den Kindern, wie Sie selbst sich auf Ihr Herz konzentrieren.

Fröhlich mit Freeze-Frame

Ziel

Kleine Kinder können einen Moment lang wütend und im nächsten Moment wieder in ihrem Herzen und fröhlich sein. Ein einziger warmherziger Vorschlag kann ein strahlendes Lächeln auf ein unglückliches Gesicht zaubern. Wenn Kinder älter werden, verlieren sie diese natürliche Flexibilität. Sie können jedoch lernen, die Fähigkeit ihres Herzens, flexibel durch Höhen und Tiefen zu gleiten, zu erhalten. Ziel dieser Übung ist, die Kinder in eine einfache Version des Freeze-Frame einzuführen, damit sie ihre Anpassungsfähigkeit ausbilden und die Kraft ihres Herzens zur Verfügung haben, wenn sie unglücklich sind.

Alter
3 bis 7 Jahre
Zeit
20 Minuten oder länger
Teilnehmer
1 Erwachsener und eines oder mehrere Kinder
Ort
Drinnen (an einem Tisch oder an Schülertischen)
Hilfsmittel
➡ Braune Papiertüte für jeden Teilnehmer (groß genug, dass sie bequem über den Kopf passen)
➡ Marker, Farbstifte, Scheren

Anleitung

1. Malen Sie ein Gesicht auf eine braune Papiertüte und schneiden Sie die Augen, den lachenden Mund und die Nase aus. Dieses Gesicht dient als Vorlage für die Kinder, die jeweils auch ein Gesicht auf ihre Tüte malen sollen. Um die blitzenden Augen können bunte Wimpern gemalt werden.
2. Bitten Sie die Kinder, sich an einen Tag zu erinnern, als sie sehr viel Spaß hatten oder sehr glücklich waren. Fragen Sie sie, wie sie dabei ausgesehen haben. Haben Sie gelächelt? Wie haben Sie sich gefühlt? Helfen Sie ihnen, sich an dieses Gefühl zu erinnern.
3. Bereiten Sie die Tüten der Kinder vor und markieren Sie die Stellen, wo Augen, Nase und Mund angebracht werden sollen (um später ausgeschnitten zu werden). Jedes Kind bekommt eine braune Papiertüte und malt ein lächelndes, glückliches Gesicht auf – so wie sein eigenes Gesicht an einem seiner glücklichsten Tage aussah. (Schneiden Sie selbst die Löcher für die Augen und den Mund aus.) Erklären Sie den Kindern, dieses Gesicht auf der Tüte sei ein Abdruck ihres glücklichen Gesichts. Wenn sie unglücklich oder weg von ihrem Herzen sind, können sie die Maske aufsetzen, die Freeze-Frame-Übungen machen und zu ihrem Herzen zurückgehen und sich daran erinnern, wie gut sie sich an diesem glücklichen Tag gefühlt haben.

Geschichten malen mit FREEZE-FRAME

Ziel
Jedes Bild erzählt eine Geschichte. In der folgenden Übung malen Kinder eine Geschichte und zeigen damit, wie sie unter Einsatz von FREEZE-FRAME mit einem stressigen Ereignis fertig werden. (Vgl. S. 22) Viele Kinder merken sich die einzelnen Schritte leichter, wenn sie sie malen und visuell aufnehmen können. Außerdem stellen Kinder ihre Gefühle gerne in einer Zeichnung dar. FREEZE-FRAME eignet sich hervorragend, um Widerstandskraft und Frustrationstoleranz aufzubauen und zu verstärken. Wenn Kinder die FREEZE-FRAME-Schritte beherrschen, können sie die Übung zu Hause und in der Schule immer wieder anwenden.

Alter
5 bis 14 Jahre

Zeit
20 Minuten oder länger

Teilnehmer
1 Erwachsener und eines oder mehrere Kinder

Ort
Drinnen (an einem Tisch oder an Schülerpulten)

Hilfsmittel
➡ DIN-A4-Blätter
➡ Filzstifte, Bleistifte, Farbstifte oder Marker
➡ Lineal
⇨ MC *Heart Zones* oder *Speed of Balance*, Kassettenrekorder

Anleitung
1. Das Papier wird im Querformat verwendet und mit Lineal und Filzstift in drei senkrechte Spalten unterteilt. Jedes Kind erhält ein Blatt Papier, einen Bleistift und Buntstifte oder Marker.
2. Sie erklären den Ablauf. Die Kinder werden durch die FREEZE-FRAME-Übung geführt und malen ihre Geschichte. *Die Geschichte besteht aus drei Teilen und es werden drei Zeichnungen angefertigt:* 1. Etwas, was ein schlechtes Gefühl verursachte, so dass sie FREEZE-FRAME machen mussten; 2. ein Bild von etwas oder jemandem, welches im Herzen tiefe Gefühle hervorruft, und 3. eine Darstellung, wie sie glauben, die stressige Situation auflösen zu können. Manche Kinder wollen vielleicht witzige Kommentare in jede Zeichnung einfügen.
3. Sie fragen die Kinder, ob sie wegen eines Ereignisses oder wegen einer Person in der letzten Zeit ein schlechtes Gefühl hatten, wütend oder gestresst waren – ein Problem, für das sie FREEZE-FRAME machen müssten. Beispiele: Jemand war wütend auf sie, ein Spielzeug ging kaputt, sie hatten einen Streit, das Essen schmeckte ihnen nicht und sie beschwerten sich, usw. Die Kinder malen dann die Antwort in die erste Spalte.
4. Danach bitten Sie die Kinder, sich an ein wirklich herzerwärmendes Erlebnis zu erinnern, das Bilder herauf beschwor, wie zum Beispiel ihre Liebe zu ihrer Mutter, ihre Zuneigung zu einem Freund oder einem Tier oder ihre Vorliebe für ein Spielzeug, ein Ausflugsziel, usw. Machen Sie den Vorschlag, dass die Kinder ihre Augen schließen, damit sie sich besser auf ihr Herz konzen-

trieren und sich an das Gefühl dieser wunderbaren Erfahrung erinnern. Anschließend malen die Kinder das von ihrem Herzen inspirierte Bild in die mittlere Spalte.
5. Der letzte Schritt der Übung besteht darin, dass die Kinder ihr Herz fragen, was ihnen helfen könnte, mit der stressigen Situation oder dem schlechten Gefühl umzugehen. Erinnern Sie sie daran, dass die Situation aus der Perspektive ihres Herzens verbessert werden soll. Beispiele: Würde jemand vielleicht gerne umarmt werden, wollte er ein freundliches Wort hören, sollte eine Entschuldigung angenommen werden, sollte man eine Sache vergessen und zur Tagesordnung übergehen, usw.?
6. Die Kinder erklären ihre Bilder der Reihe nach.

Beispiel

Eine Mutter von zwei Kindern schrieb mir: „Mein sechsjähriger Sohn Alex und ich machten Bilder von unserem FREEZE-FRAME. Und das war wirklich toll. Es war für mich wirklich nötig, damit ich den inneren Prozess verstand, der beim FREEZE-FRAME abläuft. Vielen Dank."

Variationen

1. Setzen Sie „FREEZE-FRAME-Bilder" als Überschrift auf das Blatt und nehmen Sie die folgenden Sätze als Überschriften für die drei Zeichnungen: Bild 1 – Worin besteht der Stress? Bild 2 – Was bringt dich in dein Herz? Bild 3 – Wie sieht die Antwort aus deinem Herzen aus?
2. Lassen Sie eine Kassette (*Heart Zones* oder *Speed of Balance*, beide erschienen bei VAK, Kirchzarten) während des FREEZE-FRAME und während die Kinder malen im Hintergrund laufen.

Fangen mit FREEZE-FRAME

Spiele kommen dem Wunsch und dem Bedürfnis der Kinder nach Spaß sehr entgegen. Manchmal jedoch entstehen dabei Streitigkeiten und sogar Kämpfe. „Fangen mit FREEZE-FRAME" erleichtert das Verständnis der FREEZE-FRAME-Technik (siehe S. 22). Wenn Kinder diese Technik anwenden, um wieder auf ihr Herz zu hören und die richtige Perspektive wiederzugewinnen, haben sie noch mehr Spaß und können ihre Konflikte schneller lösen. Eventuelle Streitigkeiten lassen sich durch Festlegen der Regeln vor Spielbeginn vermeiden.

Alter
5 bis 14 Jahre
Zeit
20 Minuten oder länger
Teilnehmer
1 Erwachsener und 3 bis 15 Kinder pro Gruppe (oder mehr als eine Gruppe)
Ort
Draußen
Hilfsmittel
➡ Marker zur Kennzeichnung der Grenzen

Anleitung
Der Spielleiter vereinbart in einer drei- bis fünfminütigen Gesprächsrunde zunächst die Regeln für „Fangen mit FREEZE-FRAME". Er stellt zunächst die folgenden drei Fragen und ergänzt mit den hier genannten Antworten.

Frage 1: Warum spielen wir dieses Spiel und was wollt ihr erleben?
- Spaß, Freude, Fairness und Spannung.

Frage 2: Welche Regeln müssen wir bei diesem Spiel beachten?
- Wenn du gefangen wirst, bleibst du in deinem Herzen festgehalten. Dein ganzes Selbst erstarrt und du bleibst starr (wie „eingefroren" = *freeze* …).
- Du kannst nur von einem anderen Spieler befreit werden, der dich berührt.
- Die Grenzen sind durch Marker gekennzeichnet.
- Der Fänger muss bis fünf zählen, bevor er die anderen Spieler fängt.
- Wenn der Fänger alle gefangen hat und alle erstarrt sind, hat er das Spiel gewonnen. Danach folgt eine neue Runde.
- Wenn er nach fünf Minuten (oder einer anderen festgesetzten Zeit) nicht alle gefangen hat, ruft der Spielleiter „FREEZE-FRAME" und alle erstarren. Er wählt einen neuen Fänger und damit beginnt eine weitere Runde. Der Spielleiter entscheidet auch, wann das Spiel endet.
- Um den Fänger zu bestimmen, kann auch ein Freiwilliger dem Spielleiter eine Zahl zwischen 1 und 50 ins Ohr flüstern. Jeder Spieler versucht, die Zahl zu erraten, und wer der Zahl am nächsten kommt, wird Fänger. (Bei kleineren Gruppen mit bis zu vier Teilnehmern können Streichhölzer gezogen werden (das kürzeste) oder auch die Mitspieler gefragt werden, wie sie den Fänger bestimmen wollen.)

Frage 3: Was kann bei Unstimmigkeiten getan werden?
- Wenn man sich nicht einigen kann oder zwei Mitspieler auf ihren unterschiedlichen Meinungen bestehen, kann man „Gib nach und mach dir nichts draus" spielen. Das heißt, man schließt sich der Meinung des anderen an und findet das nicht weiter schlimm, oder man akzeptiert die Entscheidung des Spielleiters. Beginnen zwei zu streiten oder gar zu kämpfen, fordert der Spielleiter das Team zu einem Freeze-Frame auf, und dann wird das Spiel neu begonnen.

Variation

Mitten im Spiel (oder in einem Streit) rufen Sie: „Einfrieren!" Alle gehen in ihr Herz und erstarren in ihrer jeweiligen Haltung. Bitten Sie alle, ihre Aufmerksamkeit auf ihr Herz zu lenken und Anerkennung oder Zuneigung für die anderen zu empfinden. Nach einer angemessenen Zeit sagen Sie: „Alles ist in Ordnung." Das ist die Aufforderung, die Starre aufzugeben und fortzufahren, wo man vorher aufgehört hatte. Wenn Sie dieses spontane Erstarren üben, werden die Kinder verstehen lernen, dass sie sich ihres Herzens bewusst werden können, sobald das Kommando „Einfrieren" oder „Standbild" ertönt.

Freeze-Frame-Schatzkiste

Ziel

Freeze-Frame kann als Anker dienen, wenn Kinder Stress oder Herausforderungen ausgesetzt sind. Es gelingt noch leichter, wenn positive Bilder oder Symbole gespeichert werden, die bei Bedarf abgerufen werden können. Die „Freeze-Frame-Schatzkiste" soll Kinder und Erwachsene dazu anregen, eine Sammlung zusammenzustellen von lustigen Erlebnissen oder Bildern, die sie mögen, und von besonderen Beziehungen zu Menschen, die sie aufrichtig schätzen. Diese Sammlung dient als Vorrat, mit dem man bei unerwartet auftretendem Stress sofort Freeze-Frame machen kann.

Alter
6 bis 12 Jahre

Zeit
30 Minuten oder länger

Teilnehmer
1 Erwachsener und eines oder mehrere Kinder

Ort
Drinnen (an einem Tisch oder an Pulten)

Hilfsmittel
➡ Karteikarten
➡ Bleistifte
➡ Farbstifte oder Marker
➡ Scheren und weißes Papier
➡ Kleber oder Klebeband
➡ Ein Kästchen (Karteikasten) mit Deckel für jedes Kind
⇨ MC *Heart Zones* oder *Speed of Balance*, Kassettenrekorder

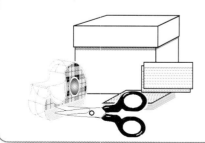

Anleitung

1. Nennen Sie Beispiele von Menschen, die immer auf einen Notfalleinsatz vorbereitet sein müssen.

   Beispiel: Feuerwehrleute müssen überlegt und professionell handeln und brauchen feuerfeste Schutzkleidung, Ausrüstung, Feuerwehrfahrzeuge, Funkgeräte, Karten, Katastropheneinsatzpläne. So können Sie den Kindern erklären, dass – genauso wie ein Feuerwehrmann Eingeschlossene beruhigt – Freeze-Frame helfen kann, Stress augenblicklich zu beruhigen. Deshalb ist es nützlich, eine Schatzkiste zu besitzen, deren herzanrührende Bilder sofort aufgerufen werden können.

2. Suchen Sie mit den Kindern weitere Beispiele von Menschen, die auf einen Notfall vorbereitet sein müssen. Beispiele: Polizei, Ärzte und Krankenschwestern, Sanitäter, Lehrer, Angehörige von Katastrophendiensten, Eltern.
3. Lassen Sie die Kinder FREEZE-FRAME üben, damit sie sich Dinge ausdenken können, die sie schätzen oder mögen oder die ihnen Freude machen.
Beispiele: Eltern, Freunde, Verwandte, Haustiere, Spielsachen, Haus, Kleidung, Hobbys, Ferienorte, usw. Jeder sollte mindestens fünf Dinge für die Schatztruhe finden.
4. Die Kinder schreiben jede Sache, die beim FREEZE-FRAME aufgetaucht ist, auf ein Karteikärtchen oder machen eine Zeichnung davon. Die Karten werden gefaltet und aufgehoben.
5. Die persönliche Schatztruhe wird bemalt oder beklebt. Ist sie bereits bunt, kann man weißes Papier aufkleben und dann dekorieren.
6. Die gefalteten Karten mit den FREEZE-FRAME-Schätzen werden in die Schatztruhe gelegt. Sprechen Sie anschließend über einige der hilfreichen Vorstellungsbilder, die bei Stress aus der Schatztruhe geholt werden können.
7. Planen Sie mehrere Tage hintereinander die Schatztruhe zu öffnen und eine Karte als besonderen Schatz für den jeweiligen Tag herzunehmen. Der Besitzer der Schatztruhe kann den auf der Karte enthaltenen Begriff für sich behalten und die Karte wieder zurücklegen, oder die Karte kann zur Erinnerung irgendwo aufgestellt werden (Kühlschrank, Schlafzimmertür, Notizblock, usw.) Wenn Sie an diesem Tag FREEZE-FRAME machen, denken Sie dann an Ihren speziellen Schatz.

Variationen

1. Am Abend können Sie die Kinder fragen, was ihr Schatz des Tages war und inwiefern er ihnen geholfen hat. Regen Sie an, dass die Schatzkiste immer wieder mit Dingen aufgefüllt wird, die das Herz berühren.
2. Die Kinder zählen jeden Tag die Schätze auf und würdigen jeden Einzelnen. Bei der FREEZE-FRAME-Übung werden sie sich dann erinnern, wie viel Schätzenswertes es in ihrem Leben gibt.
3. Lassen Sie die MC *Heart Zones* oder *Speed of Balance* im Hintergrund laufen, während die Kinder FREEZE-FRAME machen oder ihre Schatztruhen herstellen.

Herzurkunde

Ziel
Kinder arbeiten gerne, wenn sie ein erreichbares, positives Ziel vor Augen haben. Die „Herzurkunde" kann ein Anreiz sein, sich der *HeartMath*-Techniken zu bedienen. Wenn ein Kind an vier von fünf Tagen (die meiste Zeit) daran gedacht hat, in seinem Herzen zu bleiben, oder FREEZE-FRAME gemacht hat, um zum Herzen zurückzukehren, erhält es eine Urkunde mit einem blauen Siegel. Hat sich ein Kind *besonders* bemüht, die Techniken bei Bedarf anzuwenden, erhält es ein goldenes Siegel zum Zeichen dafür, dass das eigene Defizit ausgeglichen wurde und mehr Gold in die eigene Bank kam.

Alter
7 bis 12 Jahre

Zeit
10 Minuten oder länger

Teilnehmer
1 Erwachsener und eines oder mehrere Kinder

Ort
Drinnen

Hilfsmittel
- Urkunden
- Herztabelle
- Herzsticker
- Blaue und goldene Siegel (in Geschäften mit Schreibwaren und Bürobedarf)

Anleitung
1. Sie bereiten die Urkunden für alle Kinder vor. Mit einem Computer können Sie eigene Urkunden herstellen, sonst können Sie auch die Urkunde auf Seite 79 kopieren.
2. Machen Sie Herztabellen (siehe Seite 78). Auf jeden Tag, an dem ein Kind sich ehrlich bemüht, in seinem Herzen zu bleiben und die Techniken anzuwenden, kleben Sie einen Herzsticker. Sie machen zusätzlich einen Haken neben den Herzsticker, wenn ein Kind die meiste Zeit in seinem Herzen geblieben ist oder sich besonders bemüht hat, mit Hilfe einer Technik schnell wieder zu seinem Herzen zurückzukehren. Manche Kinder sind aktiver als andere und haben vielleicht Schwierigkeiten mit den Übungen; berücksichtigten Sie deshalb auch, wie sehr sich ein Kind bemüht hat, um einen Herzsticker oder einen Haken zu bekommen.
3. Jedes Kind, das sich an vier von fünf Tagen ein Herz verdient hat, erhält eine Urkunde mit einem blauen Siegel. Befindet sich neben dem Herz an vier von fünf Tagen außerdem ein Haken, ist eine Urkunde mit einem goldenen Siegel fällig. Die Haken zeigen an, dass ein Kind zusätzlich Gold in der Bank seines Herzens angehäuft hat. Kinder sind meist sehr stolz, wenn sie täglich ein Herz und einen Haken erringen. Sie werden dadurch zusätzlich angespornt, sich am nächsten Tag besonders zu bemühen.
4. Sagen Sie den Kindern als Nächstes, was Sie vorhaben. Zeigen Sie Ihnen die Stundenpläne, die Urkunden, die Herzsticker und die Siegel. Erklären Sie anschließend die Spielregeln.

Regeln
1. Um ein Herz für die Tabelle zu bekommen, muss man sich ehrlich bemühen, die meiste Zeit des Tages im Herzen zu bleiben. Wenn man vom Herzen weg ist, sollte man daran denken, eine Herztechnik anzuwenden, um ins Herz zurückzukommen. (Jeder von uns verliert einmal zeitweise

den Kontakt zu seinem Herzen. Es kommt dann darauf an, schnell zurückzukehren und sich so ein goldenes Siegel zu verdienen. FREEZE-FRAME ist ein schneller Weg zurück zum Herzen.)
2. An Tagen, an denen einzelne Kinder eine „Auszeit" bekommen, erhalten sie keinen Haken. Die „Auszeit" ist eher für den Schulunterricht geeignet und wird dann angewendet, wenn ein Kind weg von seinem Herzen ist und Hilfe braucht, um sein Gleichgewicht wieder zu finden. Sie holen das Kind aus der Gruppe und setzen es in einiger Entfernung auf einen Stuhl. Dort bleibt es ruhig sitzen, bis es wieder in seinem Herzen ist. Die Auszeit kann 2 bis 10 Minuten dauern.

Beispiel

Eine Mutter schrieb: „Die Idee mit der ‚Herzurkunde' ist wirklich gut! Die Kombination von Verhaltensänderung und Konzentration auf das Herz ist sehr wirkungsvoll. Damit gelang es mir und meiner achtjährigen Tochter, uns nach innen zu konzentrieren und ein Programm durchzuhalten."

Kannst du mit dem Herzen sehen?

Herztabelle
Wie gut warst du heute in deinem Herzen?

Woche von _____ bis _____

Name	Montag	Dienstag	Mittwoch	Donnerstag	Freitag	Samstag	Sonntag

Herz-urkunde

Hiermit wird bestätigt, dass

_____

sich ehrlich bemüht hat, „im Herzen" zu bleiben und die Herztechniken – wenn nötig – anzuwenden.

Woche von _____

Unterschrift _____

Kannst du mit dem Herzen sehen?

Herz-Erinnerungskarten

Ziel

Hier sollen Kinder erkennen lernen, wann sich eine emotionale Belastung beziehungsweise ein Verlust des Herzkontaktes anbahnt; sie haben dann die Möglichkeit, dies sofort in einen Aktivposten oder Vorteil zu verwandeln. Wenn ein Kind „weg von seinem Herzen" ist, wird dies meist von verschiedenen Fehlverhaltensweisen begleitet. Man spricht oft davon, dass Kinder „überdreht" sind, sie verhalten sich laut und wild und veranstalten allerlei Unsinn, ein Verhalten, das viel Energie abzieht. Manche Kinder hören dann nicht zu und unterbrechen oder stören andere. Manchmal ist der Zustand „weg vom Herzen" auch durch Wut gekennzeichnet, die Betreffenden analysieren und argumentieren ohne Ende, und sie versuchen, Regeln durch Schlupflöcher zu umgehen. Die Liste ließe sich beliebig fortsetzen. Fehlverhalten wirkt sich nicht nur emotional belastend für die Kinder aus, es kostet die Erwachsenen zusätzliche Energie und kann leicht dazu führen, dass sie sich ausgelaugt fühlen und die Geduld verlieren. Die Übung mit den „Herz-Erinnerungskarten" geht nicht auf die spezifischen Gründe ein, das Spiel zielt lediglich auf die Tatsache ab, dass Kinder „weg vom Herzen" sind, und es zeigt, wie sich das beheben lässt. Wenn Sie die Kinder auffordern, FREEZE-FRAME und eine weitere Herztechnik anzuwenden, geben Sie ihnen die Möglichkeit, sich zu beruhigen und wieder „zum Herzen zurück" zu kommen. Die Herzintelligenz kann dafür sorgen, dass sie ihr Verhalten besser verstehen.

Alter
7 bis 12 Jahre

Zeit
10 Minuten oder länger

Teilnehmer
1 Erwachsener und eines oder mehrere Kinder

Ort
Drinnen oder draußen

Hilfsmittel
➡ Farbiges Kopierpapier
➡ Kopien der Herztechniken (Seite 153–158), zu einzelnen Karten auseinander geschnitten

Anleitung

1. Kopieren Sie die Herztechniken (Seite 153–158) zweimal auf farbiges Papier. Eine Kopie wird ausgeschnitten, so dass jede Herztechnik einmal als Kärtchen vorhanden ist. Die anderen Blätter hängen Sie an einer Stelle auf, wo die Kinder sie gut lesen können und so mit den Techniken vertraut werden. Sie können alternativ auch eigene Herzkarten herstellen. Darauf könnte zum Beispiel stehen: „Mache FREEZE-FRAME und höre aufmerksam auf das, was gesagt wird." – „Mache FREEZE-FRAME und schenke den anderen mehr Anerkennung." – „Mache FREEZE-FRAME und gehe in dein weiches Herz."

2. Sie gehen eine Woche lang immer wieder die Regeln durch und erklären die Herz-Erinnerungskarten, bis die Kinder sie verstanden haben. Machen Sie anhand von Beispielen den Unterschied zwischen einem Verhalten „weg vom Herzen" und einem Verhalten „im Herzen" deutlich. Erklären Sie, wie man mit FREEZE-FRAME und den anderen Herztechniken zurück

zum Herzen kommen kann. Erklären Sie den Kindern, dass sie Herzkarten bekommen, wenn sie Hilfe brauchen, damit sie in ihr Herzen zurückkommen. Sie sagen den Kindern: „Wenn ihr eine Herzkarte bekommt, heißt das, dass ich euch bitte, Freeze-Frame zu machen und euch auf euer Herz zu besinnen. Danach macht ihr 5 Minuten (ältere Kinder 10 Minuten) lang, was auf der Herzkarte steht. Ihr behaltet eure Herzkarte, bis ihr das Gefühl habt, dass ihr in eurem Herzen zurück seid. Wenn ihr fertig seid, gebt ihr mir ruhig eure Herzkarte zurück."

3. Als Lehrerin oder Lehrer geben Sie den Kindern eine Kopie der Regeln und der Herzkarten mit nach Hause, damit die Eltern sie mit ihren Kindern durchgehen können. So werden alle mit dem Programm vertraut und die Eltern haben die Gelegenheit mitzumachen.

Variationen

1. Die Verwendung von Herzkarten in Verbindung mit den Herzurkunden macht es möglich, die Kinder zu belohnen, wenn sie in ihrem Herzen waren, und gleichzeitig bieten die Herzurkunden ein Ziel, auf das sie hinarbeiten können. Erklären Sie den Kindern, dass sie, wenn sie eine Herzkarte bekommen, an diesem Tag trotzdem ein Herz und einen Haken in ihrer Herztabelle erhalten können.

2. Wenn Kinder zwei Herzkarten bekommen, heißt das, dass sie bei der ersten Karte nicht intensiv genug Freeze-Frame gemacht haben. Sie sollten dann eine Auszeit nehmen, um konzentrierter Freeze-Frame zu machen, und sie sollten zusätzlich die Herztechnik auf der zweiten Herzkarte üben. Zum Ende der Auszeit geben die Kinder die Herzkarte zurück und berichten, was sie gelernt haben. An diesem Tag können sie zwar ein Herz, aber keinen Haken für ihre Herztabelle bekommen.

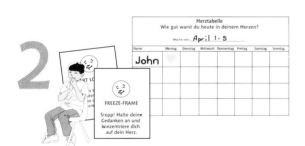

3. Eine dritte Herzkarte am selben Tag bedeutet, dass sie noch immer nicht in ihrem Herzen zurück sind. Sie benötigen dann eine längere „Auszeit", um noch einmal ernsthaft Freeze-Frame zu machen und die auf der Herzkarte angegebene Übung mit größerem Einsatz zu machen. Sie kündigen an, dass Sie sich die Herzkarte nach 10 Minuten zurücknehmen und dann mit den Betreffenden besprechen, welche Einsichten sie aus dem Freeze-Frame und der Herztechnik gewonnen haben. Nach der dritten Herzkarte gibt es weder ein Herz noch einen Haken in der Herztabelle.

Wunderland des Herzens

Ziel
Bei diesem Spiel sollen Kinder verstehen lernen, dass das Herz eine höhere Intelligenz besitzt und immer weiß, was am meisten Spaß macht oder was am ehesten Frieden und höchste Erfüllung bringt. Verständlich machen lässt sich das am besten mit der Vorstellung, dass zur Herzintelligenz auch eine (Wander-) Karte gehört, die den kürzesten Weg zum Wunderland des Herzens zeigt. Wir können versuchen, diesen Weg mit unserem Geist zu finden, aber gewöhnlich geraten wir dabei auf Abwege, entweder durch die (negativen) Fallgruben unseres Geistes, die uns tagelang unglücklich sein lassen, oder durch emotionale Sümpfe, die uns ärgerlich oder traurig machen, sodass wir die wunderbaren Geschenke unseres Herzens nicht annehmen können.

Alter
8 bis 14 Jahre

Zeit
10 Minuten oder länger

Teilnehmer
1 Erwachsener und 2 oder mehr Kinder

Ort
Drinnen (auf einem Tisch oder auf dem Boden)

Hilfsmittel
➡ Spielplan (Seite 83–84) und Karton oder Papier
➡ Flache Knöpfe oder getrocknete Bohnen als Spielmarken (Jeder Spieler braucht etwa 35 Spielmarken.)
➡ Papiertüte für die Nummern
➡ Bleistifte und Papier
⇨ Klebstoff oder Selbstklebefolie (zum Laminieren)

Spielidee
Das Spiel ist eine Art Bingo, bei dem jeder Spieler versucht, eine der drei Zahlenreihen vollständig mit Spielmarken zu belegen, um dadurch das Wunderland des Herzens zu erreichen. In der jeweiligen Reihe, vom Beginn des Weges bis zum Wunderland des Herzens, müssen alle Felder mit Spielmarken belegt sein. Der Ausrufer nennt eine Zahl, die Spieler sehen nach, ob die Zahl auf ihrem Spielfeld vorhanden ist und legen gegebenenfalls eine Spielmarke auf das entsprechende Feld. Gewinner ist derjenige Spieler, der als Erster alle Zahlenfelder einer Reihe belegt hat.

Der kürzeste Weg führt direkt vom Kopf zum Herzen. Manche Mitspieler quälen sich zunächst durch den trüben „Sumpf der Emotionen" oder durch den „Treibsand des Geistes", um ans Ziel zu kommen, aber alle Spieler werden erkennen, dass der kürzeste Weg mehr Spaß macht und erfolgreicher ist. Das letzte Feld mit der Aufschrift „Herz/Geschenk" ist ein Geschenk für *alle* Mitspieler – dieses bekommen sie „gratis" zum Eintreten ins Wunderland. Die mit „Geschenk" gekennzeichneten

Felder auf dem Weg zum Herzen zeigen an, wo FREEZE-FRAME oder eine andere Herzübung gemacht werden soll; diese Felder bedeuten so viel wie: „Hol dir ein Geschenk deines Herzens, damit du leichter ins Wunderland gelangst."

Wie man die Spielpläne anfertigt

a) Der Spielplan für „Wunderland des Herzens" ist auf Seite 84 abgebildet. Jeder Teilnehmer erhält ein Exemplar davon (vergrößerte Kopie).

b) Für die Nummernzettel nehmen Sie zwei DIN-A4-Blätter und unterteilen jedes mit dem Lineal waagrecht und senkrecht in fünf Spalten, sodass 25 gleich große Kästchen entstehen. Sie schreiben die Zahlen von 1 bis 25 auf eines der Blätter, die Zahlen von 26 bis 50 auf das andere. Dann schneiden Sie die Zahlen aus, falten jeden Nummernzettel einmal und geben ihn in die Papiertüte. Durch Schütteln werden die Zettel gut gemischt.

c) Damit die Spielfelder für alle Spieler unterschiedlich sind, wird jeweils eine Zahl gezogen und mit Bleistift auf jedem Spielfeld in ein anderes freies Feld eingetragen. Alle Felder außer den mit „Geschenk" bezeichneten Feldern werden auf diese Weise mit einer Nummer versehen. So sollte also jeder Spieler einen Spielplan mit unterschiedlich angeordneten Zahlen haben. Anschließend werden die Nummernzettel wieder gefaltet, in die Papiertüte gegeben und wieder gemischt.

Anleitung

1. Der erwachsene Spielleiter (gleichzeitig der Ausrufer) gibt jedem Spieler einen Spielplan und 35 Spielmarken. Jeder Spieler legt zunächst je eine Spielmarke auf alle Felder mit der Aufschrift „Geschenk". (Das Feld „Kopf" erhält keine Spielmarke.)

2. Der Ausrufer zieht eine Nummer aus der Papiertüte und wiederholt sie mehrmals. Hat ein Spieler diese Nummer auf seinem Spielplan, setzt er eine Spielmarke auf dieses Feld. Das Spiel geht so lange weiter, bis ein Spieler ruft „Wunderland" und damit signalisiert, dass bei ihm *ein* Weg zum Feld „Herz" vollständig mit Spielmarken belegt ist.

Variation

Um die Spielpläne haltbarer zu machen, kann man sie auf festes Papier kopieren, auf Karton kleben und mit Klebefolie laminieren oder auf eine Sperrholz- oder sonstige Platte aufziehen.

Kannst du mit dem Herzen sehen?

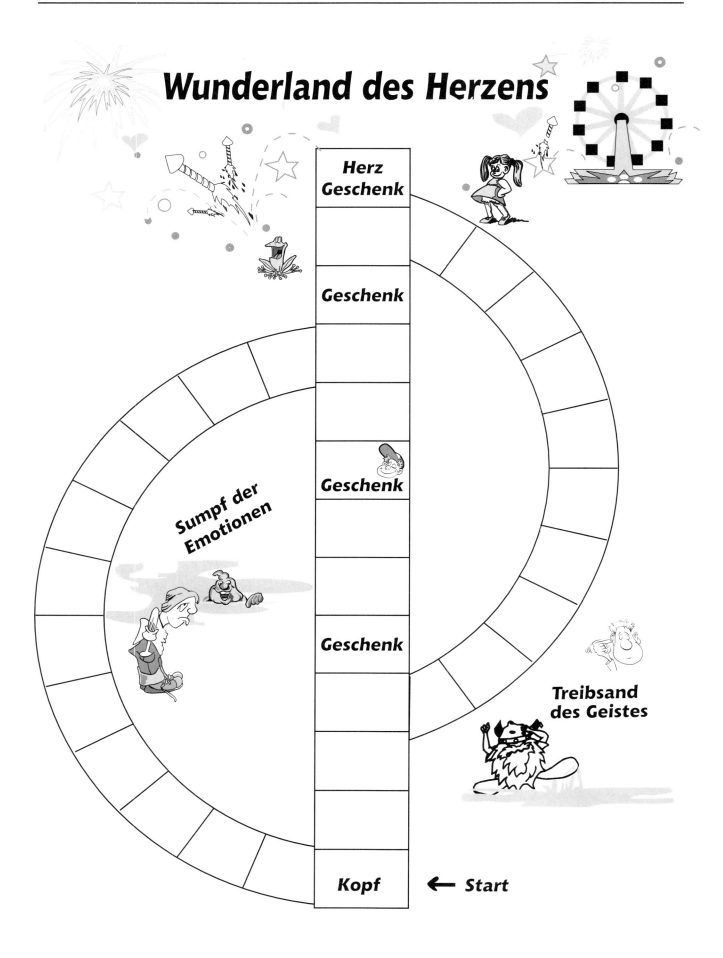

Codewort: Rot

Ziel
Jugendliche brauchen das Gefühl von Sicherheit und eine gute Portion Optimismus, wenn sie sich dem Leben stellen sollen. Stress hindert sie daran. „Codewort: Rot" ist ein Gruppenspiel für Jugendliche: Man plant die Abwehr einer Stressattacke unter Einsatz der Freeze-Frame-Technik (siehe Seite 22). Dabei lernt man, auf Stress zu achten, möglichen Stress zu identifizieren und darauf zu achten, was geschieht, wenn Freeze-Frame angewendet wird. Anschließend folgt eine Auswertung, der Erfolg der „Mission" wird besprochen und entsprechend gefeiert.

Alter
12 bis 14 Jahre

Zeit
20 Minuten (zwei oder mehr Sitzungen)

Teilnehmer
1 Erwachsener und mehrere Jugendliche

Ort
Drinnen oder draußen

Hilfsmittel
➡ Papier und Bleistifte
➡ Kleine rote Sticker oder Stempel und rote Tinte
⇨ Schleifen oder Urkunden und goldene Sticker
⇨ MC *Heart Zones*, Kassettenrekorder

Anleitung
1. Erklären Sie den Mitspielern, dass sie als Team Teil einer wichtigen Mission sind: „Codewort: Rot". Zweck der Mission ist es, jeglichen Stress, der an einem der nächsten Tage oder in der folgenden Woche auftreten könnte, zu erkennen und ihm mit Freeze-Frame zu begegnen. Zunächst fragen Sie die Jugendlichen, was ihnen im Alltag Stress bereitet; lassen Sie sich Beispiele nennen.
2. Sprechen Sie gemeinsam über den Zweck des Freeze-Frame: Stress soll abgewehrt werden, bevor er uns gefangen nimmt, und er soll in effektives Handeln umgewandelt werden. Bereiten Sie sich auf die Mission vor, indem Sie Freeze-Frame für einen kürzlich aufgetretenen Stress anwenden. Beim Umschalten auf das Herz als Kommandozentrale wird der Stress wie mit einem Lasergerät (in entsprechenden Filmen spricht man von „Phaser") ins Visier genommen. Wenn sie dann auf die Anweisung aus ihrem Herzen hören, aktivieren Sie das Zielgerät. Schreiben Sie ein Ereignis auf, das Ihnen Stress bereitet, und wie sich das auf Sie auswirkt. Machen Sie Freeze-Frame und schreiben Sie dann auf, was ihr Herz ihnen gesagt hat. Nur wenn Sie diese Anregung befolgen, können Sie den Stress auflösen. Besprechen Sie gemeinsam die Ergebnisse.
3. Wünschen Sie sich gegenseitig viel Glück und verabreden Sie, dass beim nächsten Treffen des Teams alle über den Erfolg der Mission berichten werden. Das heißt: Welche Art von

Stress hat man erlebt, wie schnell konnte jeder Einzelne dem Stress durch FREEZE-FRAME begegnen und der Anweisung seines Herzens folgen? Erinnern Sie sich gegenseitig daran, aufmerksam zu bleiben und vorsorglich FREEZE-FRAME zu testen, das heißt immer wieder FREEZE-FRAME-Kärtchen hervorzuholen, *bevor* eine Stressattacke auftritt. Während des FREEZE-FRAME befolgen Sie die Aufforderung auf dem FREEZE-FRAME-Kärtchen, sie üben Anerkennung und denken an das, was im Leben wirklich wichtig ist, während Sie das, was Sie gerade tun, kurz unterbrechen. Dann handeln Sie, in dem Sie Ihrer Herzintelligenz folgen. Damit bleiben Sie wach und in Form für Ihre Mission.

4. Jeder erhält einen roten Sticker oder einen roten Stempelabdruck, den er am Handgelenk trägt, um ständig an die Mission erinnert zu werden. Immer wenn jemand einen Test machen will oder wirklichen Stress abwehren muss, drückt er auf diesen roten Knopf, um FREEZE-FRAME zu machen und die Mission zu starten. In einem Notfall kann der rote Knopf gedrückt werden – FREEZE-FRAME, FREEZE-FRAME, FREEZE-FRAME–, bis das Licht auf Kommando des Herzens angeht und sagt, was zu tun ist.

5. Sprechen Sie über die Ergebnisse, machen Sie Notizen und besprechen Sie Strategien für einen weiteren Tag unter dem Codewort Rot. Überlegen Sie, wie das Team noch erfolgreicher Stress verhindern und abwehren könnte.

Variationen

1. Wenn Sie als Team zusammen sind und ein Stressfaktor tritt auf, kann einer „Codewort: Rot" rufen und alle machen FREEZE-FRAME. Folgen Sie den Herzkärtchen.
2. Gehen Sie gemeinsam nach draußen, in ein Restaurant oder ein Kaufhaus und beobachten Sie Ereignisse, die mit Stress verbunden sind, und Menschen, die gestresst wirken und FREEZE-FRAME benötigen würden. Urteilen Sie dabei aber nicht. Schreiben Sie Ihre Beobachtungen auf und sprechen Sie anschließend darüber.
3. Setzen Sie die Mission eine Woche oder einen Monat lang fort. Nach Ende der Mission erhalten alle Teilnehmer Schleifen oder Urkunden. Wer besonders erfolgreich war, erhält zusätzlich eine bunte Schleife oder einen goldenen Sticker auf seine Urkunde.
4. Lassen Sie die MC *Heart Zones* im Hintergrund spielen, während Sie FREEZE-FRAME üben und aufschreiben, was Ihr Herz Ihnen gesagt hat.

Kapitel 5

Fürsorge

Captain Cut-Thru

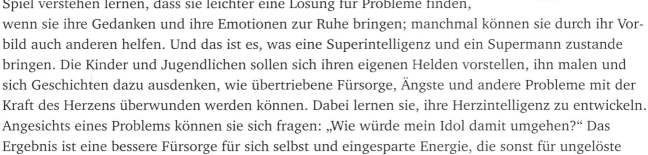

Ziel
Jeder hat wohl ein Idol, seinen „Supermann". Kinder sollen durch dieses Spiel verstehen lernen, dass sie leichter eine Lösung für Probleme finden, wenn sie ihre Gedanken und ihre Emotionen zur Ruhe bringen; manchmal können sie durch ihr Vorbild auch anderen helfen. Und das ist es, was eine Superintelligenz und ein Supermann zustande bringen. Die Kinder und Jugendlichen sollen sich ihren eigenen Helden vorstellen, ihn malen und sich Geschichten dazu ausdenken, wie übertriebene Fürsorge, Ängste und andere Probleme mit der Kraft des Herzens überwunden werden können. Dabei lernen sie, ihre Herzintelligenz zu entwickeln. Angesichts eines Problems können sie sich fragen: „Wie würde mein Idol damit umgehen?" Das Ergebnis ist eine bessere Fürsorge für sich selbst und eingesparte Energie, die sonst für ungelöste Emotionen verschwendet worden wäre.

Alter
8 bis 14 Jahre
Zeit
30 Minuten oder länger
Teilnehmer
1 Erwachsener und 1 Kind oder mehrere Kinder
Ort
Drinnen an einem Tisch oder an Pulten
Hilfsmittel
➡ Papier und Bleistifte für jeden Teilnehmer
➡ Farbstifte oder Marker
⇨ Ringbuchringe, Schere und Faden

Anleitung
1. Lesen Sie einen Absatz aus einer der Geschichten auf den folgenden Seiten vor. Lassen Sie die Kinder die einzelnen Personen malen. Jugendliche mit künstlerischer Begabung machen vielleicht sogar eine komplette Bildergeschichte daraus. Zum Ausmalen für kleinere Kinder können Sie auch einige der Superhelden kopieren.
2. Befassen Sie sich eine Woche oder sogar einen Monat lang täglich mit diesem Thema, bis die Teilnehmer mit der Technik Cut-Thru wirklich vertraut sind. Achten Sie darauf, die Geschichten kurz und einfach zu halten. Je einfacher sie sind, desto leichter ist es für Kinder, sich die Beispiele zu merken und zu erkennen, wann sie Cut-Thru brauchen.

Variationen
1. Lesen Sie den Kindern das Gesprächsprotokoll von Seite 93 vor und diskutieren Sie mit ihnen darüber.
2. Erfinden Sie gemeinsam mit den Kindern neue Kurzgeschichten. Fordern Sie sie auf, sich daran zu erinnern, wie sie einmal in ähnliche Fallen geraten waren, wie sie von den „Schurken" in den Geschichten gestellt werden. Fragen Sie die Kinder, wie „Captain Cut-Thru" eine solche Situation bewältigen würde.
3. Die Kinder legen ihre eigene Sammlung mit Zeichnungen von „Captain Cut-Thru" an. Die Blätter werden dann mit Ringen oder Fäden zusammengefasst. So kann die Sammlung leicht erweitert werden, wenn ihnen neue Geschichten einfallen.

Captain Cut-Thru

Captain Cut-Thru, seine Schwester Kristallklar und der unsichtbare Helfer Herzensfreund sind mit der Mission auf die Erde gekommen, die Menschen von einer Bande mit dem Namen „Unnütze Gedanken" zu befreien, die den Planeten zu erobern versucht, indem sie den Menschen ängstliche, sorgenvolle und kritische Gedanken einpflanzt. Die Bande plant, auf der ganzen Welt Stress und Chaos zu verbreiten.

Lord Lüge ist der Kopf der Bande. Ihm unterstellt sind die Generäle Sorge, Angst und Kritikaster. Weiterhin untergeben sind ihm die Offiziere Unzufrieden, Fehleinschätzung, Hoffnungslos und Unfreundlich. Sie greifen aus dem Hinterhalt an, indem sie anscheinend harmlose Vertreter in die Köpfe der Menschen schicken, wie zum Beispiel Leichtsinn, Sarkasmus und Kommunikationsstörung.

Der Captain und Kristallklar treten in Verkleidung als die sechzehnjährigen Zwillinge Konstantin und Klara Hoffnung auf; sie sind Schüler am Freiheits-Gymnasium. Wie die meisten Teenager sind sie durchschnittliche Schüler, die gerne Spaß mit ihren Freunden haben.

Konstantin und Klara Hoffnung haben einen unsichtbaren Helfer, Herzensfreund, der ständig um den Planeten reist und Situationen sucht, in denen die Hilfe der beiden benötigt wird. Wenn er sieht, dass jemand in Not ist, nimmt er über ihre Herzradios Kontakt zu Konstantin und Klara auf. Dann wissen sie, dass es für Captain Cut-Thru und Kristallklar an der Zeit ist, in Aktion treten.

Wenn Konstantin und Klara ihr Herzsignal hören, versenken sie alle ihre Gedanken in ihrem Herzen und gehen in einen neutralen Zustand. Sie schalten ihren Herzmixer auf die höchste Stufe, um restliche Gedanken zu verwirbeln, und im Handumdrehen werden sie Captain Cut-Thru und Kristallklar. Dadurch dass sie ihre Gedanken in den Herzmixer gaben, schützten sie sich vor jedem möglichen Einfluss der Bande von Lord Lüge. Jetzt kann das Herz Gedanken der höheren Intelligenz an den Geist senden.

Herz und Geist schaffen durch ihre Zusammenarbeit immer wieder große Verwandlungen, die uns stark machen, und einschneidende Durchbrüche, die uns weiterbringen. (Das ist der Sinn von Cut-Thru …)

Captain-Cut-Thru-Kurzgeschichten
Hilfe für einen Freund

Konstantin und Klara Hoffnung besuchen ein Volleyballturnier an ihrer Schule. Da bekommt Konstantin über sein Herzradio eine Botschaft von Herzensfreund: Klaras Freundin Nina Niedergeschlagen ist in der Falle von General Kritikaster und Leutnant Fehleinschätzung. Sie haben sie mit einer Mauer umgeben, so dass sie nicht entkommen kann. Sie ist zu Hause und muss auf ihren jüngeren Bruder aufpassen, der quengelt und weint.

Konstantin und Klara gehen zu ihrem Auto und wenden Cut-Thru an, sie versenken alle Gedanken in ihr Herz und gehen in den Neutralzustand. Sie stellen ihren Herzmixer auf höchste Stufe und plötzlich erscheinen Captain Cut-Thru und Kristallklar wie durch einen Zauber bei Nina, die in ihrem Zimmer sitzt und weint. Nina ist sehr überrascht, die beiden zu sehen. Sie fragen sie, warum sie so ärgerlich ist.

Nina: „Ich bin so wütend auf meine Eltern. Ich musste zu Hause bleiben und Babysitter spielen, obwohl ich gerne zum Volleyballturnier gegangen wäre, um dort meine Freunde zu treffen. Unser Babysitter hat abgesagt und meine Mutter meinte, dass sie bei einem sehr wichtigen Kunden meines Vaters zum Essen eingeladen seien und unbedingt dorthin gehen müssten. Es ist nicht fair, dass ich hier sitzen muss, während sie weg sind und sich vergnügen. Sie sind für Bobby verantwortlich, nicht ich.

Captain Cut-Thru: „Nina, du musst Cut-Thru machen. Solange du ärgerlich bist, urteilst du und kannst nicht klar denken." Der Captain und Kristallklar zeigen Nina die einzelnen Schritte. Gemeinsam mit Herzensfreund schicken sie Nina ihre Herzenergie, während sie die Übung macht.

Nina (wischt sich die Tränen aus den Augen): „Langsam verstehe ich, warum dieses Essen für meinen Vater so wichtig ist. Ohne seine Kunden hätte er keine Arbeit und wovon sollten wir dann leben? Es war falsch von mir, so selbstsüchtig und kritisch zu sein.
Oh je, ich weiß nicht einmal, ob es ihnen überhaupt Spaß macht. Vielleicht wären sie lieber zu Hause geblieben."

Kristallklar: „Es war nicht ‚falsch' von dir, Nina, sondern einfach unnützes Denken." Die Wand, die Leutnant Fehleinschätzung und General Kritikaster errichtet haben, beginnt zu schwinden. Die Schurken schleichen sich davon. ...

Ein weiterer Sieg für Captain Cut-Thru und Kristallklar!

Falsche Anschuldigung

Konstantin Hoffnung macht sich einen faulen Tag, liegt auf seinem Bett und liest. Klara ist mit einer Freundin einkaufen gegangen. Da kommt ein Anruf von Herzensfreund über das Herzradio. An einer Straßenecke sind zwei Jungen dabei sich zu streiten. General Kritikaster und Leutnant Unfreundlich haben ein Netz der Verzerrung über sie geworfen. Konstantin springt in sein Auto und fährt zum Schauplatz des Konflikts. Einen Häuserblock davon entfernt hält er sein Auto an und macht CUT-THRU. Als er zu den Jungen kommt, streiten diese noch immer.

„Wow, da ist ja Captain CUT-THRU!" Die Jungen sind überrascht, aber froh ihn zu sehen.

Captain CUT-THRU: „Was habt ihr für ein Problem?"

Max (der größere): „Moritz ist ein Lügner. Er behauptet, ich hätte seine Baseballmütze gestohlen."

Moritz: „Hast du auch, du Dieb!"

Max schlägt Moritz und Captain CUT-THRU schreitet ein: „Hey Jungs, ihr braucht CUT-THRU. Ihr seid beide weg von eurem Herzen." Er zeigt den Jungen dann, wie sie sich auf ihr Herz konzentrieren und CUT-THRU einsetzen können. Der Captain und Herzensfreund schicken Herzenergie, während Max und Moritz CUT-THRU machen. Dann fragt der Captain die Jungen, wie es ihnen geht.

Moritz: „Ich hätte Max nicht beschuldigen dürfen. Nur weil seine Kappe genauso aussieht wie meine, habe ich geglaubt, es sei meine. Wenn ich nicht vorschnell gewesen wäre, hätte ich zu ihm gesagt, dass meine Kappe fehlt. Dann hätte ich gemerkt, dass seine Kappe größer als meine ist. Vielleicht ist meine Kappe gar nicht gestohlen. Ich habe sie vielleicht nur verlegt. Ich mag Bob wirklich und hoffe, dass er mir verzeiht."

Max: „Ich bin furchtbar wütend geworden, weil Moritz mich beschuldigt hat, ich hätte seine Mütze genommen. Hätte ich mein Temperament besser unter Kontrolle gehabt, hätte ich daran gedacht, ihm zu zeigen, dass meine Kappe größer ist.

Captain CUT-THRU: „Denkt daran, euch erst mal zu beruhigen und eine Herztechnik anzuwenden, wenn ihr wütend seid. Dann macht ihr CUT-THRU und hört, was euch eure Herzintelligenz sagt."

Moritz (lachend): „Ich möchte mich wieder mit Max vertragen."

Max legt seinen Arm um Moritz' Schulter und knufft ihn freundschaftlich: „Okay, ich verzeih dir, aber werd nicht übermütig, Kleiner. Ich hätte dir wehtun können." Die Jungen lachen und gehen gemeinsam weg.

Captain CUT-THRU verscheucht General Kritikaster und Leutnant Unfreundlich mit ihrem Fangnetz. Sie verziehen sich schimpfend.

Wieder einmal hat ihnen Captain Cut-Thru einen Strich durch die Rechnung gemacht!

Gespräch über Captain Cut-Thru in einer Kindergruppe

Wanda: Wer kann mir sagen, wer Captain Cut-Thru wirklich ist?
Blake: Er ist wie ein Teil unseres Herzens. Er hilft beim Cut-Thru.
Wanda: Das ist gut. Er ist so etwas wie dein wirkliches Selbst. Nicht wahr? Und wer kann mir sagen, wer Kristallklar ist?
Blake: Sie wäre wie die klaren Kristalle im Herzen.
Wanda: Sie ist auch wie dein wirkliches Selbst. Wenn du die Kraft von Cut-Thru nutzt und in den neutralen Zustand gehst, kann dein Herz höhere Intelligenz an deinen Geist weiterleiten. Wenn dein Herz und dein Geist zusammenarbeiten, entstehen daraus kristallklare Informationen oder höhere Intelligenz.
Blake: Oh ja, das ist mein wirkliches Selbst.
Wanda: Richtig. Captain Cut-Thru ist die Kraft, die alles durchbricht, was immer dich auch beunruhigt. Es ist der Teil von dir, der Kraft gewonnen hat. Wenn du Captain Cut-Thru wirst, durchbrichst du einfach alles und dann schaltet sich das Herz zu und versteht ziemlich klar, was vor sich geht.
Blake: Dann hörst du mit deinem Herzen sehr konzentriert auf das, was vor sich geht. Dein Herz und dein Kopf beginnen zusammenzuarbeiten und du bist nicht länger weg von deinem Herzen.
Wanda: Und wer wäre Herzensfreund?
Blake: Herzensfreund wäre dein Herz.
Wanda: Was wäre das Herzradio?
Blake: Das Radio ist der Kontakt zwischen deinem Herzen und deinem Kopf, der beide zusammenarbeiten lässt.
Wanda: Sehr gut. Und wenn kristallklare Informationen vom Herzen zum Geist gehen, wirst du sehr intelligent und stark. So kann jeder Mensch Captain Cut-Thru oder Kristallklar werden.
    Konstantin und Klara sind wie unsere Persönlichkeiten. Sie nutzen die Techniken. Sie sind in ihrem Herzen. Sie sind stark, also sind sie Captain Cut-Thru und Kristallklar in einer Verkleidung.
Blake: Ich hoffe, ich kann die ganze Zeit in meinem Herzen bleiben und versuchen, nie weg von meinem Herzen zu kommen.
Wanda: Wer wärst du dann?
Blake: Ich wäre wie Konstantin und Klara Hoffnung.
Wanda: Und wärst du auch Captain Cut-Thru? Wenn du die ganze Zeit in deinem Herzen bleiben kannst, bist du stark und du wirst einer der Superhelden werden, die anderen Menschen helfen, auch stark zu sein.

Das Mixerexperiment

Ziel
Das Experiment soll Kindern deutlich machen, wie die Cut-Thru-Technik funktioniert. Dabei bekommen sie demonstriert, wie das Herz mit seiner Kraft sorgenvolle Gefühle und Gedanken oder Verletzungen schnell in bessere Gefühle und ein neues Verständnis verwandelt. Wenn wir unseren „Herzmixer" auf die höchste Stufe stellen, können wir uns beunruhigende Gefühle verflüssigen und so fällt es uns leichter, zum Herzen zurückzugehen und uns um uns selbst und um andere zu kümmern. Im Herzen finden wir neue Lösungen. Dieses Experiment bietet sich an, wenn ein Kind weg von seinem Herzen ist und es ihm schwer fällt, die Herztechniken anzuwenden. Manchmal ist ein Bild oder ein Experiment hilfreich, damit Menschen Cut-Thru besser verstehen.

Alter
8 bis 14 Jahre

Zeit
10 Minuten oder länger

Teilnehmer
1 Erwachsener und 1 Kind oder mehrere Kinder

Ort
Küche, in der Nähe einer Steckdose

Hilfsmittel
➡ Mixer
➡ Wasser
➡ Waschpulver
⇨ Servietten oder Papier

Anleitung
1. Geben Sie zwei Tassen Wasser in einen Mixer.
2. Nehmen Sie einen Teelöffel voll Waschpulver und schütten Sie es auf eine Serviette oder ein Stück Papier. Machen Sie die Kinder darauf aufmerksam, wie undurchsichtig das Pulver ist – im Gegensatz zu Wasser.
3. Sagen Sie zu den Kindern: „Wenn wir besorgt oder ärgerlich sind, entstehen Gedanken, die undurchdringlich und schwer sind, so dass wir unglücklich sind oder uns schlecht fühlen. Sorgen, Angst oder Selbstmitleid schaffen Dichte und Schwere. Diese Gedanken und Emotionen fühlen sich schwer und dicht an und ziehen uns herunter. Ohne Hilfe aus dem Herzen bringen sie uns keine hilfreichen Lösungen. Wenn wir im Herzen sind, sind unsere Gedanken und Gefühle leicht, glücklich und sprudelnd. Indem wir die Cut-Thru-Technik nutzen, geben wir die „dichten" Gefühle und Gedanken, die eine Mauer um uns errichten, in unser Herz.
4. Geben Sie etwas Waschmittel in das Wasser im Mixer.
5. Dann leiten Sie die Kinder an: „Stellt euch vor, euer Herz sei ein Mixer. Gebt ärgerliche Gefühle und Gedanken hinein und stellt den Mixer auf die höchste Stufe. Das Herz nimmt die Dichte und die Negativität weg und verwandelt eure Gefühle und Gedanken in kreative Ideen und Gefühle."
6. Lassen Sie den Mixer so lange laufen, bis das Pulver sich aufgelöst und leichte, lockere Blasen gebildet hat. (Wenn möglich, halten Sie den Mixer gegen das Licht, so dass die Regenbogenfarben in den Bläschen zu sehen sind.) Weisen Sie darauf hin, dass die dichten Körner sich in durchsichtige, locker-leichte Blasen verwandelt haben. Und genau das ist es, was das Herz mit negativen Gedanken tut: Es löst sie auf und hilft, dass man sich wieder gut fühlt.
7. Suchen Sie gemeinsam nach Beispielen für Gedanken und Gefühle, die in den Herzmixer gegeben werden und mit Cut-Thru neue Lösungen ergeben könnten.

Variation

Bringen Sie Kindern die CUT-THRU-Technik von Seite 22 bei und modifizieren Sie, wenn nötig, die Sprache. Lassen Sie die Kinder ein Problem nennen, das ihnen unangenehme Gefühle verursacht, und lassen Sie sie dann die Technik anwenden. Sollten die Kinder kein Problem finden, lassen Sie die Technik trotzdem üben, damit sie sie bei Bedarf beherrschen. Besprechen Sie die Ergebnisse.

Kleine Ängste in Spaß verwandeln

Ziel

Wenn Kleinkinder neue Erfahrungen machen, können kleine Ängste entstehen. Sie können verhindern, dass diese sich zu Traumata auswachsen, indem Sie den Kindern zeigen, dass Ängste in Spaß verwandelt werden können. Damit lernen Kinder auch, dass sie, indem sie Ängste überwinden, für sich selbst sorgen. Weit verbreitete Ängste in diesem Alter sind die Angst vor Hunden, Angst vor dem Fotografieren, die Angst vor Erwachsenen, die einen ansprechen, Angst, im Schwimmbad oder am Meer ins Wasser zu gehen, und Angst vor dem Haareschneiden. Bei diesem Spiel soll die Angst vor dem Haareschneiden in Vergnügen verwandelt werden. Falls Ihr Kind sich wehrt, wenn die Haare geschnitten werden sollen, ist dies ein schönes Spiel, das nur wenige Kinder ablehnen werden. Beachten Sie auch die Variationen, die zeigen, wie dieses Spiel auf andere angstbesetzte Situationen angewendet werden kann, um das Selbstvertrauen des Kindes zu stärken.

Alter
2 bis 6 Jahre
Zeit
10 Minuten täglich, drei Tage lang
Teilnehmer
1 Erwachsener und 1 Kind
Ort
Drinnen und draußen
Hilfsmittel
➡ Abgeschnittene Haare
⇨ Kompostbereiter

Anleitung
1. Suchen Sie ein Vogelnest und zeigen Sie Ihrem Kind, welche verschiedenen Materialien (Schnüre, Haare, usw.) Vögel zum Nestbau verwenden. Oder zeigen Sie Ihrem Kind in einem Buch oder einer Zeitschrift ein buntes Bild von einem Vogelnest. Erklären Sie, dass Vögel viele Dinge außer Ästen und Blättern zum Nestbau verwenden, einschließlich des Abfalls, den sie in der Nachbarschaft finden. Ihr Kind wird vielleicht gerne seine Locken für ein Nest der gefiederten Freunde opfern.

2. Wenn Ihr Kind wieder zum Haareschneiden muss, verabreden Sie gemeinsam, die abgeschnittenen Haare draußen an eine Stelle zu legen, wo die Vögel sie wegnehmen und damit ihr Nest auspolstern können.
3. Suchen Sie im Freien nach einer Stelle, die sicher genug ist, dass ein Vogel sich traut, das Haar wegzunehmen. Wählen sie nach Möglichkeit eine Stelle, wo Sie die Vögel dann auch beobachten können.
4. Wenn es gelingt, haben sie damit die Aufmerksamkeit vom Elend des Haareschneidens abgelenkt und auf Sorge für die Vögel umgelenkt.
5. Nach dem Haareschneiden bringen Sie gemeinsam die abgeschnittenen Haare an die vorher ausgesuchte Stelle.

Variationen

1. Besprechen Sie, dass Sie die abgeschnittenen Haare verwenden, um damit Kompost herzustellen und so die Erde in Ihrem Garten zu verbessern. Lassen Sie auch aus den Haarresten der übrigen Familie Kompost werden.
2. Hat Ihr Kind Angst vor Hunden, besuchen Sie eine Familie, die einen braven, freundlichen Hund besitzt, damit es lernt, mit einem Hund umzugehen. Bei Angst vor Wasser können Sie zunächst zu Hause mit Wasser herumspritzen, ehe Sie gemeinsam ans Meer oder ins Schwimmbad gehen. Wenn Ihr Sohn oder Ihre Tochter Angst vor großen Menschen oder Menschen anderer Hautfarbe hat, können Sie mit ihnen zu Elterntreffen gehen, damit sie andere Kinder und Eltern kennen lernen. Wenn Sie etwas unternehmen, was ursprünglich mit Angst verbunden war, und ein Vergnügen daraus machen, verhindern Sie dadurch, dass die Angst zurückkehrt.

Beispiel: Ein Dreijähriger hatte Angst vor dem Nikolaus und schrie, wenn der Nikolaus in einem Supermarkt auftauchte. Seine Mutter kaufte eine Papierrolle und malte einen riesigen Nikolaus auf das Papier. Dann bemalten Mutter und Sohn sein Gesicht, Bart, Mütze, Mantel, Stiefel und Gürtel mit roter, schwarzer und weißer Farbe. Der Nikolaus wurde an die Wand gehängt und beide unterhielten sich mit ihm.

Danach freute sich der Junge darauf, den „richtigen" Nikolaus im Supermarkt zu besuchen.

Forschungsreise in die Welt der Gefühle

Ziel
Damit Kinder emotionale Intelligenz entwickeln und Selbstachtung aufbauen können, müssen sie die Fähigkeit erwerben, Gefühle zu identifizieren und zu beschreiben sowie auf Gefühle zu reagieren. Die „Forschungsreise in die Welt der Gefühle" ist eine Aktivität, durch die Kinder ihre Gefühle verstehen lernen und damit ihre Fähigkeit entwickeln, für sich selbst zu sorgen, erfolgreiche Beziehungen aufzubauen und Herausforderungen mit Anpassungsfähigkeit zu begegnen.

Alter
3 bis 8 Jahre

Zeit
20 Minuten,
danach 10 Minuten pro Woche

Teilnehmer
1 Erwachsener und 1 oder mehrere Kinder

Ort
Drinnen oder draußen

Hilfsmittel
- Festes Papier oder Pappe, Zeichenpapier
- Bleistift, Marker oder Farbkreiden
- Garn, Schere, Ringordner, Klebstoff
- Fotoapparat, evtl. auch Bilder aus Zeitschriften
- Materialien mit unterschiedlicher Struktur (raue Felsbrocken, glatte Steine, Blätter mit wachsartiger Oberfläche, Kunstpelz, Schwamm, Sandpapier, Plastik, Metall, Samt, Klettband, durchsichtige Plastikschwimmkugeln)
- Marionetten

Anleitung
1. Beginnen Sie mit einem Gespräch über Gefühle und fragen Sie Ihr Kind, welche Art von Gefühlen es häufig erlebt. Schreiben Sie diese Gefühle auf ein Blatt Papier. Gewöhnlich nennen Kinder hauptsächlich Gefühle wie Traurigkeit, Glück und Wut. Um die Liste vollständiger zu machen, fragen sie nach Gefühlen wie Angst, Freude, Frieden, Überraschung, Eifersucht, Mitgefühl, Besorgnis, Aufregung, Nervosität und anderen. Versuchen Sie zumindest fünf Gefühle aufzulisten, die Ihr Kind kennt.

2. Stellen Sie die Gefühle Ihres Kindes in einem Buch zusammen, indem Sie doppelt so viele Blätter nehmen, wie das Kind Gefühle genannt hat. Für den Einband nehmen Sie Pappe und bemalen sie mit Markern oder Farbstiften. Sie lochen den Einband und das Papier und binden alles mit Fäden zusammen. Nehmen Sie für jedes Gefühl eine Seite. Sie wählen eines oder mehrere der folgenden Hilfsmittel und erforschen gemeinsam mit Ihrem Kind seine Gefühle. Kinder können ein Gesicht malen, das das entsprechende Gefühl zum Ausdruck bringt, es können Fotos der Kinder ausge-

wählt werden, auf denen sich das Gefühl widerspiegelt, oder man schneidet aus Zeitschriften Bilder von Menschen aus, die dieses Gefühl zeigen. Die Bilder werden in das Buch geklebt. Das Gefühl wird unter das Bild geschrieben und außerdem wird Platz gelassen für zusätzliche Kommentare.
3. Betrachten Sie das Buch einmal oder mehrmals in der Woche und stellen Sie dabei folgende Fragen:
   - „Welches Gefühl/welche Gefühle hattest du in der vergangenen Woche?"
   - „Welche Situation war der Grund, dass du dieses Gefühl hattest?"
   - „Was sagt dein Herz zu diesem Gefühl/diesen Gefühlen?" Geht es dabei um Stress, fragen Sie weiter: „Wie könntest du nächstes Mal anders reagieren, damit du dich nicht so schlecht fühlst?"
   - „Kennst du sonst jemanden, der dieses Gefühl auch hatte?"
   - „Wie hat er oder sie reagiert?"
4. Schreiben Sie die Kommentare Ihres Kindes in das Buch. Wenn Ihr Kind weitere Gefühle identifizieren kann, erweitern Sie das Buch und gehen genauso vor wie bisher. Mit der Zeit wird das Buch eine Vielzahl vielfältiger Gefühle enthalten und Ihr Kind kann sich angemessene Reaktionen auf Gefühle überlegen.

Variationen

1. Besorgen Sie unterschiedliche Materialien mit verschiedenen Oberflächen zum Berühren. Fordern Sie die Kinder auf, unterschiedlichen Materialien verschiedene Arten von Gefühlen zuzuordnen. Wenn möglich, wird das entsprechende Material im Buch auf der Seite mit dem genannten Gefühl mit Klebstreifen befestigt.
   Beispiele:
   wütend – kantiger Stein oder Sandpapier
   friedlich – Samt
   Aufregung – durchsichtige Plastikschwimmkugeln
2. Stellen Sie im Rollenspiel oder mit Hilfe von Marionetten Situationen dar, die unterschiedliche Gefühle auslösen.
   Beispiele für gefühlsbetonte Situationen zum Nachspielen:
   - Eine Umarmung von Mutter oder Vater
   - Jemand macht aus Versehen ein Spielzeug kaputt
   - Alle lachen über ein lustiges Ereignis
   - Spaß mit einem Freund haben
   - Ein Spiel verlieren
   - Einen Streit anzetteln

Versuchen Sie, für stressige Situationen Lösungen mit Hilfe der Kraft des Herzens anzubieten. Lassen Sie die Marionetten die Schritte der CUT-THRU-Technik durchspielen, indem Sie die Schritte altersgemäß umformulieren.

Lieblingstiere

Ziel

Der Mut eines Löwen, elegant dahingaloppierende Pferde, die majestätische Gestalt des Adlers und viele weitere Vorstellungen von wilden Tieren rufen bei Kindern Mitgefühl, Staunen und Bewunderung hervor. Hier sollen Kinder ein Tier auswählen, mit dem sie sich identifizieren können, oder sie überlegen sich, welches Tier sie einem anderen Menschen zuschreiben. Ihre intuitive Intelligenz wird hier benötigt, damit sie passende Eigenschaften zuordnen. Der Zweck dieses Spiels besteht darin, dass jedes Kind sein Herz bittet, ihm dabei zu helfen, sein Tier zu finden oder ein Tier, das es an jemanden erinnert.

Alter
4 bis 12 Jahre

Zeit
10 Minuten oder länger

Teilnehmer
1 Erwachsener und eines oder mehrere Kinder

Ort
Drinnen oder draußen

Hilfsmittel
⇨ Bleistifte und Papier
⇨ Farbstifte oder Marker
⇨ Handpuppe
⇨ Ton oder Knetmasse

Anleitung

1. Zunächst erklären Sie den Kindern, worum es in dem Spiel geht: Sie sollen entweder ein Tier finden mit Eigenschaften, die sie auch zu haben glauben, oder ein Tier, das sie an einen anderen Menschen erinnert. Zum Beispiel: „Kathrin, frage dein Herz, welchem Tier du am ähnlichsten bist." „Laura, an welches Tier erinnert dich dein Freund Jan?"

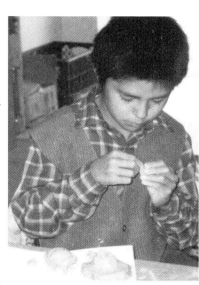

2. Bevor Sie beginnen, machen Sie mit den Kindern eine einminütige Entspannungsübung, damit sie ruhig werden und tief in ihr Herz gehen.

   Das könnten Sie sagen: Ihr schließt jetzt die Augen und erlaubt euch zu entspannen. Stellt euch vor, wie warmes Wasser über euren Kopf, über eure Arme und eure Beine fließt und euch ganz entspannt werden lässt. Seid ihr alle wirklich entspannt? Gut ... Jetzt fragt ihr euer Herz, welchem Tier ihr am ähnlichsten seid, oder ihr könnt euer Herz fragen, an welches Tier euch ein Freund, Vater, Mutter, Bruder oder Schwester erinnert. Ihr könnt euch vorstellen, dass ihr es berührt oder es auf den Arm nehmt, wenn ihr wollt ... Wo lebt dieses Tier? Im Wald, im Haus? ...

3. Sie beenden die Entspannungsübung, indem Sie fragen: „Seid ihr fertig, habt ihr ein Herztier gefunden?" Und sie bitten alle, ihr Tier zu nennen. Wenn die Kinder nacheinander ihr Tier nennen, fragen sie nach, warum sie dieses Tier für sich selbst oder für jemand anderen gewählt haben.

Beispiele für „Herztiere":

Ein Tintenfisch, weil er dauernd die Farbe wechselt. Und ein Mensch, der ist auch ein Tier. Ich verändere mich auch immer und ich bin auch ein Mensch.

Ein Pinguin, der von einem Eisberg ins Wasser taucht. Pinguine können schwimmen, laufen und sich treiben lassen, und sie spielen gerne.

Ein junges Kätzchen, ein junger Jaguar und ein junger Delphin, und sie haben sich alle umarmt. Ich kann alle drei gleichzeitig sein, oder manchmal bin ich einfach ein junger Jaguar und ganz stark.

Ein Kätzchen mit einer großen Schleife um den Hals. Weil es süß und niedlich ist, und weil man mit ihm spielen kann.

Variationen

1. Sie können die anderen Kinder fragen, warum ein Kind ihrer Meinung nach ein bestimmtes Tier gewählt hat. Welche positiven Eigenschaften hat das jeweilige Kind, die auch für sie in dem Tier erkennbar sind?
2. Die Kinder können eine Geschichte schreiben oder ein Bild von dem gewählten Tier malen. Wenn sie ein Tier für einen anderen Menschen gewählt haben, sollen sie diesen Menschen in die Geschichte oder in die Zeichnung einbeziehen.
3. Wenn ein Kind sein Herztier bestimmt hat, kann eine Handpuppe angeschafft werden, die das Tier darstellt oder ihm ähnlich ist. Mit der Handpuppe kann das Kind innerste Gedanken und Gefühle aus seinem Herzen in Worte fassen und in Handeln umsetzen. Damit können positive Verhaltensweisen verstärkt werden.
4. Lassen Sie die Kinder ihr Tier aus Lehm oder Knetmasse formen.

Geheime Freunde

Ziel

Fürsorge ist eine Eigenschaft, die in Familien und in Schulklassen für eine liebevolle Einstellung hervorruft; sie vertieft den Kontakt von Herz zu Herz und macht es leichter, Abneigungen und Unstimmigkeiten zu neutralisieren oder zu überwinden. Einfacher gesagt, Fürsorge schafft Verbindungen *(bonding)*. Das Spiel „Geheime Freunde" stärkt das Gefühl der Fürsorge, indem es alle Gruppenmitglieder zu einem fröhlichen Spiel geheimer Fürsorge zusammenbringt. Ohne dass der andere Bescheid weiß, wird einer aus der Gruppe sein geheimer Freud und macht ihm eine Woche lang immer wieder eine Freude. Das können große Dinge sein wie Schrankaufräumen oder der Kauf eines Geschenks, oder kleine Dinge wie Wertschätzungskärtchen oder eine Blume. Von diesem vergnüglichen Spiel haben alle etwas.

Alter
6 bis 14 Jahre
Zeit
20 Minuten
Teilnehmer
Erwachsene und mehrere Kinder
Ort
Drinnen oder draußen
Hilfsmittel
➡ Korb
➡ Zettel (gleiche Größe und Farbe) für alle
➡ Stift

Anleitung

1. Alle kommen zusammen und besprechen den Sinn des Spiels. Der Spielleiter erklärt den anderen, dass das Spiel eine Woche dauern wird und jeder täglich etwas Gutes für seinen geheimen Freund tun soll. Alle Mitspieler werden aufgefordert, dabei keine verräterischen Spuren zu hinterlassen.

2. Die Namen aller Teilnehmer werden auf die Zettel geschrieben. Diese werden gefaltet und in einen Korb gegeben. Jedes Gruppenmitglied zieht einen Namen, verrät aber nicht, wer es ist. (Kleinere Kinder bekommen die Zettel gezeigt, bevor sie gefaltet werden, damit sie alle Namen lesen oder erkennen können.)

3. Täglich bei Tisch wird an das Spiel erinnert. Damit allen etwas einfällt, was sie Gutes tun könnten, sollen sie für sich allein ihr Herz befragen, was sie für ihren geheimen Freund Gutes tun könnten. Falls jüngere Kinder Hilfe brauchen, können sie jemanden fragen, der nicht ihr geheimer Freund ist. Am Ende der Woche versucht jeder, die Identität des geheimen Freundes zu erraten. Wenn alle Namen bekannt sind, können Sie über einige der geheimen Strategien und über die guten Taten sprechen, die jeder empfangen hat.

Variation

Bevor die Namen gezogen werden, kann jedes Familienmitglied fünf Beispiele nennen, wie man ihm Gutes tun könnte.

Mission Sternenflotte

Ziel
Viele Lehrer haben sich schon darüber geärgert, dass ihr Unterricht mit Papierflugzeugen gestört wurde. Für die „Mission Sternenflotte" können die Schüler Meisterstücke von Papierfliegern schaffen und bekommen dann die Gelegenheit, sich damit zu vergnügen. Die Kinder können hierbei ihre kreative Fantasie einsetzen und werden an die Fürsorge für die Erde und die Umwelt erinnert. Dieses Spiel, das Fürsorge und Selbstkontrolle bei den Kindern fördert, soll dazu beitragen, dass sie sich gut fühlen und dass ihre Selbstachtung wächst.

Alter
7 bis 12 Jahre
Zeit
45 Minuten
Teilnehmer
1 Erwachsener und 3 oder mehr Kinder
Ort
Drinnen (an Schreibtischen oder im Kreis auf dem Boden) oder draußen (in einem Kreis sitzend, um damit die Welt zu repräsentieren)
Hilfsmittel
- 2 oder mehr DIN-A4-Blätter für jedes Kind
- Bunte Marker
- Kopien der Anordnung des Kommandanten
- Bleistifte
- Halbe Blätter, Marker, Stecknadeln oder Klebeband

Anleitung
1. Die Kinder sollen sich vorstellen, sie seien Piloten der Sternenflotte. Sie als Erwachsener sind Kommandant der Sternenflotte und Sie geben die Befehle und die Strategie für die Mission heraus. (Wenn Kinder spielen und so tun als ob, kommen sie besser in ihr Gefühl und können leichter Liebe und Fürsorge zum Ausdruck bringen.)
2. Geben Sie allen Kindern Papier. Fordern Sie sie auf, ihr Bestes zu geben und wunderschöne Flieger oder Raumschiffe zu basteln.
3. Zeigen Sie, wie ein Papierflieger gemacht wird, da einige Kinder das vielleicht nicht wissen. (Vgl. die Anleitung auf der nächsten Seite.) Drücken Sie die Falten fest an, damit sie halten.

Einen Papierflieger falten

A. Falten Sie die linke obere Ecke eines DIN-A4-Blattes an der gestrichelten Linie nach unten. Streichen Sie mit den Fingern fest über die Falte, damit sie hält.

B. Falten Sie auch die rechte obere Ecke an der gestrichelten Linie nach unten.

C. Danach falten Sie die Spitze nach unten um.

D. Stecken Sie sie so unter die Kante, dass sie mit dieser eine Linie bildet.

E. Falten Sie die linke und die rechte Seite entlang der gestrichelten Linien nach innen. Falten Sie als Nächstes die Achse in der Mitte und drücken Sie die beiden Hälften fest aneinander.

F. Jetzt schlagen Sie jede Hälfte nach außen um und falten entlang der gestrichelten Linie (etwa 1,5 cm von der Mittelachse). Dadurch entsteht eine schmale Falte, an der der Flieger gehalten werden kann.

G. Halten Sie den Papierflieger zwischen dem Daumen und den übrigen Fingern und werfen Sie ihn mit Schwung in die Luft. Beobachten Sie die schwungvollen Schleifen und Wendungen.

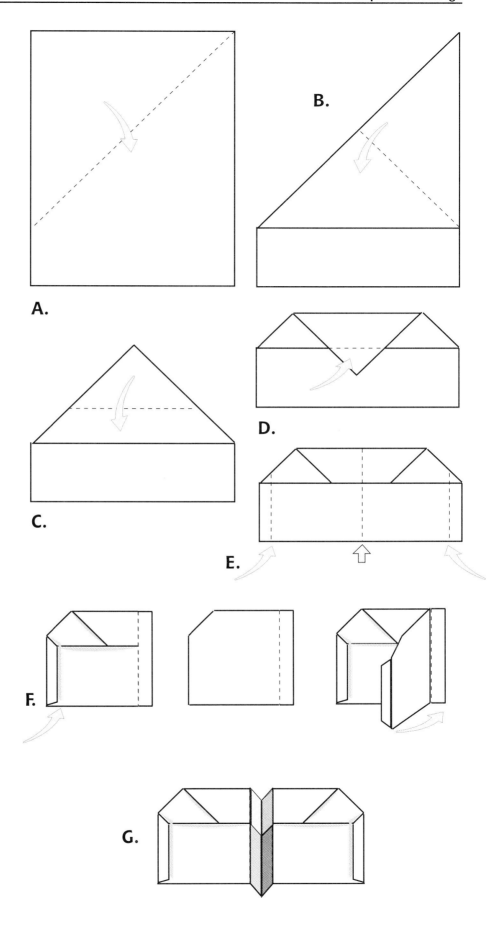

4. Lesen Sie den Kindern die Botschaft des Kommandanten vor. Geben Sie jedem Kind eine Kopie der Botschaft und hängen Sie eine Abschrift auf.

Botschaft des Kommandanten für die Mission:

Dem Intergalaktischen Rat ist zu Ohren gekommen, dass der Planet Erde ein Problem hat. Es gibt zu viele Verbrechen, zu viel Gewalt und zu viele Kriege auf der Erde. Stress richtet auf dem ganzen Planeten verheerenden Schaden an. Unsere Mission lautet, die Erde mit Liebe und Fürsorge zu überschütten. Wenn mehr Menschen liebevoll und fürsorglich sind, wird es weniger Kriege, weniger Verbrechen und weniger Hass auf dem Planeten geben.

5. Lesen Sie den Kindern als Nächstes die Strategieanweisung vor und beantworten Sie eventuelle Fragen.

Strategieanweisung
- Jeder Pilot der Sternenflotte soll zwei Flieger falten (den zweiten als Ersatz, falls der erste flugunfähig wird). Jeder Flieger trägt die Aufschrift „SENDE LIEBE". (Die Schüler, die die besten Flieger haben, können zusätzliche Flieger falten, falls andere nicht so gut fliegen und deren Piloten enttäuscht sind.)
- Dies ist eine geheime Mission. Sie wird schweigend abgewickelt. Jede laute Diskussion oder Streit beim Abschicken oder beim Empfang führt zum Misserfolg der Mission. Teilnehmer, die unnötig Lärm machen, werden von der Mission ausgeschlossen und müssen ruhig sitzen bleiben. Wenn ein Flieger zwischen zwei Teilnehmern auf dem Boden landet, müssen beide FREEZE-FRAME machen, ehe einer den Flieger aufhebt. Die Mission besteht darin, schweigend Liebe an den Planeten Erde zu senden, an alle Menschen und an alles auf dem Planeten. Dazu gehören die Menschen aller Rassen und Nationalitäten, der Regenwald, die Meere, die Ozonschicht, die Tiere, die Flüsse, usw. Jegliche Fragen müssen an den Kommandanten gerichtet werden.
- Bevor der Flieger weggeschickt wird, lädt man ihn 30 Sekunden lang mit Liebe auf. Dabei sollen die Teilnehmer an ein globales Problem denken, das ihnen am Herzen liegt, und dieses legen sie in ihren Flieger.

Beispiele: Opfer von Kriegen, hungernde Kinder, Arbeitslose, Wohnungslose, Aussterben bedrohter Tierarten, Smog über den Städten, verschmutzte Flüsse oder sonstige Themen aus den neuesten Nachrichten.

Nachdem man seinen Flieger gestartet hat, wartet man schweigend, bis man einen anderen auffängt. Dann wartet man wieder mindestens 30 Sekunden, ehe man auch diesen Flieger mit Liebe füllt und ihn abschickt.

- Da jeder Teilnehmer ein Pilot der Sternenflotte ist, ist er dafür verantwortlich, dass der ganze Planet mit Liebe bedeckt wird. Es sollten also keine zwei Flieger an dieselbe Stelle geschickt werden. Alle achten darauf, dass jeder (oder die ganze Welt) Liebe empfängt. Darin besteht nämlich die Mission. (Sagen Sie den Kindern, dass jeder ein anderes Land, einen anderen Kontinent, ein anderes Thema usw. repräsentiert, je nach Größe der Gruppe.)

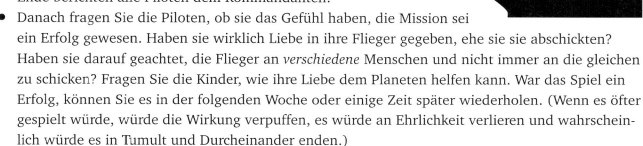

- Die Mission sollte in etwa 20 bis 30 Minuten vollendet werden. Der Kommandant der Sternenflotte bestimmt, wie lange die Mission dauert. Nach deren Ende berichten alle Piloten dem Kommandanten.
- Danach fragen Sie die Piloten, ob sie das Gefühl haben, die Mission sei ein Erfolg gewesen. Haben sie wirklich Liebe in ihre Flieger gegeben, ehe sie sie abschickten? Haben sie darauf geachtet, die Flieger an *verschiedene* Menschen und nicht immer an die gleichen zu schicken? Fragen Sie die Kinder, wie ihre Liebe dem Planeten helfen kann. War das Spiel ein Erfolg, können Sie es in der folgenden Woche oder einige Zeit später wiederholen. (Wenn es öfter gespielt würde, würde die Wirkung verpuffen, es würde an Ehrlichkeit verlieren und wahrscheinlich würde es in Tumult und Durcheinander enden.)

Variationen

1. Stellen Sie vor der Mission gemeinsam eine Liste mit globalen Themen zusammen. Die Piloten schreiben mit Bleistift auf das Flugzeug, an wen sie ihre Liebe und Fürsorge schicken. Der Empfänger liest vor, was auf dem Flieger steht, schickt ebenfalls seine Liebe und Fürsorge, streicht dann den Begriff durch und schreibt ein anderes Thema auf, ehe er den Flieger an den nächsten Empfänger abschickt.
2. Jedes globale Thema wird mit einem dicken Stift auf ein halbes Blatt Papier geschrieben. Jedem Kind wird ein Thema zugewiesen und an seiner Brust befestigt. Wenn Liebe an dieses Thema gesendet werden soll, wird der Flieger zu diesem Kind geschickt.

Kommentare von Zweit- und Drittklässlern: „Ich mag das Spiel, weil man Menschen helfen kann, indem man ihnen Liebe schickt." – „Es hat Spaß gemacht, weil wir normalerweise keine Flieger bauen dürfen. Die Flieger sind überall hin geflogen!" – „Ich mochte das Spiel, denn wir müssen Schluss machen mit Kriegen, Gewalt und Verbrechen." Insgesamt gefiel den Kindern die Tatsache, dass sie zum Inhalt der „Mission" stehen konnten und dass es ein gemeinsames Ziel gab. Sie beteiligten sich eifrig am Spiel.

Meine Welt ausschneiden und aufkleben

Ziel
Bei dieser Bastelarbeit lernen Erwachsene und Kinder verstehen, wie sie sich selbst wahrnehmen und wie andere sie wahrnehmen. Besonders Teenager konzentrieren sich so darauf, ein Gefühl für ihre Identität zu entwickeln, dass sie oft nicht darüber nachdenken, wie sie sich selbst wahrnehmen. Genauso wenig wissen sie, wie Erwachsene sie wahrnehmen. Bei der Herstellung eines Selbstporträts in Form einer Collage aus verschiedenen Bildern, Symbolen und Logos kann ein fruchtbares gemeinsames Gespräch entstehen. Wenn wir uns selbst mit unseren und den Augen der anderen sehen, erweitern wir unsere Perspektive und vertiefen die Beziehungen zu anderen.

Alter
8 bis 16 Jahre

Zeit
1 Stunde oder länger
(oder in zwei Sitzungen)

Teilnehmer
1 Erwachsener und 2 oder mehr Kinder und Jugendliche

Ort
Drinnen (an einem Tisch)

Hilfsmittel
➡ Großer Bogen Papier, Klebstreifen
➡ Verschiedene Zeitschriften
➡ Scheren für jeden Teilnehmer
⇨ Lieblingsbilder, von den Teilnehmern mitgebracht

Anleitung
1. Sprechen Sie über das Ziel des Spiels. Alle Teilnehmer basteln aus Zeitschriftenbildern ein Selbstporträt in Form einer Collage, welche das wirkliche Selbst darstellen soll.
2. Blättern Sie die Zeitschriften durch und schneiden Sie die Bilder aus, die am besten zeigen, wer Sie sind: Abbildungen von Bekleidung, Naturaufnahmen, Tierfotos, Fotos von Filmstars, Logos, Anzeigen usw. Kleben Sie die Bilder auf einem weißen Bogen Papier zu einer Collage zusammen.
3. Wenn Sie fertig sind, besprechen Sie gemeinsam die einzelnen Collagen. Jeder erklärt die Bedeutung des Kunstwerks, insbesondere was das einzelne Bild für ihn selbst darstellen soll.
4. Lassen Sie alle Beteiligten ihre Meinung abgeben, ob das Selbstporträt die betreffende Person so zeigt, wie sie sie sehen.

Variationen
1. Zur Abwechslung schafft jeder Teilnehmer eine Collage mit dem Portrait eines anderen. Kindern fällt dies manchmal leichter als ein Selbstportrait.
2. Jeder Mitspieler bringt ein Bild eines Freundes, einer Freundin, einer geschätzten Persönlichkeit oder eines Menschen, den er sehr bewundert. Alle stellen nacheinander ihr Bild auf den Tisch. Wenn es dort steht, gehen alle Mitspieler tief in ihr Herz, um zu sehen, warum diese Person gewählt wurde und welche Eigenschaften an ihr bewundernswert sind. Jeder teilt der Reihe nach mit, was er mit dem Herzen wahrnimmt. Erst wenn alle ihre Meinung abgegeben haben, erklärt der Mitspieler, der das Bild ausgewählt hat, warum er diese Person gewählt hat.

Fürsorge statt Überfürsorglichkeit

Ziel
Bei Heranwachsenden kann sich eine Tendenz zu übertriebenen Sorgen entwickeln, einmal durch den Druck der Gleichaltrigen und andererseits aufgrund der unsicheren Entwicklung des Selbst. Bedenken wegen des Aussehens, Sorge um Freundschaften, um den sozialen Status, Bedenken wegen der Noten, wegen Drogen und Gewalt sowie Probleme mit den Eltern können Gedankengänge voller Unsicherheit und Angst auslösen. Dadurch werden die Ansichten und Gefühle der Teenager bezüglich ihrer Zukunftsaussichten beeinflusst. In dem Maße, wie übermäßige Sorgen überhand nehmen, wird die Fürsorge für sich selbst und andere immer geringer. Mit dieser Übung wird erforscht, was den Jugendlichen wichtig ist und worüber sie sich übermäßig Sorgen machen. Und es werden einige Lösungen angeboten, wie der Herausforderung übermäßiger Sorgen entgegen gewirkt werden kann.

Alter
12 bis 18 Jahre
Zeit
45 Minuten oder länger
Teilnehmer
1 Erwachsener und 3 oder mehr Jugendliche
Ort
Drinnen
Hilfsmittel
➡ Tafel mit entsprechenden Markern
➡ Wörterbuch
➡ Bleistift und Papier für jedes Team
➡ MC *Speed of Balance*, Kassettenrekorder

Anleitung
1. Der Erwachsene fragt zunächst die Gruppe, was ihrer Meinung nach „Fürsorge" bedeutet. Die Antworten werden auf die Tafel geschrieben. Dann wird die Definition aus einem Wörterbuch herausgesucht. Da heißt es zum Beispiel: „Ein belastendes Verantwortungsgefühl, geistiges Leiden, Sorgen, Ängste." Fragen Sie in der Runde nach, warum die Antworten der Gruppe so verschieden vom Wörterbuch ausfallen (was gewöhnlich der Fall ist). Stellen Sie folgende Aussagen zur Diskussion: Die Definition aus dem Wörterbuch trifft eigentlich für *Überfürsorglichkeit* zu, und wir machen uns in unserer Gesellschaft manchmal so viele Sorgen wegen bestimmter Dinge, dass wir unsere Energie verschwenden und jede Menge Ängste haben.

2. Danach wird die Gruppe in kleinere Gruppen mit zwei bis vier Teilnehmern aufgeteilt. Dort wird diskutiert:
   a) in welchen Bereichen sie fürsorglich und
   b) in welchen Bereichen sie überfürsorglich sind.
   Ein Teilnehmer aus der Gruppe schreibt alle Antworten auf.

3. Die Gesamtgruppe setzt sich wieder zusammen und aus jeder Kleingruppe erzählt ein Mitglied, welche Bereiche für Fürsorglichkeit und welche für Überfürsorglichkeit genannt wurden. Der Erwachsene schreibt die Antworten für beide Kategorien auf die Tafel, bereits genannte Antworten erhalten einen zusätzlichen Strich.

   Stellen Sie fest, welche Antworten am häufigsten vorkamen, und fragen Sie die Gruppe:

Warum sind die drei erstgenannten Bereiche von Fürsorglichkeit so wichtig?
Warum sind die drei erstgenannten Bereiche von übertriebener Fürsorge so wichtig?
4. Anschließend gehen alle wieder in ihre Kleingruppe und üben die CUT-THRU-Technik (s. Seite 22) für ihre Bereiche von übertriebener Sorge. Zusätzlich möglich: Sie lassen während des Übens die MC *Speed of Balance* laufen. Bitten Sie alle aufzuschreiben, was ihnen ihre Herzintelligenz als Mittel gegen diese Herausforderungen anbietet. Diskutieren Sie anschließend darüber.
5. In der Gesamtgruppe werden zum Schluss die Ergebnisse aus den Kleingruppen ausgetauscht.

Variationen

1. Unterteilen Sie die Gruppe nach Geschlechtern. Jede Gruppe stellt die Bereiche zusammen, in denen sie überfürsorglich sind. Anschließend überlegt jede Gruppe, welches die Bereiche der anderen Gruppe (des anderen Geschlechts) sein könnten. Vergleichen Sie die Bereiche für übermäßige Fürsorge bei den Jungen und den Mädchen. Welche Bereiche sind beiden gemeinsam, welche verschieden? Fragen Sie nach, welche Bereiche von Überfürsorglichkeit von den Eltern, in der Schule, von ihrem sozialen Umfeld oder von anderen übernommen wurden.

   Beispiele: Die Jungen und Mädchen einer neunten Klasse schreiben ihre Sorgenbereiche auf:

Aussagen der Jungen bezüglich ihrer übertriebenen Sorgen

Größe	Haare	Selbsteinschätzung	Eltern	Graues Haar
Kleidung	Richtiges Essen	Mädchen	Glatze	Stimme
Erfolg	Anpassung	Schule	Zukunft	Geld
Männlichkeit	Nicht Recht haben	Nicht dumm dazustehen	Größe des Penis	Prostatakrebs
Sport	Gesicht	Gewicht		

Aussagen der Jungen bezüglich der übertriebenen Sorgen der Mädchen

Gewicht	Schule	Dumm sein	Sich einfügen	Liebe
Größe	Größe der Brust	Kleidung	Haut	Zu viel essen
Jungen	Ernährung	Monatliche Periode	Telefon	Was Jungen von ihnen denken
Makeup	Augen	Gesundheit	Geld	

Aussagen der Mädchen bezüglich ihrer übertriebenen Sorgen

Erscheinungsbild	Wahrnehmung der Männer	Schule	Perfektionismus	Gruppendruck
Normalität		Noten	Kinder	Kleidung
Rebell zu sein	Vergleich der Frisuren	Gesundheit	Eltern	Gewicht
Wettbewerb		In Schwierigkeiten kommen	Beurteilt werden	Erster Eindruck
Jungfräulichkeit	Vergewaltigung		Beliebtheit	
Heirat	Sicherheit	Karriere	Aids	
	Anerkannt werden	Beziehungen		
	Situation der Freunde			

Aussagen der Mädchen bezüglich übertriebener Sorgen der Jungen

Sport	Beliebt sein	Gutes Aussehen	Testosteron	Wettbewerb
Cool sein	Reputation	Unemotional	Auto	Barthaare
Freiheit	Alle beeindrucken	Eltern	Stereoanlage	Vergleiche
Mädchen	Sex	Verletzlichkeit	Mädchen	Sich gleichgültig
Machogehabe		Status	Aussehen	geben

Bereiche übertriebener Sorge, die Mädchen und Jungen gemeinsam sind

Beziehungen	Schule	Status	Kleidung	Akzeptanz bei
Eltern	Gewicht	Haare	Erscheinungsbild	Gleichaltrigen

2. Die gesamte Gruppe könnte für ein Projekt 50 Erwachsene nach den fünf wichtigsten Bereichen befragen, in denen sie sich übermäßig Sorgen machen. Die Ergebnisse werden zusammengefasst und mit den Ergebnissen bei den Jugendlichen verglichen. Welche sind gleich, welche unterschiedlich? Stellen Sie die Frage nach dem Warum. Vielleicht können die Jugendlichen einigen Erwachsenen die Cut-Thru-Technik beibringen und dann erfassen, welche Antworten die Erwachsenen geben.

3. Teilen Sie die Gruppe wieder in Kleingruppen mit zwei bis drei Teilnehmern auf. Die Gruppen überlegen, wie jeder Einzelne für sich selbst sorgen könnte, um weiteren Stress und Sorgen zu vermeiden.

Rate, was ich fühle

Ziel
Jugendliche erleben häufig ein Auf und Ab intensiver Gefühle und Emotionen. Wenn sie lernen, Gefühle zu erkennen und zu akzeptieren, lernen sie sich selbst besser verstehen und etwas für sich selbst zu tun. Wird zusätzlich die CUT-THRU-Technik eingesetzt, können Jugendliche den Unterschied zwischen wirklicher Fürsorge und übertriebener Sorge erkennen. „Rate, was ich fühle" nutzt schauspielerische Fähigkeiten, um Gefühle auf unterhaltsame Weise zu bestimmen. Die Teilnehmer stellen ohne zu sprechen und ohne Hilfsmittel pantomimisch ein bestimmtes Gefühl dar. Die Zuschauer versuchen das Gefühl zu erraten. Ergebnis ist eine Menge Spaß und ein größeres Verständnis im Bereich der Emotionen und Gefühle.

Alter
12 bis 18 Jahre

Zeit
45 Minuten oder länger

Teilnehmer
Erwachsene und 3 oder mehr Jugendliche

Ort
Drinnen

Hilfsmittel
➡ Papierstreifen oder Karteikärtchen, Bleistifte
➡ Korb oder Schachtel
➡ Tafel mit entsprechenden Stiften
➡ Eventuell Musik

Anleitung
1. Sie lassen die Jugendlichen spontan typische Gefühle in die Runde rufen und schreiben sie an der Tafel in eine Liste. Während die Gefühle genannt werden, schreibt ein Freiwilliger gleichzeitig jedes Gefühl auf einen eigenen Zettel oder auf eine Karteikarte und legt sie in die dafür vorgesehene Schachtel. Es sollten mehr Gefühle genannt werden, als Spieler in der Runde sind, für den Fall, dass noch zusätzliche Begriffe benötigt werden.
   Beispiele: glücklich, traurig, besorgt, liebevoll, frustriert, romantisch, nervös, aufgeregt, gelangweilt, wütend, ekstatisch, anerkennend, freudig, erregt, eifersüchtig, überrascht, stolz, friedlich, fürsorglich, überfürsorglich.

2. Jeder Spieler holt sich einen Zettel aus der Schachtel und stellt dann das auf dem Zettel genannte Gefühl für die ganze Gruppe dar. Die anderen Spieler versuchen, das Gefühl zu erraten. (Wenn die Gruppe groß ist oder Sie nur wenig Zeit haben, entscheiden Sie im voraus, wie viele Spieler an die Reihe kommen. Achten Sie darauf, dass genügend Zeit bleibt für Schritt 3 und 4.)

3. Danach führen Sie die CUT-THRU-Technik ein und lesen dazu zunächst die Anleitung vor, damit alle wissen, was übertriebene Fürsorge beziehungsweise Sorge ist. Sprechen sie mit den Jugendlichen über Beispiele von übertriebener Fürsorge aus ihrem Leben.

4. Die Schritte von CUT-THRU werden an die Tafel geschrieben, wobei die Formulierung bei Bedarf vereinfacht werden kann. Erklären Sie, wie sich ein beunruhigendes Gefühl durch die Anwendung von CUT-THRU in ein beruhigendes Gefühl verändern kann, so dass sich eine neue Perspektive auftut und eine effektivere Reaktion auf eine Situation gewählt werden kann. Alle Mitspieler suchen sich ein Problem aus, das sie überfürsorglich, wütend, traurig, eifersüchtig, unruhig, gekränkt ... sein lässt und versuchen die Schritte auszuführen. Fragen Sie nach, ob alle das Gefühl verändern und eine neue Perspektive finden können. Wem kein Problem einfällt, der kann die Technik trotzdem üben, damit er sie bei Bedarf beherrscht. Wenn Sie wollen, können Sie dazu beruhigende Musik im Hintergrund spielen lassen. Die letzten drei Lieder der MC/CD *Speed of Balance* sind für diese Übung ideal. (Die Musik wurde mit der Absicht komponiert, die emotionale Balance und das Üben von CUT-THRU zu begleiten.)

5. Sprechen Sie über die Ergebnisse.

Variationen

1. Teilen Sie die Gruppe in Teams auf, wobei dann ein Teammitglied ein Gefühl vorführt und die anderen raten müssen.
2. Die Teilnehmer ziehen Zettel, auf denen ein bestimmtes Gefühl genannt ist, und schreiben typische Situationen auf, die dieses Gefühl hervorrufen. Ein Spieler stellt die Situation und das Gefühl dar und die Zuschauer müssen beides erraten.

    Beispiele:
    - Jemand hat für eine Prüfung hart gearbeitet und ist enttäuscht über das schlechte Ergebnis.
    - Ein Mädchen hat sich einen tollen Film angesehen und ist glücklich.
    - Ein Freund ist gemein zu dir und du bist traurig.
    - Jemand leiht dir Geld zum Essen und du bist dankbar.
    - Ein alter Freund ruft dich an und du bist überrascht.
    - Jemand bläst Trübsal, weil nichts los ist. Er ist gelangweilt.

Nachdem das Gefühl erraten wurde, nennt der Spieler, der das Gefühl dargestellt hat, ein Beispiel dafür, wie er dieses Gefühl selbst erlebt hat, und beschreibt die Situation. Fragen Sie in der Gruppe nach weiteren Beispielen. Anschließend führen Sie noch einmal ein Gespräch darüber, wie die Anwendung von CUT-THRU auf ein beunruhigendes Gefühl hilft, dass man sich besser fühlt, eine neue Perspektive sieht und eine effektivere Reaktion auf die Situation wählen kann. Machen Sie deutlich, dass dies bedeutet, dass man fürsorglich mit sich selbst umgeht.

3. Die Teilnehmer stellen eine Situation und das entstehende beunruhigende Gefühl dar, machen dann CUT-THRU, demonstrieren das neue Gefühl und zeigen, wie sie dann mit der Situation anders umgehen würden.
4. Die Teilnehmer schreiben ein Gedicht über ein Gefühl und tragen es der Klasse vor.

Beruhigt einschlafen

Ziel
Manche Kinder schlafen nur schwer ein, andere wachen mitten in der Nacht durch Geräusche auf, sie weinen, träumen schlecht, müssen zur Toilette, wollen etwas zu trinken, usw. Wieder einzuschlafen fällt manchmal schwer, wenn ein Kind nachts Geräusche hört, seltsame Schatten sieht oder einen Alptraum nicht abschütteln kann. Mit dieser Zuhörübung können Kinder beruhigt werden, wenn sie durcheinander sind oder im Dunkeln Angst haben. Wenn Sie dieses Spiel mehrere Tage mit Ihrem Kind gespielt haben, wird es leichter einschlafen und nachts ruhiger schlafen. Das Spiel stammt von einer Mutter, deren Tochter häufig nachts weinend aufwachte. Da die Mutter die Natur sehr schätzt, konnte sie ihrer Tochter durch ihren aufrichtigen Respekt vor den Lauten der Nacht ein Gefühl von Frieden vermitteln.

Alter
2 bis 8 Jahre

Zeit
10 Minuten

Teilnehmer
Vater oder Mutter und Kind

Ort
Auf dem Kinderbett

Anleitung
1. Bevor Ihre Tochter sich schlafen legt, halten Sie sie an Ihr Herz, und während Sie atmen, konzentrieren Sie sich auf Ihr weiches Herz und stellen sich vor, Sie atmen Liebe zu Ihrem Kind. Lassen Sie das Mädchen gemeinsam mit Ihnen Liebe atmen. Beruhigen Sie sie und versichern Sie ihr, dass alles in Ordnung ist. Dann lauschen Sie gemeinsam auf die vielen Geräusche der Nacht und bestimmen sie.
Beispiele: ein entferntes Auto, das Rauschen der Blätter im Wind, Hundegebell, Menschen, die sich unterhalten, der Ruf eines Vogels, der Kühlschrankmotor, der sich ein- oder ausschaltet, das Knistern der Bettwäsche und auch das Geräusch der eigenen Atmung. Wenn Sie auf diese Weise den Geräuschen lauschen und sie bestimmen, erscheint die Nacht ganz normal und sicher.
2. Wachen Kinder nachts ängstlich auf, weil sie glauben, sie hätten etwas Schreckliches gehört oder gesehen, oder wenn sie einen Alptraum hatten, so beruhigen Sie sie und halten sie einige Minuten an Ihr Herz und atmen dabei wieder Liebe. Außerdem versichern Sie ihnen, dass alles in Ordnung ist.
3. Hat sich Ihre Tochter oder Ihr Sohn wieder beruhigt, horchen Sie wieder gemeinsam auf die Geräusche der Nacht und identifizieren sie.
4. Wenn ihr Kind sieht, dass alles in Ordnung ist, sagen Sie ihm, dass es schnell wieder einschlafen und auch ruhig schlafen wird, wenn es sich vorstellt, es schwebe auf einer Wolke in seinem weichen Herzen oder es sei ein Regenbogen über ihm, der es beschütze. Sollte Ihr Kind dann trotzdem durch irgendetwas geweckt werden, kann es sich an seinen Regenbogen erinnern und dann weiß es, dass alles in Ordnung ist. Es kann sich sicher fühlen und sofort wieder an einen friedlichen Ort zurückkehren.

Herzohren aufsetzen

Ziel

Es ist manchmal gar nicht so einfach, Kinder zum Zuhören zu bringen, wenn sie gerade mit etwas beschäftigt sind oder von etwas abgelenkt werden. Durch das Spiel mit den „Herzohren" lernen Kinder schneller auf Zuhören umzuschalten, wenn man versucht, ihre Aufmerksamkeit auf sich zu lenken. Mit dem Spiel lernen sie außerdem aufmerksam zuhören. „Setzt eure Herzohren auf" kann zu einem einfachen Anker werden, wenn Eltern oder Lehrer den Kindern signalisieren wollen: „Ich möchte, dass ihr mir jetzt aufmerksam zuhört!"

Alter
3 bis 7 Jahre
Zeit
10 Minuten
Teilnehmer
1 Erwachsener und 1 Kind oder mehrere Kinder
Ort
Drinnen
Hilfsmittel
⇨ Papier oder Filz,
⇨ Farbstifte, Scheren, Klebeband,
⇨ Faden
⇨ Große stumpfe Nadeln

Anleitung

1. Erklären Sie den Kindern zunächst, worum es geht: Immer wenn Sie möchten, dass sie aufmerksam zuhören, werden Sie einen bestimmten Satz sagen: „Macht die FREEZE-FRAME-Übung und setzt eure Herzohren auf." Damit die Kinder verstehen, was Sie meinen, machen Sie eine kurze Pause und sagen dann „FREEZE-FRAME". Und Sie erklären weiter: „FREEZE-FRAME bedeutet, dass ich euch etwas Wichtiges mitteilen möchte. Ihr hört mit dem auf, was ihr gerade tut, konzentriert euch auf euer Herz, schaut mir in die Augen und hört mir aufmerksam zu." (Falls die Kinder FREEZE-FRAME noch nicht kennen, wird es ihnen möglichst einfach erklärt. Sie können sagen: FREEZE-FRAME bedeutet, dass man das, was man gerade tut, „einfriert" (unterbricht), alle Gedanken und Gefühle zum Herzen lenkt und dann an jemanden oder etwas denkt, den oder das man gerne hat. Man legt dabei die Hand aufs Herz – damit es einfacher geht. Sie können erklärend hinzufügen, dass Zuhören einfacher ist, wenn man Zuneigung empfindet.)

2. Wenn Sie dann die Aufmerksamkeit der Kinder auf sich gelenkt haben, sagen Sie: „Ich möchte, dass ihr jetzt eure Herzohren aufsetzt." Mit Ihren beiden Zeigefingern zeichnen Sie Herzen über Ihre Ohren und bitten die Kinder, es Ihnen nachzumachen.

3. „Und jetzt legt ihr ein Ohr auf euer Herz." (Mit dem Zeigefinger einer Hand zeichnen Sie ein Ohr über Ihr Herz und wieder sollen die Kinder das Gleiche tun.)

4. „Seid ihr bereit zu hören, was ich euch zu sagen habe?" Ist ein Kind nicht konzentriert, fordern Sie es auf, es noch einmal zu versuchen. Sie erklären ihm, dass Sie der Meinung sind, es habe seine Herzohren noch nicht aufgesetzt.

5. Der Satz „FREEZE-FRAME – setzt eure Herzohren auf" und die entsprechenden Fingerbewegungen werden zur Aufforderung an die Kinder, mit dem aufzuhören, was sie gerade tun, und konzentriert zuzuhören.

Variationen

1. Die Kinder haben viel Spaß daran, Herzen zu *basteln* und sie über die Ohren zu schieben. Sie können auch Ohren ausschneiden lassen, die über dem Herzen angeklebt werden. Nehmen Sie Papier, Farbstifte, Scheren und Klebeband und lassen Sie die Kinder Herzen und Ohren herstellen. Spielen Sie mit ihnen ein selbst erdachtes Spiel mit den Herzohren und lassen Sie die Kinder ihre Herzen und Ohren tragen, bis sie den Sinn des Spiels offensichtlich verstanden haben.
2. Die Herzohren können auch aus Filz gemacht werden. (Filz ist weich und schmiegt sich gut ans Ohr an.) Schneiden Sie an der Herzspitze eine Öffnung aus, damit die Herzen über den Ohren getragen werden können und nicht wegrutschen. Die Filzohren können (mit stumpfen Nadeln) mit buntem Garn bestickt werden. Kinder bewahren die Filzohren sicher gut auf und holen sie gerne wieder hervor, wenn sie konzentriert zuhören sollen.

Muster für Herzohren (Originalgröße)

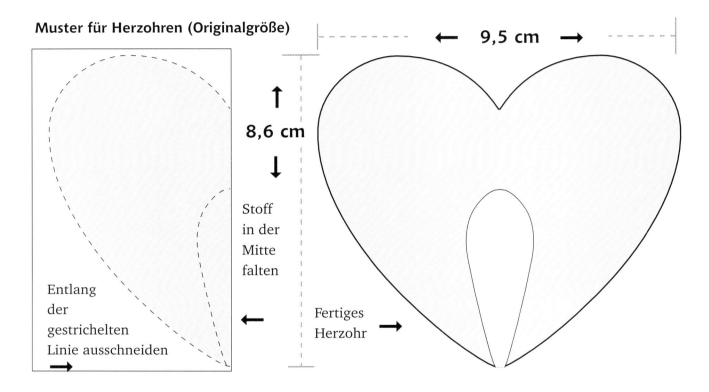

3. Sind die Herzohren fertig, setzen die Kinder die Ohren immer dann auf, wenn sie konzentriert zuhören sollen. Mehrere Kinder können auch paarweise üben: Ein Kind erzählt etwas und das andere hört aufmerksam zu. Das Kind, das zunächst zuhört, wiederholt, was es gehört hat; dann werden die Rollen getauscht. Kinder stecken dabei gerne die Herzohren auf. Eine Woche lang kann dieses Spiel täglich geübt werden, damit die Kinder wirklich zuhören lernen. Dabei sollen sie täglich ein anderes Thema wählen, wobei dieses möglichst einfach sein sollte, also etwa: Welches Lieblingsspielzeug, welches Tier, welcher Ort, welche Menschen bewirken, dass du dich innerlich gut fühlst?

Beispiel

Ein Lehrer berichtete: „Die Kinder setzen die Herzohren gerne auf. Die Übung eignet sich besonders zum Aufräumen und wenn von einem Fach zum anderen gewechselt wird. Die Hände der Kinder sind dann beschäftigt, wenn ich ihnen etwas erkläre. Oft können sie ihre Hände nicht ruhig halten, wenn sie still dasitzen sollen. Ich musste die Erklärung nur einmal wiederholen, weil die Kinder begierig waren, das Spiel zu lernen."

Kapitel 6: Aufmerksam zuhören

Die Erde berühren

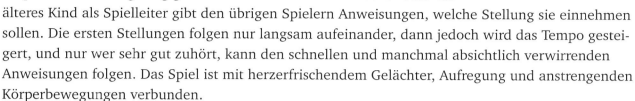

Ziel
„Die Erde berühren" macht Kindern wirklich Spaß, weil sie sowohl körperlich als auch geistig gefordert werden. Ein Erwachsener oder ein älteres Kind als Spielleiter gibt den übrigen Spielern Anweisungen, welche Stellung sie einnehmen sollen. Die ersten Stellungen folgen nur langsam aufeinander, dann jedoch wird das Tempo gesteigert, und nur wer sehr gut zuhört, kann den schnellen und manchmal absichtlich verwirrenden Anweisungen folgen. Das Spiel ist mit herzerfrischendem Gelächter, Aufregung und anstrengenden Körperbewegungen verbunden.

Alter
3 bis 10 Jahre

Zeit
10 Minuten

Teilnehmer
1 Erwachsener und 1 Kind oder mehrere Kinder

Ort
Drinnen oder draußen (Es muss genügend Platz sein, damit alle die Arme ausbreiten können.)

Hilfsmittel
Keine

Anleitung

1. Machen Sie die fünf verschiedenen Körperstellungen dieses Spiels vor. Für „Den Himmel berühren" werden beide Arme und Hände so hoch wie möglich nach oben gestreckt. „Einen Baum berühren" heißt die Arme seitlich parallel zum Boden auszustrecken. Für „Die Berge berühren" werden beide Hände an die Hüften gelegt. „Die Erde berühren" geht so, dass die Arme zum Boden gestreckt werden, wobei der Rücken so gerade wie möglich bleibt. Bei „Über den Wasserfall" streckt man die Arme über den Kopf, wobei der Rücken nach vorne durchgebogen wird.

2. Dann erklären Sie das Spiel, das aus zwei Teilen besteht. Im ersten Teil nennt der Spielleiter jeweils die Stellungen und nimmt sie selbst auch ein. Alle anderen machen die Bewegung nach. Der Spielleiter kann die Anweisungen unterschiedlich schnell geben, so dass manche vielleicht nicht mithalten können.

Den Himmel berühren

Einen Baum berühren

Die Berge berühren

Die Erde berühren   **Über den Wasserfall**

3. Der zweite Teil des Spieles erfordert sehr viel mehr Aufmerksamkeit. Kinder unter fünf können dabei zunächst zuschauen. Die Älteren hören zu und befolgen nur die *Anweisungen* des Spielleiters, wobei sie *nicht* darauf achten, welche *Stellung* der Spielleiter einnimmt. So ruft dieser vielleicht: „Den Himmel berühren", geht aber selbst in die Stellung „Einen Baum berühren"; die Spieler jedoch müssen in die Stellung „Den Himmel berühren".

„Oh, oh!"

Ziel

„Oh, oh" schult bei den Kindern das aufmerksame Zuhören. Das Spiel fordert sie dazu heraus, sich auf ihr Herz zu konzentrieren und gut zuzuhören. Durch das lineare Zuhören mit Herz und Geist wird mit Sicherheit auch das Gedächtnis geschult. Wenn die Kinder sich stark auf ihr Herz konzentrieren, sind sie so aufmerksam, dass sie sich besser erinnern können. Die Kinder erkennen, dass sie einerseits selbst angehört werden wollen, dass sie aber auch die Vorstellungen ihrer Freunde hören möchten.

Alter
4 bis 10 Jahre

Zeit
15 Minuten oder länger

Teilnehmer
1 Erwachsener und 5 oder mehr Kinder (Bei mehr als neun Kindern Aufteilung in zwei Gruppen.)

Ort
Drinnen oder draußen

Hilfsmittel
➡ Stoppuhr oder Uhr mit einem Sekundenzeiger
➡ 6 Spielsteine für jeden Mitspieler
➡ Große Schachtel

Anleitung

1. Alle sitzen im Kreis.
2. Der Spielleiter erklärt den Ablauf, spricht über echtes Zuhören und darüber, dass Zuhören mit dem Herzen hilft, sich besser auf andere einzustellen und auch mehr im Gedächtnis zu behalten. Die Kinder werden daran erinnert, dass sie, um mit dem Herzen zuzuhören, ihre Aufmerksamkeit auf ihr Herz konzentrieren und echtes Interesse empfinden müssen. Die Hand am Herzen kann die Konzentration fördern. Während Sie die folgenden Regeln erklären, können alle üben.
3. Man wählt eine Frage, die mit ein oder zwei Worten beantwortet werden kann. Die Frage geht reihum und jeder Mitspieler muss antworten, aber erst, nachdem er die Antworten der Mitspieler vor ihm wiederholt hat. Vier- bis Fünfjährige müssen nur die Antwort des letzten Mitspielers vor ihnen wiederholen und selbst antworten. Sechs- und Siebenjährige wiederholen die Antworten von zwei Mitspielern, Achtjährige und ältere wiederholen die Antworten von vier Mitspielern.
4. Jeder Mitspieler erhält sechs Spielsteine. Wer an die Reihe kommt, hat zwei oder drei Sekunden Zeit (nach der Uhr) um die vorherigen Antworten wiederzugeben. Der Spielleiter entscheidet nach Alter und Gruppengröße, wie viel Zeit zum Wiederholen gegeben wird. Die Zeit sollte aber nicht zu knapp bemessen sein. Zu langsam macht es keinen Spaß, zu schnell wird es zu schwierig. Wenn der Mitspieler die vorherigen Antworten innerhalb der vorgegebenen Zeit wiedergegeben hat, besinnt er sich auf sein Herz und bringt seine eigene Antwort.

5. Wenn ein Mitspieler alle Antworten wiederholt und selbst geantwortet hat, ist der nächste Mitspieler an der Reihe. Lässt ein Mitspieler eine Antwort aus, rufen alle gemeinsam „Oh, oh!" und der Mitspieler, der eine Antwort ausgelassen hat, legt einen Spielstein in die Schachtel. Üben Sie das „Oh, oh!" vorher mit der Gruppe, damit es lustig und herzlich, aber nicht herabwürdigend klingt. Wenn es zwischendurch nötig wird, erinnern Sie die Kinder wieder daran. Das Spiel geht so lange, bis alle Spieler an der Reihe waren. Dann wird ein anderes Thema gewählt. Die zweite Runde beginnt mit dem zweiten Spieler, die dritte Runde mit dem dritten, und so weiter. Hat ein Mitspieler keine Spielsteine mehr, scheidet er aus.
6. Der Spielerleiter legt vor dem Spiel die Zeitdauer beziehungsweise die Zahl der Runden fest. Der Mitspieler, der am Ende die meisten Spielsteine übrig hat, gewinnt.
7. Wenn die Kinder das Spiel beherrschen, kann die Anzahl der zu wiederholenden Antworten erhöht werden.

Vorschläge für Fragen: Nenne ...

ein Lieblingsessen

ein Lieblingslied

ein Lieblingsfach in der Schule

eine Lieblingssportart

etwas, was dir Spaß macht

etwas, was dich glücklich macht

dein liebstes Ferienziel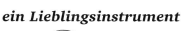

ein Lieblingsbuch

ein Lieblingsinstrument

ein Lieblingstier

jemand oder etwas, was du gerne magst

etwas, was dich unglücklich macht

etwas, was dich zum Lachen bringt

Variation
Es können auch Themen einbezogen werden, die gerade in der Schule behandelt werden.

Bewusst wahrnehmen

Ziel
Hier lernen Kinder sich zu beruhigen, tief in ihr Herz zu gehen, zuzuhören und sich ihrer Umgebung bewusst zu werden. Wenn Kinder die Aufmerksamkeit auf ihr Herz lenken und so beobachten und zuhören, steigert das ihre Sensibilität, die Fürsorge und die Wertschätzung für die Umwelt. Besondere Aufmerksamkeit gilt dabei dem Sehsinn, dem Hörsinn und dem Geruchssinn.

Alter
5 bis 12 Jahre

Zeit
20 Minuten oder länger

Teilnehmer
1 Erwachsener und 2 bis 8 Kinder

Ort
Draußen (in der freien Landschaft, möglicherweise mit frei lebenden Tieren)

Hilfsmittel
➡ Augenbinden
➡ Bleistifte, Papier und eine harte Unterlage

Anleitung
1. Sie fordern die Kinder auf, sich auf ihr Herz zu konzentrieren und aufmerksam zuzuhören, damit sie alle Regeln hören und verstehen.
2. Beim Spaziergang sollen die Kinder sehr bewusst darauf achten, was um sie herum geschieht. Sie achten auf Geräusche und Gerüche und schauen sich um, was es zu sehen gibt. Einige Beispiele, die Sie den Kindern geben können: das Geräusch raschelnder Blätter unter ihren Füßen, ein davoneilendes Tier, das Geräusch von Autohupen aus der Ferne, usw. Vielleicht riechen sie den Duft von Blumen oder den Brandgeruch eines Feuers, vielleicht beobachten sie einen Vogel. Bitten Sie die Kinder, leise zu sein und in ihrem „weichen Herzen" zu bleiben, um konzentriert zu sein.
3. Alle gehen einige Minuten, dann ruft der Erwachsene: „Aufmerksam hören!" Alle bleiben stehen, schließen die Augen, konzentrieren sich auf ihr Herz und sind ruhig. Jeder fragt sich: „Was habe ich wirklich gehört?" Nach einigen Augenblicken öffnen alle die Augen. Bitten Sie eines der Kinder, alles aufzuzählen, was es gehört, gesehen oder gerochen hat. Nach diesem Bericht sind die übrigen Kinder aufgefordert, die Aufzählung zu ergänzen.
4. Alle gehen weiter, bleiben wieder stehen und lauschen, bis alle Kinder die Gelegenheit hatten, als Erste über ihre Beobachtungen zu sprechen. Machen Sie die Kinder darauf aufmerksam, dass sie mehr Dinge beobachten können, wenn sie gefühlvoller, ruhiger und noch aufmerksamer sind.

Variationen
1. Verbinden Sie einzelnen Kindern die Augen. Ein älteres Kind ohne Augenbinde nimmt ein Kind mit Augenbinde an der Hand und führt es beim Gehen. Dabei achtet es darauf, dass sein Schützling nicht stolpert oder sich verletzt. Nur das Kind mit den verbundenen Augen erzählt anschließend, was es gehört oder gerochen hat.
2. Nehmen Sie Papier und Bleistifte und lassen Sie in der Gruppe gemeinsam all die Dinge zusammentragen, die alle gesehen, gerochen oder gehört haben.

Blind kopieren

Ziel
Ein Kind malt ein einfaches Bild und beschreibt es dann einem Mitspieler. Der muss das Bild nachmalen, ohne es gesehen zu haben. Bei der Beschreibung des Bildes lernen die Kinder, sich einfach und klar auszudrücken, damit ihr Partner sie versteht und das Bild reproduzieren kann. Beim Zuhören üben die Kinder, sich tief im Herzen zu konzentrieren, um die Beschreibung genau aufzunehmen, zu verstehen und zu befolgen.

Alter
5 bis 18 Jahre

Zeit
20 Minuten oder länger

Teilnehmer
2 oder mehr Kinder

Ort
Drinnen, mit genügend Platz auf dem Tisch für jedes Paar

Hilfsmittel
➡ Papier, Bleistifte, Farbstifte
➡ Pappkartons, die als Sichtschutz jeweils zwischen zwei Partner gestellt werden können
⇨ Legeformen oder Legosteine

Anleitung
1. Die Gruppe wird paarweise aufgeteilt.
2. Jeder Mitspieler malt ein einfaches Bild, achtet aber darauf, dass niemand sein Bild sieht. Es kann eine einfache geometrische Form, ein Symbol, eine Landschaft oder ein Stillleben gemalt werden.
3. Während die Zeichnungen bedeckt bleiben, sucht sich jeder einen Partner. Zwischen beiden wird der Sichtschutz aufgestellt.
4. Jeweils ein Partner beschreibt dem anderen seine Zeichnung. Diejenigen, die das Bild beschreiben, müssen sich einfach und klar ausdrücken, damit die Partner sich vorstellen können, wie die Zeichnungen aussehen. Vielleicht muss der Beschreibende die Anweisungen auch schrittweise geben.
5. Wenn der Zuhörer seine Zeichnung beendet hat, können beide das Ergebnis mit der Originalzeichnung vergleichen. Jedes Paar sollte darüber sprechen, wo und warum etwas falsch verstanden wurde. Dann werden die Rollen getauscht.

Variationen
1. Der Zuhörer wiederholt sofort, was er gehört hat, um zu überprüfen, ob er alles genau verstanden hat. Hat er etwas nicht richtig verstanden, sucht der Beschreibende eine andere Formulierung und der Zuhörer wiederholt so lange, bis Übereinstimmung besteht.
2. Wenn der Spielpartner die Zeichnung sehr leicht kopieren konnte, wird das Spiel wiederholt und die Zeichnung schwieriger gestaltet, um so die eigene Kommunikationsfähigkeit und die Fähigkeit des Zuhörens beim Partner herauszufordern. Gelingt die Kopie einmal nicht so gut, kann beim nächsten Mal die Zeichnung einfacher gestaltet werden.
3. Die Spieler können, anstatt ein Bild zu malen, Figuren aus vorgefertigten Formen legen oder dreidimensionale Figuren aus Legosteinen bauen.

… Kannst du mit dem Herzen sehen?

Regenrohre

Ziel

Mit Regenrohren, wie sie die Menschen in Regenwaldgebieten kennen, lassen sich beruhigende Geräusche machen. Wenn man den natürlichen Geräuschen des Wassers lauscht, zum Beispiel einem Wasserfall oder einem Fluss, ist das sehr entspannend und dabei konzentrieren sich Menschen ganz natürlich auf ihr Herz. Dem Geräusch eines Regenrohrs zu lauschen ist ähnlich wie wenn man sein Ohr an eine Muschel hält und die Meereswellen hört oder wenn man das Tropfgeräusch verfolgt, das ein leichter, gleichmäßiger Landregen verursacht. Sie müssen aufmerksam zuhören, um den verborgenen Klang zu hören. Wenn Kinder ein Regenrohr herstellen, gewinnen sie damit gleichzeitig Verständnis für eine fremde Kultur. Auf die Geräusche des Regenrohrs zu lauschen, lässt sie die Natur und ihre Klänge schätzen lernen – und sie werden stolz sein auf ihre Kreation.

Alter
8 bis 18 Jahre

Zeit
3 Stunden (insgesamt)

Teilnehmer
1 Erwachsener und 1 Kind oder mehrere Kinder

Ort
Drinnen oder draußen (an einem großen Tisch, an dem gearbeitet und gemalt werden kann und auf dem die geklebten Teile trocknen können)

Hilfsmittel
➡ eine Papprolle für jeden Teilnehmer (90 cm lang, 56 cm Durchmesser), für Fortgeschrittene evtl. Bambusrohre
➡ ein Stück farbiges Papier, Tapete oder Stoff (ca. 90 mal 20 cm)
➡ Lineal, schwere Bücher, Haarklammern
➡ Buntes Leinenklebeband oder Verschlusskappen für die Papprollen
➡ 1 Tasse Reis (verschiedene Körner ergeben unterschiedlicher Geräusche: wilder Reis, Basmatireis, Rundkornreis, Langkornreis, Linsen oder Couscous) oder kleine Muschelschalen

Die aufgeführten Materialien sind für ein Instrument von ca. 90 cm Länge gedacht.

Anleitung

1. Zunächst führen Sie ein Regenrohr vor und demonstrieren seinen Klang. Während Sie das Projekt erklären, lassen Sie die Kinder das Regenrohr herumreichen und vorsichtig damit spielen. Für das Design des Regenrohrs besorgen Sie am besten Zeitschriften und Bücher mit Bildern von Urwäldern. Als Dekoration können die Kinder dann eine Urwaldszene nehmen oder eine einzige Pflanze, ein Tier oder ein Insekt. Ebenso können leuchtend bunte Stoffmuster oder Perlen, Federn, trockene Blätter, Muschelschalen, Schnur, Garn oder andere Materialien verwendet werden. Zunächst malen die Kinder einen Entwurf ihres Regenrohrs auf ein Blatt Zeichenpapier.
2. Als Erstes wird das endgültige Design auf das farbige Papier, die Tapete oder den Stoff (90 mal 20 cm) übertragen. Dazu nimmt man Farbe, Buntstifte und andere bereitgestellte Materialien.

Herstellung

1. Die Papprolle wird mit dem dekorierten Papier oder Stoff umhüllt. Man legt dazu das Papier der Länge nach auf den Tisch, die unbemalte Innenseite nach oben. Dann wird am oberen und unteren Rand und in der Mitte Klebstoff aufgetragen. Die Papprolle wird auf den Anfang des Papiers gedrückt, eine Weile gehalten, damit der Klebstoff hält, und noch mehrmals angedrückt.
2. Dann wird die Rolle weiter über das Papier gerollt, wobei darauf zu achten ist, dass das Papier an der Rolle glatt anliegt. Entlang der Endkante des Papiers wird durchgehend Klebstoff aufgetragen und die Kante über den bereits festklebenden Anfang geklebt. Das Papier wird angedrückt, damit die Endkante gut anliegt. Überstehendes Material an den beiden Enden der Rolle kann abgeschnitten oder nach innen umgelegt werden.
3. Man schneidet zwei Streifen Pappe von jeweils 90 x 7 cm aus und streicht entlang der Mittellinie Klebstoff auf. Beide Streifen werden aufeinander gelegt und zusammengeklebt. Die Streifen werden entweder mit einigen Büchern beschwert oder mit Haarnadeln zusammengehalten, bis der Klebstoff trocken ist.

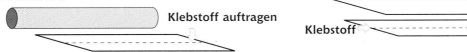

4. Danach schneidet man den Pappstreifen auf beiden Seiten 2,5 cm tief ein – im Abstand von 2,5 cm. Die entstandenen Abschnitte werden in entgegengesetzter Richtung aufgefaltet, so dass eine Art Spindel mit vier Speichen entsteht (siehe Abbildung).
5. Damit die Pappspindel die abgebildete Form erreicht, werden die Laschen geknickt und nach innen gebogen. Durch vorsichtiges Drücken entlang der Mittelrippe wird die gesamte Spindel in Form gebracht, sodass sie in die Rolle passt.
6. Die Pappspindel wird dann in die Rolle eingeführt und mehrmals gedreht, damit eine Spirale entsteht.
7. Ein Ende der Rolle wird mit einer Verschlusskappe oder mit mehreren Klebestreifen geschlossen.
8. Dann werden Reis- oder andere Körner in die Rolle gefüllt. Jetzt kann das Regenrohr getestet werden: Das offene Ende wird mit einer Hand verschlossen. Die Rolle wird mehrmals umgedreht um zu prüfen, ob der Reis auch entlang der Spindel hinunterrieselt. Um die Wirkung zu verbessern, können die Enden der Spindel in entgegengesetzter Richtung gedreht werden.
9. Am Schluss wird das noch offene Ende der Röhre ebenfalls verschlossen.

Was mit dem Regenrohr alles gemacht werden kann

Beispiele: Lauschen auf die verschiedenen Klänge, die mit dem Regenrohr erzeugt werden. Klangvergleiche der verschiedenen Regenrohre. Als Musikinstrument zur Tanzbegleitung benutzen. Als Entspannungsspiel, in dem jeder Spieler ruhig sein eigenes Regenrohr bewegt und sich vorstellt, er sitze an einem Wasserfall und gehe tiefer in sein Herz, um zu lauschen. Oder ein Spieler dreht langsam sein Regenrohr und die anderen hören zu und entspannen in ihrem Herzen.

Intuitiv zuhören

Ziel

Die meisten Kinder (und Erwachsenen) haben bereits Gespräche erlebt, bei denen sie das Gefühl hatten, dass man ihnen nicht zuhörte. Ihre Worte kamen vielleicht an, nicht aber ihre Gefühle oder die wirkliche Bedeutung ihrer Worte. Erst wenn Menschen – und das gilt für alle Altersstufen – das Gefühl haben, dass man ihnen zuhört, stellen sie die Verbindung zu ihrem Herzen her. Bei diesem Spiel lernen die Beteiligten, mit dem Herzen zuzuhören und paarweise intuitives Zuhören zu üben. Dann testen sie diese Fähigkeit im Rollenspiel.

Alter
12 bis 18 Jahre

Zeit
20 Minuten oder länger

Teilnehmer
4 oder mehr Jugendliche

Ort
Drinnen (auf Stühlen oder auf dem Fußboden)

Hilfsmittel
Keine

Anleitung

1. Sprechen Sie mit den Teilnehmern darüber, was Zuhören heißt. Fragen Sie zum Beispiel: „Hast du das Gefühl, dass man dir zuhört, wenn du deine Meinung sagst? Hast du den Eindruck, manche hören dir wirklich zu, andere aber nicht? Bist du selbst ein guter Zuhörer? Verstehst du andere intuitiv, auch wenn sie mit Worten etwas anderes sagen, als sie meinen?" Führen Sie eine Diskussion über die Frage, was gutes Zuhören verhindert.
2. Erklären Sie, dass mit der Übung „Intuitives Zuhören" die Fähigkeit des Zuhörens trainiert werden soll, weil es dadurch möglich wird, andere Menschen aus dem Herzen heraus zu verstehen. Die Übung besteht aus zwei Phasen.

Phase I

1. Die Gruppe wird paarweise aufgeteilt. Ein Teilnehmer spricht über eines der vorgeschlagenen Themen (nicht länger als eine Minute), während sein Partner mit dem Herzen zuhört. Der Zuhörer achtet auf drei wichtige Ebenen der Kommunikation und „spiegelt" zurück, was auf jeder Ebene bei ihm angekommen ist. Der Sprecher gibt dann Feedback, ob er richtig verstanden wurde, und wenn nicht, klärt er Missverständnisse. Wenn der Sprecher sich verstanden fühlt, werden die Rollen getauscht.

   Um alle drei Ebenen zu erfassen, muss der Zuhörende intuitiv mit dem Herzen zuhören:
   a) Ebene der Worte – was tatsächlich gesagt wird,
   b) Ebene der Gefühle – das Gefühl hinter den Worten
   c) Ebene der Essenz – die wirkliche Bedeutung.

Ein Beispiel für Spiegeln auf drei Ebenen:
Wortebene: „Ich habe verstanden, dass du gesagt hast, eine deiner riskantesten Unternehmungen letztes Jahr habe darin bestanden, dass du mit einigen Freunden über die verabredete Zeit hinaus weggeblieben bist, was ohne weiteres hätte schief gehen können. Es lief gerade ein Film, den du am darauf folgenden Tag unbedingt sehen und keineswegs verpassen wolltest. Aber es war so eine gute Stimmung auf der Party, dass du nicht nach Hause gehen wolltest. Als du nach Hause kamst, waren deine Eltern bereits im Bett und merkten nicht, dass du zu spät kamst."
Gefühlsebene: „Du hattest wirklich Angst und dann warst du richtig erleichtert, als alles gut ging."
Essenzebene: „Dir war klar, dass das ein Risiko war, aber es ging gut. Es hätte schlecht ausgehen können und dann hättest du nicht ins Kino gehen können."
Themenvorschläge
- Eines deiner lustigsten Erlebnisse, die du im letzten Jahr erlebt hast
- Eines deiner schrecklichsten Erlebnisse und wie du die Angst überwunden hast
- Eine deiner wichtigsten Lektionen, die du im letzten Jahr gelernt hast
- Eines der größten Risiken, die du gewagt hast
- Ein Ziel, das du gerne erreichen würdest

2. Wenn jeder Spieler einmal Zuhörer und einmal Sprecher gewesen ist, wird über den Ablauf gesprochen. Welche Ebene war am schwierigsten korrekt wiederzugeben? Überlegen Sie gemeinsam, in welchen Situationen „intuitives Zuhören" hilfreich wäre.
3. Anschließend wird noch eine zweite Runde mit einem anderen Thema gespielt. Fragen Sie die Teilnehmer, ob das Spiegeln beim zweiten Mal leichter war.

Phase II

Eine größere Gruppe wird in Kleingruppen aufgeteilt. In Phase II spielt jede kleine Gruppe ein kurzes Rollenspiel, bei dem die Spieler eine Unterhaltung mit den drei Ebenen der Kommunikation erfinden und proben. Danach spielen sie ihr Minidrama vor der großen Gruppe. Diese versucht bei mindestens einem der Hauptdarsteller die drei Ebenen der Kommunikation zu identifizieren.

Beispiel für ein Minidrama:

Mutter: „Warum hast du nicht aufgeräumt, wie ich es dir gesagt habe? Ich bin es satt, dich immer wieder daran zu erinnern, dass du deine Unordnung beseitigst. Vielleicht muss ich dir einige Vergnügungen verbieten."

Tochter: „Aber Mutti, das verstehst du nicht. Bei mir ist im Moment viel los. Wie fändest du das, sechs Unterrichtsstunden, dann Sport und dann auch noch versuchen, Kontakte mit Freunden zu pflegen? Es ist wirklich nicht einfach."

Mutter: „Das ist keine Entschuldigung. Zumindest könntest du im Kleinen die Unordnung beseitigen, die du immer verursachst."

Die gesamte Gruppe identifiziert die drei Ebenen der Kommunikation bei der Mutter:

Worte der Mutter: Warum hast du nicht aufgeräumt, wie ich es dir gesagt habe? Ich bin es satt, dich immer wieder daran zu erinnern, dass du deine Unordnung aufräumst. Vielleicht muss ich dir einige Vergnügungen verbieten.

Gefühle der Mutter: Ärgerlich, frustriert, enttäuscht.

Essenz hinter den Worten der Mutter: Die Mutter liebt die Tochter und möchte, dass sie verantwortlich handelt. Sie ist es müde, ihre Tochter immer wieder zu ermahnen, und sie will keine Entschuldigungen mehr hören. Möglich, dass sie ihr einiges verbietet, damit sie aufräumt.

Musikgenerationen

Ziel

Es erscheint heute unglaublich, dass es einmal eine Zeit gab, als der Stil der Bekleidung und der Musikgeschmack über Generationen hinweg gleich blieben. Heute besteht in diesen Bereichen häufig eine große Kluft zwischen Eltern und Jugendlichen. Die Musik lässt sich jedoch spielerisch nutzen, um die Kluft zu überbrücken und Eltern und Kindern die Werte und Vorlieben der anderen Seite näher zu bringen. Durch unvoreingenommenes Zuhören kann gegenseitiges Verständnis wachsen. Auch wenn beide Seiten bezüglich ihres Musikgeschmacks nicht übereinstimmen, werden sie weniger urteilen und besser miteinander kommunizieren.

Alter
12 bis 18 Jahre

Zeit
20 Minuten oder länger

Teilnehmer
1 Erwachsener und 1 Jugendlicher oder mehrere

Ort
Drinnen (ohne Ablenkung)

Hilfsmittel
➡ CD-Player oder Kassettenrekorder
➡ CDs oder MCs mit der Lieblingsmusik der Beteiligten
⇨ Lieblingskleidung

Anleitung

1. Erklären Sie den Jugendlichen den Zweck der Übung: über die Musik mehr Verständnis füreinander zu gewinnen.
   Besprechen Sie die drei Ebenen wirklichen Zuhörens:
   Wortebene: die gesprochenen Worte hören
   Gefühlsebene: auf das Gefühl hinter den Worten achten
   Essenzebene: auf die tiefere Bedeutung achten
2. Erwachsene und Jugendliche suchen sich jeweils ihr Lieblingsstück aus und machen es sich zum Zuhören bequem.
3. Dann hören sie mit dem Herzen die jeweilige Lieblingsmusik eines der beiden Partner an. Anschließend versuchen sie im Gespräch herauszufinden, was der Künstler mitzuteilen versucht. Dabei gehen sie die drei oben genannten Ebenen durch. Dann werden die Rollen getauscht.

Beispiel

Eine Mutter meinte: „Ich glaube, das ist eine gute Möglichkeit, die Kommunikationslücke zu schließen, denn als meine Tochter das Gefühl hatte, dass ich ihr zuhöre, fühlte sie sich angenommen. Erst hörten wir *ihre* Musik an, danach war sie sehr aufgeschlossen für *meine* Musik. Wir kamen auch zu gemeinsamen Ergebnissen. Nach dieser Übung wurde die Kommunikation zwischen uns deutlich besser."

Variation

Machen Sie mit Kleidungsstücken eine ähnliche Übung. Sowohl Erwachsene als auch Jugendliche ziehen sich ihre Lieblingssachen an. Sprechen Sie darüber, warum welche Teile gewählt wurden, und versuchen Sie gemeinsam zu Schlussfolgerungen zu gelangen.

Herztöne

Ziel

Ist Ihnen auch schon aufgefallen, wie anders die Stimme eines Menschen klingen kann, wenn er von Herzen vergnügt ist? Wenn Sie an spielenden Kindern vorbeikommen und sie fragen: „Na, macht's Spaß?", erhalten Sie als Antwort unter Umständen ein melodisches „Juhuuuhhhh" erhalten. Und ähnlich kann ein Erwachsener, der einen wunderbaren Sonnenuntergang an einem See erlebt, seine spontane Bewunderung durch ein „Mmmmmmmmmm" zum Ausdruck bringen. Es ist, als würde das Herz sein eigenes Lied summen. Mit dieser Übung können Kinder von Herzen kommende Anerkennung und Liebe erkennen und kreativ zum Ausdruck bringen.

Alter
4 bis 7 Jahre

Zeit
10 Minuten oder länger

Teilnehmer
1 Erwachsener und 1 Kind oder auch mehr

Ort
Drinnen oder draußen

Hilfsmittel
➡ Bleistift und Papier

Anleitung

1. Überlegen Sie, welche Dinge Ihr Kind mag, zum Beispiel bevorzugtes Essen, Lieblingsplätze, bevorzugte Zeiten, Menschen oder Tiere. Wenn Sie mit mehreren Kindern spielen, suchen Sie etwas, was jedes Kind mag. Schreiben Sie das, was bevorzugt wird, auf einen Zettel.

2. Erklären Sie das Spiel „Herztöne": Wenn wir wirklich glücklich oder dankbar sind, singt unser Herz und manchmal tun wir das mit unterschiedlichen Tönen voller Herz.

Wenn wir ein Kätzchen streicheln, schnurren wir vielleicht auch: „Mmmmmm". Die Liste der Lieblingsdinge wird vorgelesen, und wenn eine Sache darunter ist, die dem Kind gefällt, zeigt es seine Freude durch ein Summen oder einen anderen Ton aus seinem weichen Herzen.

3. Hören Sie aufmerksam auf die „Herztöne" der Kinder und Sie werden sagen können, welche Dinge ihnen wirklich lieb und teuer sind. Fordern Sie sie auf, dem Klang ihrer eigenen Stimme zu lauschen. Weisen Sie darauf hin, wenn Sie wirklich aus dem Herzen kommende Töne hören.

4. Durch dieses Spiel werden sich Kinder besser bewusst, wann sie aus dem Herzen handeln und sprechen. Sie werden langsam den Unterschied erkennen, wann Töne aus dem Herzen und wann sie aus einem „glücklichen Kopf" kommen. Wenn Kinder zu laut und lärmend werden, sollten Sie das Spiel beenden und feststellen, dass Sie keine Herzklänge mehr hören, sondern nur noch Lärm. So lernen Jüngere zwischen Kopf und Herz zu unterscheiden.

Beispiele

Lassen Sie die Kinder zu den folgenden, angenehmen Dingen die entsprechenden „Herztöne" (passende, charakteristische Ausdrucksformen) finden:
- Die eigene Puppe oder ein Kuscheltier umarmen • Ein Hundebaby streicheln
- Gekitzelt werden • Eis essen • Auf einer Schaukel schwingen • Ein Spiel gewinnen

Fingergedichte

Ziel
Diese „Fingergedichte" sind lustige, kleine Übungen, die Fingerbewegungen mit Gedichten zu bestimmten Themen verbinden. Während die Kinder den Rhythmus der Gedichte lernen, können sie die Finger entsprechend bewegen und so den Geist des Textes besser erfassen. Sobald die Kinder wissen, worum es geht, werden sie die „Fingergedichte" häufig wiederholen wollen. Eltern und Lehrer können individuelle Gedichte schaffen, die die Herzensbedürfnisse der jeweiligen Kinder ansprechen.

Alter
4 bis 8 Jahre

Zeit
10 Minuten oder länger

Teilnehmer
1 Erwachsener und 1 Kind oder auch mehr

Ort
Drinnen oder draußen

Hilfsmittel
Keine

Anleitung
1. Ehe Sie Fingergedichte mit den Kindern einüben, sollten Sie selbst einige Zeilen mit Fingerbewegungen trainieren.
2. Dann führen Sie den Kindern ein Fingergedicht vor und fordern sie anschließend auf mitzumachen.
3. Wiederholen Sie die Fingergedichte regelmäßig, bis die Kinder die Worte und die Fingerbewegungen auswendig beherrschen. Mit der Zeit werden die Kinder selbst Bewegungen improvisieren und Melodien ausprobieren, die zu den Gedichten passen.

Ich höre mein Herz sprechen *(ein Gedichtbeispiel, das sich im Englischen reimt)*

Höre ich mein Herz heute sprechen?
Die linke Handfläche wird flach mitten auf die Brust gelegt, die rechte Hand gewölbt am rechten Ohr angelegt.

Gibt es etwas, was mein Herz sagen will?
Die linke Handfläche wird flach mitten auf die Brust gelegt, die rechte Hand deutet in einer Geste mehrmals vom Herzen weg.

Aber ja, wenn ich wirklich gut hinhöre.
Die rechte und die linke Hand werden gewölbt ans rechte und linke Ohr angelegt.

Es spricht von den guten Gefühlen in mir.
Beide Hände werden in den Bereich um das Herz geführt und machen kreisförmige Bewegungen.

Es gibt Dinge, die ich mag und für die ich sorge.
Beide Hände werden in den Bereich um das Herz gelegt und machen weiterhin kreisförmige Bewegungen.

Menschen, Orte, Spielsachen, und vieles mehr.
Für Menschen werden die Finger der rechten Hand nacheinander wie beim Klavier spielen auf und ab bewegt; für Orte macht die linke Hand Wellenbewegungen; für Spielsachen geht die rechte Hand auf und ab; und für vieles mehr werden beide Hände vom Körper weg ausgestreckt.

Ich höre mein Herz sprechen.
Die linke Hand liegt flach mitten auf der Brust, die rechte ist um das rechte Ohr gewölbt.

Ich liebe die Erde

1 Ich liebe die Erde
Mache mit beiden Händen einen Kreis etwa so groß wie ein Fußball und bewege die Hände in entgegengesetzte Richtung vor und zurück.

4 Danke für die Menschen
Zeige schnell mit beiden Zeigefingern auf imaginäre Personen am Boden.

2 Danke für mein Zuhause
Die Fingerspitzen beider Hände werden aneinander gelegt, sodass die Spitzen das Dach, die Handflächen die beiden Außenwände bilden.

5 Danke für die Bäume
Halte die Finger aufrecht und ausgebreitet wie Bäume.

3 Danke für die Tiere
Ahme mit den Fingern die Schritte von Tieren nach.

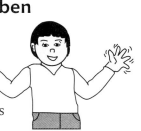

6 Danke für mein Leben
Breite die Arme mit leicht gebeugten Ellenbogen aus, die Finger sind gespreizt und zeigen nach oben. Bewege die Finger, als hätten sie ein Eigenleben.

Die kleine, behände Spinne

Die kleine, behände Spinne...
Zuerst berührt der kleine Finger der rechten Hand den Daumen der linken Hand, dann der Daumen der rechten Hand den kleinen Finger der linken Hand.

... kletterte in einer Wasserrinne hoch.
Daumen und kleine Finger beider Hände werden abwechselnd (über Kreuz) zusammengeführt und dabei werden die Arme langsam in Augenhöhe gebracht.

Und es regnete und der Regen schwemmte die Spinne davon.
Wellenbewegungen mit offenen Händen: auf und ab, auf und ab ...

Und die Sonne kam heraus und trocknete den Regen auf.
Die Hände werden zusammengelegt und dann wird mit einem großen Kreis die Sonne beschrieben.

Und die behände Spinne kletterte wieder in der Rinne hoch.
Wieder berühren sich die Daumen und kleinen Finger abwechselnd und machen so die Bewegung der Spinne nach.

Kapitel 7: Kommunikation

Gehe deinen Tag noch einmal durch

1

Der Tag ist fast vorbei, es ist Zeit zum Schlafengehen.
Decke die rechte Hand mit der linken zu.

3

Erzähle mir von deinem Tag. Bist du fröhlich gewesen? Ist Freude in deinem Herzen gewesen?
Mache mit der rechten Hand um die Mitte der Brust eine Wirbelbewegung.

2

Ehe du die Augen schließt,...
Bedecke die Augen mit den Händen, halte kleine Gucklöcher frei.

4

Und wenn du traurig warst,...
Lege die Hände seitlich an die Schläfen und drücke die Wangen so fest zusammen, dass Falten entstehen.

... erzähl mir auch das.

Am Esstisch

Das Essen ist fast fertig, es ist Zeit die Hände zu waschen.
Reibe die Hände aneinander, als wolltest du dir die Hände waschen.

Wir sind mit unserer Familie zusammen.
Verschränke die Finger.

Der Tisch ist gedeckt.
Breite die Arme aus und bewundere das Essen und die gedeckte Tafel.

Bedanke dich für deine Nahrung
Lege die rechte Handfläche in die Mitte deiner Brust.

Zeige auch dem Koch oder der Köchin deine Dankbarkeit.
Lege die linke Handfläche in die Mitte deiner Brust.

Lasst uns die guten Sachen essen.
Wölbe die linke Hand zu einem Mund mit dem linken Daumen als Unterkiefer. Stecke die rechte Hand in den Mund der linken Hand und bewege Finger und Daumen der linken Hand auf und ab, als ob sie etwas essen würde.

Lasst uns ganz in unserem Herzen sein.
Lege beide Hände teilweise überlappend auf die Mitte der Brust.

Umsetzungsmöglichkeiten im Deutschen
1. Nehmen Sie ein Lieblingsgedicht und finden Sie dazu Fingerbewegungen.
2. Dichten Sie selbst und suchen Sie mit den Kindern gemeinsam die Fingerbewegunen aus.

Redestäbe

Ziel
Ein „Redestab" kann die Kommunikation, das Zuhören und das Problemlösen erleichtern. Indem nur derjenigen Person zu sprechen erlaubt wird, die den Redestab hält, können die Kinder die grundlegenden Fähigkeiten für kooperative Kommunikation lernen. Wenn die Kinder ruhig bleiben und die Regeln verstehen, fördert dieses Spiel ehrliches Sprechen und aufmerksames Zuhören.

Alter
6 bis 14 Jahre

Zeit
20 Minuten oder länger

Teilnehmer
Erwachsene und zwei oder mehr Kinder

Ort
Drinnen oder draußen

Hilfsmittel
➡ glatter Stab oder Besenstil (etwa 60 cm lang) für jeden Teilnehmer
➡ Farbpinsel und Farbe oder Marker, deren Farbe abriebfest ist; Sticker oder andere Dinge zum Verzieren.

Anleitung
1. Jedes Kind bemalt oder verziert seinen eigenen Redestab. Alle Redestäbe werden an einem festen Platz aufbewahrt.
2. Wenn in der Gruppe oder in der Familie ein wichtiges Thema besprochen oder ein Konflikt gelöst werden soll, wird ein Redestab geholt. Während des Gesprächs wird nur *ein* Redestab verwendet, der jeweilige Besitzer des Redestabs darf als Erster/r sprechen. Beim nächsten Gespräch wird ein anderer verwendet.
3. Sie erklären den Kindern, dass alle die Gelegenheit zum Sprechen bekommen, dass aber immer nur einer oder eine reden darf, damit alle zuhören können. Wer den Redestab in der Hand hält, darf sprechen. Wenn ein anderer etwas sagen möchte, hebt er die Hand. Erinnern Sie die Kinder daran, dass sie gut zuhören und sich bemühen sollen, alles zu verstehen, was derjenige sagt, der den Redestab hält. Niemand darf ihn beim Reden unterbrechen.
4. Ehe die Gesprächsrunde beginnt, schicken sich alle gegenseitig 30 Sekunden lang Herzenergie. Dann sagt der Besitzer des Redestabs seine Meinung.
5. Ist er fertig, wird der Redestab weitergereicht, so lange, bis jeder gesprochen hat.
6. Ist die Gesprächsrunde beendet, gehen alle Kinder in ihr Herz und fragen, was sie gelernt haben. Ging es um die Lösung eines Konflikts, fragen Sie nach, was sie anders machen könnten, damit dieselbe Situation nicht noch einmal auftritt. Schlagen Sie den Teilnehmern vor, nach einer Lösung zu suchen, mit der alle übereinstimmen können. Wieder wird der Redestab weitergereicht, bis eine Lösung erzielt wird.
7. Nach dem Ende des Spiels bringt der Besitzer seinen Redestab an den gewohnten Platz.

Beispiel
Ein Vater von drei Kindern im Alter von drei, sieben und zehn Jahren sagte: „Der Redestab hat geholfen, einige Probleme zwischen meinen sieben- und zehnjährigen Söhnen zu lösen. Da sie sich auf den Redestab konzentrierten und sich darauf einigten, einander abwechselnd zuzuhören, konnten sie ihre Streitigkeiten lösen. Auch ich habe gelernt, besser zuzuhören. Meine Söhne haben es wirklich geschafft. Ich bin beeindruckt."

Wer sagt die Wahrheit?

Ziel
Dieses Spiel bietet Kindern die Möglichkeit, aufmerksames Zuhören zu üben und darüber zu sprechen, wie sie die Herztechniken angewendet haben. Durch Fragen und Zuhören versucht die Gruppe zu entscheiden, wer eine wahre, persönliche Geschichte erzählt und wer nur blufft.

Alter
10 bis 18 Jahre

Zeit
30 Minuten oder länger

Teilnehmer
Erwachsene und sechs oder mehr Kinder

Ort
Drinnen

Hilfsmittel
➡ Papier und Bleistifte für jeden

Anleitung
1. Alle Beteiligten schreiben eine kurze Geschichte (ein oder zwei Absätze) und beschreiben, wie sie entweder a) FREEZE-FRAME gemacht oder b) „Ach, nicht weiter schlimm!" geübt haben, c) sich um jemanden gekümmert haben, der das brauchte, oder d) etwas gesucht haben, was sie wertschätzen konnten, um sich nicht von einer anderen Sache ärgern zu lassen.
2. Sammeln Sie die Zettel ein und wählen Sie verdeckt eine Geschichte aus.
3. Bestimmen Sie drei Teilnehmer aus der Gruppe (darunter der Verfasser der Geschichte) und bitten Sie alle drei, den Raum für einige Minuten zu verlassen. Vor der Türe lesen die drei gemeinsam die ausgewählte Geschichte und merken sich besonders wichtige Details, bevor sie wieder in den Raum zurückgehen. Jeder Teilnehmer bemüht sich, die Gruppe davon zu überzeugen, dass *er (sie)* die Geschichte geschrieben habe – wobei zwei natürlich nur so tun, als seien sie die Autoren.
4. Dann liest der Spielleiter die Geschichte der gesamten Gruppe vor.
5. Die Gruppe stellt den drei Teilnehmern, die Schulter an Schulter vor ihnen stehen, zehn Fragen. Wenn einer der drei eine Antwort nicht weiß, kann er passen. Nach den zehn Fragen ist Schluss.
6. Dann wird eine Umfrage veranstaltet: Wer glaubt, dass Teilnehmer A/B/C die Geschichte geschrieben hat?
7. Der richtige Autor bleibt stehen, die beiden anderen setzen sich. Die Mitspieler, die den richtigen Verfasser erraten haben, sind Sieger.
8. Diskutieren Sie in der Gruppe, welche Hinweise oder Informationen bei der richtigen Auswahl halfen und welche Spuren in die Irre führten.

Variation
Lehrer können das Spiel abwandeln und die Schüler Geschichten über den Charakter einer historischen Persönlichkeit, über eine Person aus der Literatur oder über ein zeitgeschichtliches Thema schreiben lassen.

Herzensergüsse

Ziel
Das freie Assoziieren bei dem Spiel „Herzensergüsse" ermöglicht Kindern ein besseres Verständnis der Herzintelligenz. Jedes Kind zieht ein Thema aus einer Reihe von Themen, bei denen es darum geht, wie man mehr aus dem Herzen leben kann. Jeder Teilnehmer kann frei und aufrichtig 30 Sekunden lang über sein Thema sprechen. Da nur wenig Zeit zur Verfügung steht, erfolgen die Antworten spontan, so dass die Weisheit des Herzens zum Vorschein kommen kann.

Alter
7 bis 16 Jahre

Zeit
15 Minuten oder länger

Teilnehmer
1 Erwachsener und 1 Kind oder auch mehr

Ort
Drinnen oder draußen

Hilfsmittel
→ Papier, Bleistifte, Scheren
→ Schachtel oder Behälter
→ Uhr mit Sekundenzeiger, Stoppuhr oder Sanduhr
→ Tafel und entsprechende Stifte

Anleitung
1. Schreiben Sie jeweils ein Thema auf einen kleinen Zettel. Sie sollten doppelt so viele Themen wie Teilnehmer haben. Wählen Sie die Themen so, dass Kinder dazu aufgefordert sind, auf die Eigenschaften des Herzens einzugehen.
2. Falten Sie die Zettel und geben Sie sie in einen Behälter, aus dem die Kinder nacheinander ihr Thema ziehen.
3. Hat ein Kind sein Thema, kann es eine halbe oder auch eine ganze Minute lang berichten, was es dazu weiß oder fühlt. Ein anderer Teilnehmer oder ein Erwachsener achtet auf die Einhaltung der Zeit.
4. Nachdem alle an der Reihe waren, wird in der Gruppe diskutiert. Andere Kinder können weitere Ideen zu den Themen äußern.

Themenvorschläge
- Dinge, die ich an ... (jemand, den ich kenne) schätze
- Dinge, die ich an mir schätze
- Wege, um in mein Herz zu kommen
- Wann ist eine günstige Gelegenheit, um anderen Herzenergie zu senden?
- Wenn sich jemand über dich lustig machte, wie würdest du mit dem Kopf, wie mit dem Herzen reagieren?
- Wie hilfst du deinem Bruder, deiner Schwester oder Freund oder Freundin, wenn sie weg von ihrem Herzen sind?
- Wie wählst du Geschenke für Menschen aus?
- Was kannst du tun, damit es Spaß macht, rechtzeitig zu Bett zu gehen?
- Was kannst du tun, damit das Aufräumen deines Zimmer Spaß macht?

Variationen

1. Eine große Klasse oder Gruppe wird in sieben kleine Gruppen mit jeweils vier oder mehr Schülern aufgeteilt. Jede Gruppe zieht ein Thema. In zwei Minuten schreibt jede Gruppe ihre Antwort zum Thema auf. Danach werden die Themen zwischen den Gruppen ausgetauscht und in weiteren zwei Minuten das neue Thema beantwortet. Sind alle Gruppen fertig, schreibt je einer die Antworten seiner Gruppe an die Tafel; anschließend werden die Antworten zum gleichen Thema miteinander verglichen.

Beispiel
Ein Gymnasiallehrer schrieb: „Meine Schüler waren begeistert von dieser Variation der Herzensergüsse. Durch den spielerischen Wettbewerb fühlte sich jede Gruppe besonders motiviert."

Hier zwei der Themen, die von seinen Schülern gezogen wurden:
- Gründe der FREEZE-FRAME: Stress, Eltern, Hausaufgaben, Projektarbeit, Tests, Demütigungen, Geld, Krankheit, Einsamkeit
- Wenn sich jemand über dich lustig machte, wie würdest du mit dem Kopf und wie mit dem Herzen reagieren?
  Kopf: mich wehren, schreien, spucken, vor Scham sterben, wütend werden, Frustration, Anspannung
  Herz: ignorieren, FREEZE-FRAME, mit dem Lehrer sprechen, entspannen, vergeben und vergessen, lieben lernen, lachen

2. Unterbrechen Sie mitten im Spiel und lassen Sie die Teilnehmer ausführlich über ein Thema sprechen, das offensichtlich alle interessiert.

Beispiel
Eine Grundschullehrerin spielte an einem Regentag mit zwanzig Kindern „Herzensergüsse". Nachdem drei Kinder über drei verschiedene Themen gesprochen hatten, sprach der nächste Junge darüber, wie er seiner kleinen Schwester half, wenn sie weg von ihrem Herzen war. Daraus entspann sich eine spontane Diskussion unter den Kindern über die verschiedenen Wege, wie sie Familienmitgliedern und Freunden halfen, die erregt waren. Die Diskussion war so offen und kreativ, dass die Lehrerin keine weiteren Themen ziehen ließ, sondern die Kinder die übrige Zeit nur noch darüber sprechen ließ, was sie taten, um anderen Menschen zu helfen, die weg von ihrem Herzen waren.

Wie würdest *du* reagieren?

Ziel

Es ist wichtig, dass wir lernen, ehrlich zu sagen, was wir meinen, zum Beispiel wenn wir ein Bedürfnis zum Ausdruck bringen oder wenn jemand etwas sagt oder tut, von dem wir das Gefühl haben, dass es nicht in Ordnung ist. Die Art unserer Kommunikation entscheidet oft darüber, ob man uns zuhört, uns ignoriert oder uns anschreit. Worte, die aus dem Herzen kommen, können den Stress in schwierigen Situationen von vornherein vermindern. Mit der folgenden Übung trainiert man Kommunikationsfertigkeiten, mit denen man sich selbst deutlich ausdrückt und mit denen sich schwierige Situationen vermeiden oder auflösen lassen.

Alter
10 bis 18 Jahre

Zeit
45 Minuten oder länger

Teilnehmer
Erwachsene und drei oder mehr Kinder

Ort
Drinnen

Hilfsmittel
➡ Karten (Format etwa A6, zwei pro Teilnehmer)
➡ Bleistifte

Anleitung

1. Sprechen Sie mit den Kindern über den Zweck dieser Übung und lesen Sie Ihnen dann folgende Zeilen vor: „Wenn wir ein Bedürfnis ausdrücken wollen oder wenn jemand etwas sagt oder tut, von dem wir das Gefühl haben, dass es nicht richtig, unfair oder unvernünftig ist, dann sind grundsätzlich drei Reaktionen möglich.

   - Wir können den anderen aus Ärger oder Frustration angreifen oder beschuldigen. Damit erreichen wir gewöhnlich, dass die andere Person wütend oder verletzt ist; gelöst wird damit jedoch nichts.
   - Wir können uns behaupten und aus dem Herzen heraus unsere Position klar darstellen, ohne den anderen unfair anzugreifen. Das scheint die effektivste Art zu sein.
   - Wir können passiv reagieren, einen Konflikt oder ein Problem ignorieren, übergehen oder uns zurückziehen, weil wir keinen Aufstand machen wollen. Manchmal ist dieser Weg hilfreich, manchmal aber nicht.

2. Fragen Sie die Gruppe, wie sie in den folgenden Situationen reagieren würde (angreifen, sich behaupten oder passiv bleiben):

- Dein Bruder hat sich besonders viel Eis genommen und für dich nur eine kleine Portion übrig gelassen.
- Ein Freund möchte im Kino einen Film anschauen, den du aber nicht sehen möchtest.
- Du stehst bereits lange in der Schlange und jemand kommt und versucht, sich an dir vorbeizuschieben.
- Ein Klassenkamerad ärgert dich jedes Mal, wenn du im Flur an ihm vorbei gehst.

- Deine Eltern sind frustriert, weil du so viel Zeit mit Fernsehen verbringst, deine häuslichen Pflichten wenig verantwortlich erfüllst oder enttäuschende Schulnoten heimbringst.
- Du hast beim Mathematiktest eine schlechte Note bekommen und jemand sagt zu dir: „Bist du wirklich so dumm?"
- Jemand hat ein falsches Gerücht über dich verbreitet. Du läufst ihm im Flur in die Arme.
- Ein älterer Schüler bedroht dich beim Mittagessen.

3. Lassen Sie die Teilnehmer jeweils zwei Situationen beschreiben, in denen sie sich behaupten mussten bzw. müssten, um klar zu sagen, was sie für richtig halten. (Pro Karte eine Situation)
4. Die Teilnehmer setzen sich in Gruppen von drei oder vier zusammen und lesen sich jeweils eine oder beide von ihnen beschriebene Situationen vor. Anschließend diskutieren die Schüler und suchen mit Brainstorming nach der am besten passenden, aus dem Herzen kommenden Reaktion zur Lösung der Situation. Jeder Teilnehmer schreibt sich die beste Reaktion für seine Situation auf die Rückseite seiner Karte.
5. Jede Kleingruppe wählt eine Situation für ein Rollenspiel vor der ganzen Gruppe und erarbeitet einen erfolgreichen Schluss.
6. Nach dem Rollenspiel wird diskutiert.

Beispiele

- Jemand hatte sich zwei meiner Bücher ausgeliehen, bereits länger als einen Monat. Ich war frustriert, weil ich sie wirklich lesen wollte. – Wie würdest *du* reagieren? – „Mir erscheint die Zeit sehr lang, bis ich die Bücher zurückbekomme. Kann ich sie wieder haben? Ich möchte sie lesen."
- Ein Jugendlicher beanspruchte für sich den besten Platz im Bus und bedrohte jeden, der sich dorthin setzte. – Wie würdest *du* reagieren? – „Versuche ruhig zu bleiben und sage ‚Setz dich'."
- Wir hatten ein Basketballspiel um den Aufstieg und unser Team verlor. Ein Teilnehmer aus dem Siegerteam lachte mich aus und machte sich lustig über mich. – Wie würdest *du* reagieren? – „Ignoriere es und mach dir nichts draus. Sage ihm aufrichtig: ‚Hey, du hast das Spiel gewonnen. Macht mir nichts aus. Ich habe nicht so toll gespielt. Vielleicht beim nächsten Mal.'"

Variation

Die Teilnehmer einer Gruppe lesen ihre Situationsbeschreibungen vor, mischen die Karten und lesen einer zweiten Gruppe dann auch die Antworten vor (in anderer Reihenfolge). Die Schüler der zweiten Gruppe versuchen, die Antworten den richtigen Situationen zuzuordnen.
Dann werden die Rollen getauscht.

Gespräche am Lagerfeuer

Ziel
Eine Gruppe Jugendlicher sitzt auf Baumstämmen um ein Lagerfeuer und genießt das Zusammensein mit den Gleichaltrigen. Sie sprechen über wichtige Ereignisse in ihrem Leben, sie sprechen von Gefühlen, Erinnerungen und Hoffnungen und sie erzählen Geschichten. Die Atmosphäre ist von Kameradschaft und Fröhlichkeit geprägt.
Ein Lagerfeuer oder eine ähnlich stimmungsvolle Szenerie ist wunderbar geeignet, Jugendliche zum Reden über Dinge, die ihnen wichtig sind, anzuregen. Ob es ein Lagerfeuer ist, ein schwach erleuchtetes Klassenzimmer oder ein gemütliches Wohnzimmer – Ziel der „Gespräche am Lagerfeuer" ist die Schaffung einer Umgebung, in der jeder ehrlich sagen kann, was er im Herzen empfindet. Diese Diskussionen können das Gefühl des Isoliertseins vermindern und bieten ihnen Gelegenheit, Mitgefühl und Verständnis der Gleichaltrigen zu erhalten.

Alter
12 bis 18 Jahre
Zeit
30 Minuten oder länger
Teilnehmer
Vier oder mehr Jugendliche
Ort
Draußen (um ein Feuer) oder drinnen (in schwach beleuchtetem Raum)
Hilfsmittel
➡ Stämme, Streichhölzer, Holz zum Anzünden und Zeitungspapier
➡ Kerzen oder Petroleumlampen und Streichhölzer, falls ein Feuer nicht möglich ist

Anleitung
1. Bereiten Sie alles vor und organisieren Sie ein Lagerfeuer, bereiten Sie den Kamin im Haus vor oder drehen Sie einfach das Licht dunkler und besorgen Sie Kerzen oder eine Petroleumlampe für eine Gesprächsrunde drinnen. Sorgen Sie für bequeme Sitzplätze, vorzugsweise im Kreis.
2. Schlagen Sie ein Thema für die Diskussion vor (Beispiele siehe unten). Als erwachsener Spielleiter sollten Sie bewusst darauf achten, Verhalten und Stimmung, die Sie schaffen wollen, zu modellieren. Seien Sie offen und verständnisvoll. Sprechen Sie einleitend darüber, dass jeder Mensch seine Höhen und Tiefen hat und dass es nicht möglich ist, sich Stress zu ersparen. Berichten Sie über eigenen Stress, Ereignisse in Ihrem Leben, über Ihre Hoffnungen oder Erfahrungen. Ermutigen Sie alle teilzunehmen, gestatten Sie es aber auch, wenn jemand nichts sagen möchte.

Themenvorschläge
- Was ist zur Zeit dein größtes Problem? Wie gehst du damit um?
- Wovor hattest du Angst, als du jünger warst? Wovor jetzt?
- Was waren einige deiner Träume, als du jünger warst? Und was ist jetzt?
- Hattest du je Probleme wegen einer Lüge? Was wäre geschehen wenn du die Wahrheit gesagt hättest?
- Was war die peinlichste Sache, die dir je passiert ist? Was ist dir jetzt peinlich?
- Was war das Netteste, das jemand für dich getan hat (oder du für jemanden getan hast)?

Mobiles als Gedächtnisstützen

Ziel
Bei der Herstellung von Mobiles können Kinder viel über Balance und Werte lernen. Mobiles sind Sammlungen von Figuren, die mit Fäden und Draht an der Decke, an einer Lampe oder sonst wo aufgehängt sind. Sie werden sorgfältig ausbalanciert und an einer Stelle aufgehängt, wo Luftzug herrscht, sodass sie sich frei bewegen. Wenn sich der Luftstrom verändert, muss die Balance des Mobiles angeglichen werden. Und für Menschen gilt das Gleiche. Sie müssen ihr Gleichgewicht beständig an den sich ändernden Fluss des Lebens anpassen. Wenn die Mobiles mit Botschaften in Form von Worten oder Bildern ausgestattet sind, haben Kinder wahrscheinlich noch mehr Spaß an ihrem Mobile und verstehen es als Gedächtnisstütze.

Alter
3 bis 12 Jahre (Für Kleinkinder bauen Erwachsene das Mobile zusammen.)

Zeit
1 Stunde oder länger (Oftmals sind zwei Bastelrunden nötig.)

Teilnehmer
1 Erwachsener und eines oder mehrere Kinder

Ort
Drinnen

Hilfsmittel
- Pappe in verschiedenen Farben, Holzplatte, Bastelpapier, leichte Pappe oder Wellpappe oder Filz
- weißes Papier für Schablonen
- Scheren oder Klinge, Kombizange
- Klebstoff, Tapetenkleister oder Klebeband
- Marker oder Farbstifte
- thematisch passende Bilder
- etwa 20 Zentimeter lange Stöckchen oder Bügel (3 für jedes Kind)
- Schwarze, dicke Schnur oder durchsichtige Angelleine aus Nylon
- Haken zum Aufhängen der Mobiles
- (evtl.) schwarze Sprayfarbe zum Besprühen der Bügel
- (evtl.) Fotoapparat, Film

Anleitung
1. Wählen Sie ein passendes Thema, das mit Werten zu tun hat (siehe vorgeschlagene Themen). Suchen Sie einen Platz aus (wenn Sie das Mobile zu Hause herstellen), wo Sie das Mobile aufhängen, sodass Ihr Kind es gut sehen kann.
2. Machen Sie Schablonen aus Papier (Herzform, Kreis, Rechteck, lange Streifen, usw.) und schneiden Sie mit ihrer Hilfe die Figuren für das Mobile aus der bunten Pappe (bzw. aus Holz, Wellpappe oder Stoff) aus.
3. Auf diese Figuren schreiben Sie Wörter, sie malen etwas darauf, bemalen sie mit Farbe oder kleben passende Bilder auf.
4. Besprühen Sie die Bügel gegebenenfalls mit schwarzer Farbe und lassen sie trocknen.
5. Nun knüpfen Sie die Formen und die Bügel mit Schnur oder Nylonfaden zusammen, etwa nach dem Muster von Seite 142. Die jeweilige Länge der Schnur richtet sich nach der Position und der

Größe der Mobilefiguren. Die Schnur wird durch kleine Löcher in den Formen gezogen und festgeklebt oder zwei bis drei Mal geknotet (überstehende Enden abschneiden).

6. Mit einer Schnur von etwa 80 Zentimeter Länge wird der Hauptbügel an dem Haken an der Decke aufgehängt.
7. Schieben Sie die Schnüre auf den Bügeln so lange hin und her, bis alle Bügel horizontal sind und das Mobile in der Balance ist. Achten Sie darauf, dass alle Figuren frei schwingen können. Die Balance lässt sich nur durch Ausprobieren herstellen und dazu ist Geduld notwendig.
8. Hängen Sie das Mobile auf.
9. Nehmen Sie sich Zeit und sprechen Sie mit Ihrem Kind ausführlich über die abgebildeten Themen. Als Lehrer bitten Sie darum, dass die Eltern das Mobile gemeinsam mit ihren Kindern betrachten. Diese Mobiles können gute Katalysatoren für Gespräche über Balance sein: wie man lernt, beständig seine Balance den alltäglichen Veränderungen anzupassen. Die Mobiles können auch Anlass sein, sich die Bilder oder Worte schweigend zu betrachten und Liebe, Fürsorge oder Wertschätzung zu empfinden.

Themenvorschläge für Mobiles

- Familienbilder: Fotos von Familienmitgliedern, Verwandten, Haustieren, Familienfeiern, engen Freunden, usw. Verwenden Sie Karton in leuchtenden Farben, damit die Bilder besser hervorstechen. Größere Bilder sind besser sichtbar und bieten sich besonders für Säuglinge und Kleinkinder an.
- Wertschätzung: Menschen und Dinge, die ein Kind schätzt.
- Die Herztechniken: FREEZE-FRAME, Wertschätzung, Vergebung, HEART LOCK-IN, Liebe ausschicken, im Herzen bleiben, mit dem Herzen aufmerksam zuhören, aufrichtig sprechen, Balance, usw.
- Erinnerungshilfen: Ich liebe dich. Zähne putzen! Wache rechtzeitig auf! Wochenendpflichten nicht vergessen! Erinnerung an Techniken, die bei speziellem Stress helfen. Halte die Balance, usw.
- Gegenstände von Orten, die positive Gefühle hervorrufen: Strand, Park, Wüste, Lagerplatz, Sandkasten, Feld, usw.

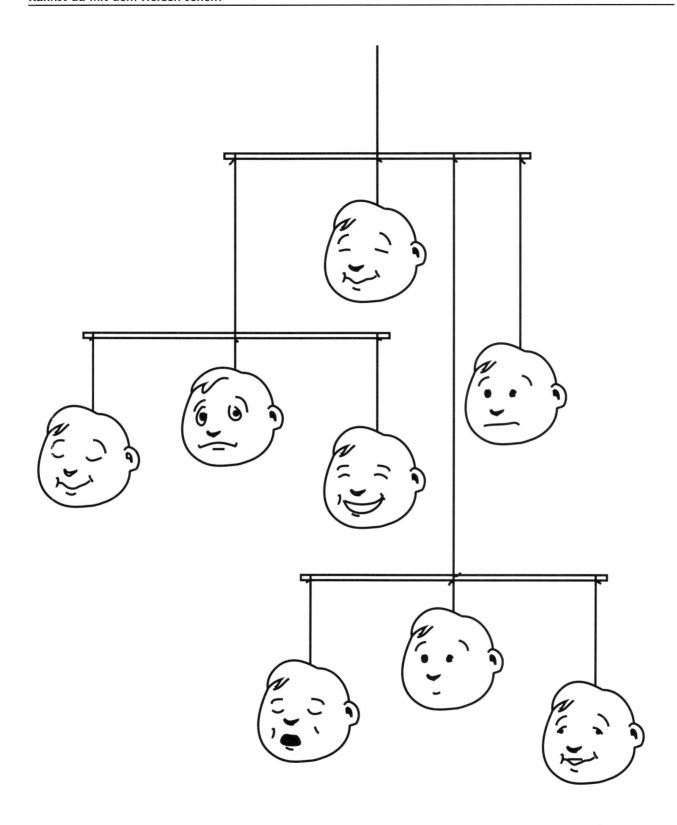

Beispiel für ein Mobile
Acht Gesichter mit unterschiedlichem Gefühlsausdruck sind an drei etwa 20 Zentimeter langen Bügeln aufgehängt. Denken Sie daran, die Schnüre so lange zu verschieben, bis die Balance erreicht ist.

Bewegung, Balance und Spaß

Ziel
Diese Bewegungsübungen fördern bei jüngeren Kindern die Hand-Augen-Koordination und das körperliche Gleichgewicht. Sie lernen auch, wie wichtig es ist, beim Spiel mit anderen Kindern die emotionale und mentale Balance zu halten.

Alter
3 bis 7 Jahre

Zeit
30 Minuten

Teilnehmer
Zwei oder mehr Kinder
(Eine kleine Gruppe ist besser.)

Ort
Drinnen oder draußen

Hilfsmittel
- Farbiger Gegenstand, der als Ziel dient (z. B. ein orangefarbener Kegel oder eine Plastikflasche)
- Zwei Plastikeier, zwei Pappteller
- Ein mittelgroßer Weichgummiball
- Zwei Steine, zwei Esslöffel
- Zwei Augenbinden
- Zwei Tabletts, zwei Plastik- oder Papiertassen, ein Wasserkrug

Anleitung
1. Vor der Übung machen alle Kinder zehn Sekunden FREEZE-FRAME. (Sagen Sie ihnen: Lasst alle eure Gedanken hinunter in euer Herz fließen, so wie fallende Blätter, denkt dann an jemanden oder etwas, das euch lieb ist, und schickt Liebe dorthin.)
2. Erinnern Sie die Kinder daran, dass sie in ihrem weichen Herzen bleiben, während sie die Balancespiele machen. Wahrscheinlich wollen sie sich schnell bewegen; Sie machen sie jedoch darauf aufmerksam, dass man manchmal schneller ans Ziel kommt, wenn man etwas langsamer macht und in der Balance bleibt. Wenn sie die Balance verlieren oder einen Fehler machen, ist das in Ordnung. Sie sagen einfach „Ach, nicht weiter schlimm" und machen noch einmal FREEZE-FRAME, um sich auf ihr Herz zu besinnen.
3. Während jeder Übung ist es wichtig, die Kinder zu loben, die sich während des Spiels gut verhalten. Das verhilft nicht nur dem betreffenden Kind zu einem guten Gefühl; dieses Kind stellt mit seinem Verhalten ein Rollenmodell für die anderen Kinder dar.

Spiel 1 – Pappteller und Eier:
Lassen Sie die Kinder in einer Reihe stehen und abzählen: abwechselnd 1, 2, 1, 2 ... Dann bilden alle Einer eine Reihe und die Zweier ebenfalls. Die ersten in jeder Reihe bekommen einen Pappteller und ein Plastikei und sie haben die Aufgabe, mit dem Ei etwa drei Meter zu einem bestimmten Gegenstand oder Ziel, um dieses herum und wieder zurück zu laufen. Dann wird der Pappteller mit dem Ei an den Nächsten in der Reihe übergeben usw. Achten Sie darauf, welches Team als erstes fertig ist. Erklären Sie den Kindern, dass sie das Ei besser halten können, wenn sie positive Energie an das Ei schicken. Wenn ein Ei hinunterfällt, erinnern Sie das Kind daran, FREEZE-FRAME zu machen, das Ei aufzuheben und wie geplant weiterzumachen. Wenn ein Kind die Geduld verliert, erinnern Sie es daran, für sein Gleichgewicht in sein weiches Herz zu gehen und anschließend etwas langsamer zu gehen – um schneller ans Ziel zu kommen.

Spiel 2 – Rundherum im Kreis:

Die Kinder sitzen im Kreis, jedoch weit genug auseinander, um sich noch bewegen zu können. Geben Sie einem Kind einen mittelgroßen Ball und erklären Sie das Spiel: „Wenn ich ‚los' sage, wird der Ball im Kreis nach rechts weitergegeben." Achten Sie darauf, dass kleinere Kinder wissen, was rechts und links ist. Während die Kinder den Ball im Kreis weiterreichen, geben Sie nicht nur die Richtung an, sondern sagen außerdem „schneller, langsamer, unter den Beinen hindurch ...". Wenn ein Kind den Ball fallen lässt, muss es ihn aufheben, einmal um den Kreis wieder an seinen Platz laufen und dann beginnt das Spiel von neuem.

Spiel 3 – Löffel und Stein (für Kinder ab 5):

Die Gruppe wird in zwei Teams aufgeteilt, die sich jeweils in einer Reihe aufstellen. Ein Teilnehmer aus jedem Team trägt einen Kieselstein auf einem großen Löffel zu einem Gegenstand oder Ziel, darum herum und wieder zurück zur Startlinie. Dann kommen die nächsten Spieler an die Reihe. Das Spiel beginnt einfach, wird aber dann schwieriger:

- Man *geht* (im Schritttempo) zu dem Ziel mit einer Murmel auf einem Löffel.
- Man *rennt* mit dem Stein, dann mit der Murmel auf dem Löffel zum Ziel.
- Mit einer *Augenbinde* geht man (Stein oder Murmel auf dem Löffel tragend) zum Ziel.
- Die Finger werden verschränkt und mit den Handflächen nach unten vor der Brust gehalten. Der Stein wird auf den Händen balanciert, während man zu gehen versucht, die Richtung wechselt und sich dreht, ohne den Stein fallen zu lassen.

Spiel 4 – Tablett und eine Tasse Wasser (für Kinder ab 5 Jahren und nur draußen):

Die Kinder bilden wieder zwei Teams und stellen sich in zwei Reihen auf. Diesmal trägt jeder Spieler ein Tablett mit einer Tasse Wasser zu einem Ziel, darum herum und wieder zum Start. Stellen Sie einen Krug mit Wasser bereit als Ersatz für verschüttetes Wasser. Füllen Sie das Wasser sofort nach, wenn es überschwappt, und ermutigen Sie das Kind weiterzumachen.

Nach Herzenslust kreativ sein

Ziel
Diese Übung gibt Kindern eine Chance sich zu konzentrieren und sorgt gleichzeitig dafür, dass sie „loslassen", indem sie sich mit Papier, Filzstiften und anderen Materialien kreativ ausdrücken. Damit ausgeglichene Kinder heranwachsen, braucht es ein Gleichgewicht von strukturiertem und freiem Spiel. Wenn Kinder die Gelegenheit dazu bekommen, genießen sie es, ihre Fantasie auszuleben und herauszufinden, was für sie wichtig ist. Sie können mit viel Reden, Gelächter und kurzen Perioden intensiver Konzentration rechnen, wenn die Kinder nach Herzenslust malen und kreativ sind. Wenn die Kinder dann ihre Kreationen erklären, wird neben dem künstlerischen auch der verbale Ausdruck gefördert.

Alter
3 bis 10 Jahre

Zeit
15 Minuten oder länger

Teilnehmer
Eines oder mehrere Kinder

Ort
Drinnen oder draußen (mit genügend Tischfläche)

Hilfsmittel
➡ Plastik- oder Papiertischtuch
➡ Papier, Filzstifte, Farbstifte, Scheren, Klebeband, Locher, Klebepunkte oder ähnliches kreatives Material
⇨ Musik (nur im Hintergrund – probieren Sie die MC/CD *Heart Zones* oder *Speed of Balance* aus)
⇨ Große Papierbogen
⇨ Videorekorder und Videoband

Anleitung
1. Legen Sie ein Plastik- oder Papiertischtuch auf den Tisch und verteilen Sie die verschiedenen Materialien.
2. Sie erklären den Kindern, dass sie frei für sich malen und basteln können, und zeigen ihnen die vorhandenen Materialien. Sagen Sie, wie viel Zeit zur Verfügung steht und wann sie aufhören müssen. (Richten Sie sich mit der Dauer nach dem Alter der Kinder, die Aktivität soll Spaß machen und die Kreativität soll nicht erlahmen; es kommt darauf an, wie lange sie sich konzentrieren können.) Dann fordern Sie sie auf, sich nach Herzenslust zu betätigen.
3. Wenn die Zeit abgelaufen ist, lassen Sie jedes Kind sein Kunstwerk erklären. Der Erwachsene sollte keinen Kommentar über die Qualität des fertigen Kunstwerks abgeben, sondern einfach den kreativen Ausdruck und die Bemühungen anerkennen.
4. Bitten Sie die Kinder beim Aufräumen zu helfen, die Materialien zu verstauen, den Abfall wegzuwerfen, usw.

Variationen
1. Lassen Sie im Hintergrund Musik laufen (*Heart Zones* oder *Speed of Balance*), um für eine angenehme und anregende Atmosphäre zu sorgen.
2. Lassen Sie die Kinder paarweise oder in Gruppen auf extra großen Bögen Papier arbeiten.
3. Lassen Sie die Kinder das Thema ihrer kreativen Arbeit vorspielen.
4. Die Kinder beschreiben Ihnen in ein oder zwei kurzen Sätzen ihre Kreation. Sie schreiben mit und befestigen die Beschreibung an ihrem Kunstwerk.
5. Nehmen Sie die Kinder bei ihrer Arbeit und bei den anschließenden Erklärungen auf Videoband auf und sehen Sie sich dieses anschließend mit den Kindern an.

Zeit für uns

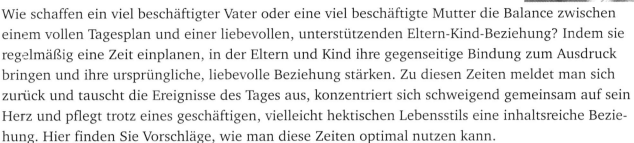

Ziel

Wie schaffen ein viel beschäftigter Vater oder eine viel beschäftigte Mutter die Balance zwischen einem vollen Tagesplan und einer liebevollen, unterstützenden Eltern-Kind-Beziehung? Indem sie regelmäßig eine Zeit einplanen, in der Eltern und Kind ihre gegenseitige Bindung zum Ausdruck bringen und ihre ursprüngliche, liebevolle Beziehung stärken. Zu diesen Zeiten meldet man sich zurück und tauscht die Ereignisse des Tages aus, konzentriert sich schweigend gemeinsam auf sein Herz und pflegt trotz eines geschäftigen, vielleicht hektischen Lebensstils eine inhaltsreiche Beziehung. Hier finden Sie Vorschläge, wie man diese Zeiten optimal nutzen kann.

Alter
4 bis 18 Jahre

Zeit
5 Minuten oder länger

Teilnehmer
1 Erwachsener und 1 Kind

Ort
Drinnen

Hilfsmittel
keine

Anleitung

1. Gemeinsam mit dem Kind legen Vater oder Mutter eine Zeit fest, zu der sie sich einmal täglich zusammenfinden und ihre Beziehung vertiefen. Auch wenn es nur wenige Minuten sind, verpflichten Sie sich, das jeden Tag einzuplanen. Zur Erinnerung können Sie den Zettel mit der verabredeten Zeit an einem zentralen Ort befestigen, zum Beispiel am Kühlschrank, an einer Pinwand oder gut sichtbar an der Wand. Wenn Sie zur verabredeten Zeit andere Verpflichtungen haben, verabreden Sie einen neuen Termin, damit die Kontinuität gewahrt bleibt.

2. Sie verabreden vorher, bei allen Gesprächen während dieser Zeit gut zuzuhören und den anderen nicht zu unterbrechen. Vater oder Mutter sind besonders gefordert, aufmerksames Zuhören aus dem Herzen zu modellieren.

3. Während dieser Zeiten können Sie mit Hilfe der folgenden Aktivitäten oder Ideen Ihre Verbindung von Herz zu Herz aufbauen oder verstärken. Mit der Zeit wird Ihnen Ihre Intuition eingeben, welche Aktivität den Umständen und der Stimmung Ihres Kindes entspricht.

Aktivitäten in der „Zeit für uns"

- Beide erzählen sich abwechseln, was sie erlebt haben – was gut ging und was vielleicht eine Herausforderung darstellte.
- Umarmen Sie einander lange und innig.
- Sagen Sie sich gegenseitig, was Sie am anderen schätzen.
- Wenn einer von Ihnen gestresst ist oder einen harten Tag hatte, hört der andere einfach voller Mitgefühl zu und spiegelt dann die Worte und Gefühle zurück. Ehrliches Zuhören ist aktive Fürsorge.
- Lesen Sie gemeinsam eine Lieblingsgeschichte oder erfinden Sie eine Geschichte.
- Stellen Sie ein Bild, auf dem Sie beide fotografiert sind, an den Platz, an dem Sie sich regelmäßig treffen, damit Sie an die Liebe erinnert werden, die Sie füreinander empfinden.

Balance

„Ach, nicht weiter schlimm!"

Ziel

Balance oder Gleichgewicht ist eine vielschichtige und erlernte Fertigkeit, die mit den ersten Gehversuchen eines Kleinkinds beginnt und sich während des Lebens weiterentwickelt. Im Verlauf des Lernprozesses kommt es immer wieder zu Mängeln in der motorischen Koordination oder falschen Einschätzungen. Die Konzentration im Herzen baut die Fähigkeit zu mentaler und emotionaler Balance aus, die entscheidend dazu beiträgt, dass das körperliche Gleichgewicht und eine ausgeglichene Einstellung ausgebildet werden. Kinder bauen Vertauen auf, wenn sie lernen, sich angesichts von Enttäuschungen oder Frustrationen vorwärts zu bewegen. Techniken wie FREEZE-FRAME und „Ach, nicht weiter schlimm!" lehren Kinder, sich im Auf und Ab des Lebens auf einen Punkt inneren Gleichgewichts zu konzentrieren, sich selbst wieder zu fangen und weiterzumachen, wenn sie die Balance verlieren.

Alter
5 bis 14 Jahre

Zeit
20 Minuten oder länger

Teilnehmer
1 Erwachsener und zwei oder mehrere Kinder

Ort
Drinnen (auf einem Teppich) oder draußen (im Gras)

Hilfsmittel
➡ Ein Löffel und ein Plastikei für jeden Spieler
➡ Ein Holzbalken (5 x 10 cm, als Unterlage für den Balancebalken)
➡ Beachbälle und Tennis- oder Golfbälle für je zwei Kinder
➡ Ein 60 bis 90 cm langer Stock für jeden Spieler (je dicker und schwerer, um so besser; mindestens 0,8 cm Durchmesser)

Anleitung

1. Kündigen Sie an, dass für die folgenden Übungen eine gute Balance nötig ist. Wenn die Kinder auf ihr Herz hören, wird es ihnen leichter fallen, ruhig und fokussiert zu bleiben. So wie ein Kleinkind hinfällt, wenn es laufen lernt, und dann wieder aufsteht, müssen wir das Gleiche tun, wenn wir Fehler machen oder die Balance verlieren. Techniken wie FREEZE-FRAME und „Ach, nicht weiter schlimm!" helfen uns mit Enttäuschungen und Frustration fertig zu werden. Betonen Sie, wie wichtig es ist, dass bei einigen Übungen Hilfestellung geleistet wird, damit die Spieler nicht fallen.

2. Bitten Sie die Kinder zunächst, kurz FREEZE-FRAME zu machen und sich dabei auf ihr Herz zu konzentrieren. Damit wird ein Fokuspunkt für alle folgenden Übungen eingerichtet. Wenn die Kinder die Balance oder die Geduld verlieren, sind sie aufgefordert, die genannten Herztechniken zu machen.

3. Nach den Übungen fragen Sie, ob die Kinder sich auf ihr Herz konzentrieren konnten. Lassen Sie die Kinder erzählen, wie die Techniken ihnen bei Fehlern geholfen haben.

Übung 1 – von fünf Jahren aufwärts
Die Kinder balancieren ihr Gewicht auf dem rechten Fuß, während der linke in der Luft bleibt. Die Kinder sollen sich während der Balance auf ihr Herz konzentrieren. Nach 15 Sekunden wird auf dem anderen Bein balanciert.

Übung 2 – von fünf Jahren aufwärts
Die Kinder nehmen einen Löffelstiel in den Mund und balancieren auf dem Löffel ein Plastikei über den Balken. Dabei soll nicht nur auf die Balance geachtet werden, die Übung soll auch Freude machen.

Übung 3 – von sechs Jahren aufwärts
Das Brett von 5 x 10 Zentimeter wird auf die Blöcke gelegt, so dass ein Schwebebalken entsteht. Die Kinder hüpfen auf einem Bein über den Balken. Kleinere Kinder werden dabei zunächst an der Hand gehalten. Bei den übrigen leisten andere Kinder Hilfestellung.

Übung 4 – von sechs Jahren aufwärts
Je zwei Kinder nehmen einen aufgeblasenen Ball und halten ihn zwischen ihren Köpfen mit der Stirn fest. Die Kinder laufen ein Stück auf einem ebenen Platz umher, ohne den Ball fallen zu lassen. Wenn sie bereits größeren Anforderungen gewachsen sind, können sie mit dem Ball über den Schwebebalken gehen. (Ein Kind geht dabei rückwärts, eines vorwärts.)
Lassen Sie auch hier wieder Hilfestellung leisten. Diese Übung kann auch in Form eines Wettrennens veranstaltet werden.

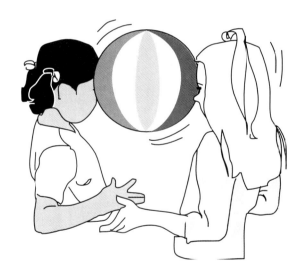

Übung 5 – von acht Jahren aufwärts
Zwei Kinder gehen über den Schwebebalken und halten jedes die Enden von zwei Stangen in den Händen (als trügen sie eine Trage zwischen sich); dabei wird entweder ein Tennis- oder ein Golfball auf bzw. zwischen den beiden Stangen balanciert. (Ein Kind geht rückwärts, eines vorwärts.) Ziel ist es, ans Ende des Schwebebalkens zu gelangen, ohne dass der Ball hinunterfällt. Nehmen Sie eventuell auch mehrere Bälle. Erinnern Sie an die Konzentration auf das Herz.

Übung 6 – von neun Jahren aufwärts
Geben Sie jedem Kind einen Stock, betonen Sie dabei aber, dass dieser nur für das Balancespiel und nicht zum Kämpfen gedacht ist. Bei dieser Übung wird der Stock an einem Ende fünf bis zehn Sekunden senkrecht auf der Handfläche balanciert. Machen Sie die Übung zunächst vor. Erklären Sie dabei, dass Sie Ihre Aufmerksamkeit im Herzen konzentrieren und dann den Stock balancieren.

Himmel und Hölle

Ziel
Die Balance zu halten, während man auf einem Fuß hüpft, ist eine echte Herausforderung. Wenn Kinder sich beim Spiel übermäßig ängstlich oder frustriert fühlen, fällt es ihnen noch schwerer, die Balance zu halten oder ihr Bestes zugeben. Die bewusste Konzentration auf das Herz macht es einfacher, in der Balance zu bleiben – mental, emotional und physisch. „Himmel und Erde" lehrt, wie sie mit dem Herzen die Balance für das Spiel halten können.

Alter
6 bis 11 Jahre

Zeit
10 Minuten

Teilnehmer
Zwei bis vier Kinder für jedes Spielfeld

Ort
Draußen (auf Steinboden, Beton oder Asphalt)

Hilfsmittel
➡ Weiße Kreide zum Aufzeichnen des Musters
➡ Farbige Kreide zum Schreiben
➡ Ein flacher Stein zum Schieben

Anleitung
1. Malen Sie das Himmel-und-Hölle-Spielfeld entsprechend der Vorlage auf S. 150 auf. Die ersten drei Felder sollten Quadrate von etwa 50 Zentimeter Seitenlänge sein, hintereinander angeordnet. Das erste Feld wird mit „Heart Lock-In" beschriftet, das zweite mit „Geh weiter", das dritte „Gib nach und mach dir nichts draus". Das vierte Feld sollte etwa 90 Zentimeter breit und 50 Zentimeter lang sein (Aufschrift „Wertschätzung"). Das fünfte, sechste und siebte Feld sind wieder Quadrate (50 Zentimeter, Aufschrift wie S. 150). Der letzte Block schließlich ist etwa genau so groß wie der vierte und bekommt die Aufschrift „Liebe".

2. Machen Sie die Spieler darauf aufmerksam, dass man leichter auf einem Fuß steht, wenn man in seinem Herzen bleibt. Das Spiel beginnt mit dem „Heart-Lock-In"-Feld, so dass jeder Mitspieler sich zehn Sekunden lang auf sein Herz besinnt, ehe das Spiel beginnt. Die Spieler wenden außerdem jede Technik an, auf der sie landen. Die Techniken in den einzelnen Feldern dienen als Erinnerung: Wenn man Spaß haben will, muss man im Herzen bleiben.

3. Der erste Spieler beginnt hinter dem Heart-Lock-In-Feld, schiebt den Stein in ein anderes Feld und hüpft auf einem Fuß bis zu dem Feld mit dem Stein. Gelangt ein Stein außerhalb des Feldes, darf er noch einmal neu geschoben werden. Das vierte Feld „Wertschätzung" und das letzte Feld „Liebe" sind die einzigen Felder, in denen der Spieler beide Füße aufsetzen darf. Landet der Stein in einem anderen Feld, muss der Spieler den Stein auf einem Bein stehend zurückziehen und in ein anderes Feld schieben. Spieler, die das Gleichgewicht verlieren und beide Füße auf den Boden bringen, müssen von vorne beginnen.

4. Jeder Spieler darf den Stein dreimal weiterschieben, dann muss er am Ziel sein. Am schnellsten kommt man ans Ziel, indem man den Stein möglichst gleich in das Feld „Liebe" schiebt und dann ins Ziel hüpft. Ermutigen Sie die Kinder, damit sie nicht frustriert sind, wenn sie wieder am Anfang beginnen müssen. Sie können die Technik aus dem Feld, in dem sie gestolpert sind, anwenden, damit sie in ihrem Herzen bleiben.
5. Sieger ist der Spieler, der mit den wenigsten Anläufen das Ziel erreicht.

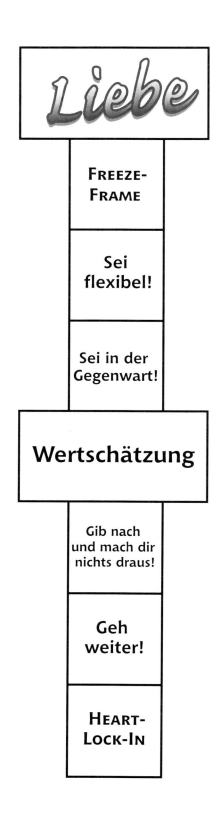

Kapitel 8: Ausgeglichenheit

Gewinn-und-Verlust-Karten

Ziel

Mit diesem Spiel lernen Kinder die Wirkung der Herztechniken besser verstehen. Sie lernen, wie man sich positive Erfahrungen verschafft und die Wirkungen stressiger Erfahrungen ausbalanciert. Für die positiven Erfahrungen stehen in diesem Spiel die „Gewinnkarten", für negative Erfahrungen die „Verlustkarten". (Diese Bezeichnungen spielen an auf die Metaphern von ausgeglichener Bilanz, Konto oder Waage.) Die „Verlustkarten" bringen Beispiele dafür, was es bedeutet, „weg vom Herzen" zu sein, und weisen auf eine „Gewinnkarte" hin, mit deren Hilfe man „zurück zum Herzen" gelangt. Wenn Kinder spielerisch Fertigkeiten zur Lebensbewältigung lernen, sind sie auf schwierige Situationen vorbereitet. Gelerntes bleibt besser haften und sie sind besser gerüstet, wirkliche Herausforderungen mit ihrer Herzintelligenz zu bewältigen.

Alter
7 bis 14 Jahre

Zeit
20 Minuten oder länger

Teilnehmer
2 bis 6 Kinder (je Kartenset)

Ort
Drinnen oder draußen

Hilfsmittel
➡ Tisch oder andere ebene Fläche
➡ Pappe, für 52 Spielkarten (Größe etwa 6 x 9 cm)

Anleitung

1. Bereiten Sie die Karten vor. Die Kinder werden sicher Spaß daran haben. Wenn Sie wenig Zeit haben, können Sie die Karten auf den Seiten 153-158 kopieren, auf Pappe aufkleben und die Karten ausschneiden.

2. Wenn Kinder ihre eigenen Karten herstellen, suchen Sie mit ihnen gemeinsam nach 26 Negativerlebnissen oder stressigen Erfahrungen für die Verlustkarten. Als Beispiele dienen typische Situationen, wie sie in der Schule, in der Familie oder unter Freunden vorkommen. (Siehe auch die Beispiele auf den Verlust- und Gewinnkarten.) Wählen Sie aus der Sammlung der Kinder 26 Verlustsituationen aus und nehmen Sie die dazu passenden Herztechniken. Schreiben Sie ein Verlusterlebnis und die passende Technik zusammen auf je eine Karte. Für die Gewinnkarten kopieren Sie jede Technik von den Verlustkarten und schreiben sie mit einer kurzen Erklärung auf eine neue, freie Karte. Schreiben Sie deutlich, damit Sie dieses Kartenspiel auf Dauer verwenden können. Damit die Verlust- und die Gewinnkarten leichter zu unterscheiden sind, malen Sie ein passendes Bild zu jeder Technik und verwenden für alle Gewinnkarten eine andere Farbe als für die Verlustkarten.

151

Das Spiel

1. Dieses Spiel lässt sich mit Memory vergleichen, also: „Konzentration!"
2. Nachdem die Karten gemischt sind, werden sie alle verdeckt auf den Tisch gelegt.
3. Das Spiel geht im Uhrzeigersinn, man beginnt links von dem Spieler, der die Karten austeilt.
4. Der erste Spieler deckt eine Karte auf, dann eine weitere und überprüft, ob sie zusammenpassen. Wie bei Memory wird nach zusammenpassenden Karten gesucht, zu jeder Verlust- gehört die korrespondierende Gewinnkarte.

Beispiel:

Ein Spieler deckt die Verlustkarte auf „Ich möchte zum Essen nicht zu diesen Leuten". Wenn der Spieler eine Gewinnkarte mit der Aufschrift „Gib nach und mach dir nichts draus" findet, ergibt das ein Paar. Der Spieler behält beide Karten und darf noch einmal ein Kartenpaar aufdecken.

5. Findet der Spieler keine zusammenpassenden Karten, ist der nächste Spieler an der Reihe.
6. Sieger ist derjenige, der am Ende die meisten Paare von Gewinn- und Verlustkarten hat.

Variation

Sie können das Spiel auch wie ein Kartenspiel spielen. Alle Spieler bekommen fünf Karten. Die erste Spielerin liest eine ihrer Karten vor und fragt dann einen anderen Spieler, ob er die dazu passende Karte hat. Hat der angesprochene Spieler die Karte, gibt er sie der Fragenden, die beide Karten als Paar ablegen darf. Sie darf dann noch einen anderen Spieler nach einer passenden Karte fragen. Falls der Angesprochene die Karte nicht hat, darf sie sich eine Karte vom Stoß nehmen. Danach ist der Nächste mit Fragen an der Reihe. Wenn keine Karten mehr auf dem Stoß sind, geht das Spiel trotzdem weiter, bis einer der Spieler keine Karten mehr in der Hand hat.

Nutze die Techniken

Für einen Reifenwechsel brauchst du Werkszeug. Um eine Situation zu verändern, brauchst du eine Herztechnik.

Erinnere dich

Denke daran, in dein Herz zu gehen, um die Antwort zu finden.

Sage die Wahrheit

Sage nur, was du wirklich in deinem Herzen fühlst.

Genieße die Natur

Nimm dir Zeit und würdige die Blumen, die Bäume und die gesamte Natur.

Sprich mit einem Freund

Schildere die schwierige Situation einem Freund. Er kann oft helfen.

HEART LOCK-IN

Nimm dir täglich 5 Minuten Zeit, konzentriere dich auf dein Herz und empfinde Liebe.

Verletzlichkeit

Habe den Mut, du selbst zu sein.

FREEZE-FRAME

Stop! Halte deine Gedanken an und konzentriere dich auf dein Herz.

Aufmerksam Zuhören mit dem Herzen

Lass dein Herz zuhören. So hörst du, was das Herz des Anderen tief innen sagt, du hörst nicht nur die Worte.

Übe Cut-Thru damit du dich besser fühlst Verquirle die Besorgnis in deinem Herzen, damit du neue Wege findest, um zu helfen.	**Bewege dich weiter** Geh weiter! Tu, was du tun musst.	**Sei flexibel** Alles wird gut ausgehen. Sei bereit, Veränderungen zu akzeptieren, die du nicht erwartet hast.
Sei bewusst in der Gegenwart Gib dein Bestes und verschwende keine Zeit mit Sorgen um die Zukunft oder die Vergangenheit.	**Konzentriere dich auf dein Herz** Dein Herz ist der beste Platz, wenn du ärgerlich bist.	**Faires Herz** Frag dein Herz, was für alle fair ist.
Ausgeglichenheit Nicht zu langsam, nicht zu schnell, nicht zu viel, nicht zu wenig.	**Sei liebevoll** Jeder Mensch braucht etwas Liebe und Fürsorge.	**Liebe die Menschen** Liebe alle Menschen. In jedem Menschen steckt ein Juwel.

Kapitel 8: Ausgeglichenheit

Sei positiv

Wähle das Herz.
Halte im Leben Ausschau
nach dem Besten.

Wertschätzung

Hör auf mit dem Theater!
Suche etwas, was du
schätzenswert findest.

Spiele!

Frage dein Herz,
damit es dir zeigt,
was Spaß macht.

Übernimm Verantwortung für dich selbst

Es liegt an dir,
die Techniken
anzuwenden.

Liebe dich selbst

Denke an das Gute,
das du tust.
Andere sehen es.
Warum du nicht?

Gib nach und mach dir nichts daraus

Geh in dein Herz und lass
los. Vielleicht geschieht
etwas Gutes.

Geh in einen neutralen Zustand

Urteile nicht. Achte
darauf, dass du deine
Energie nicht verlierst.

Sei lässig

Nicht zu laut, nicht zu
weich. Nicht übermäßig
erregt, nicht zu ernsthaft.

155

Warum fühle ich mich so elend? Nutze die Techniken	**Warum muss ich abspülen?** Erinnere dich.	**Wenn ich sage, was ich wirklich fühle, wird mich niemand mögen.** Sag deine Wahrheit.
Ich brauche eine Pause bei all diesen Hausaufgaben. Genieße die Natur.	**Ich kann nicht aufhören darüber nachzudenken, was heute geschehen ist.** Sprich mit einem Freund.	**Ich bin heute nicht glücklich** HEART LOCK-IN
Wenn ich sage, was ich wirklich fühle, wird mich niemand verstehen. Verletzlichkeit	**Ich ärgere mich so! Immer beschuldigst du mich!** FREEZE-FRAME	**Was er gesagt hat ist dumm.** Mit dem Herzen zuhören

Kapitel 8: Ausgeglichenheit

Ich mach mir Sorgen wegen meiner Katze.

Übe CUT-THRU, damit du dich besser fühlst.

Ich mag meine Hausaufgaben nicht machen.

Bewege dich weiter.

Ich ziehe nicht wegen eines Gastes aus meinem Zimmer.

Sei flexibel.

Ich kann nicht aufhören mir Sorgen wegen der Prüfung zu machen.

Sei in der Gegenwart.

Das hat mich wirklich wütend gemacht!

Besinne dich auf dein Herz.

Wenn ich mich nach vorne drängle, merkt es vielleicht niemand.

Faires Herz

Ich habe zu viele Süßigkeiten gegessen. Mein Magen tut weh.

Ausgeglichenheit

Die Neue stört mich.

Sei liebevoll.

Ich mag Ausländer nicht

Liebe die Menschen.

157

Nichts macht mir heute Spaß.

Sei positiv.

Ich mag dieses Essen nicht.

Wertschätzung

Mir ist gerade langweilig.

Spiele!

Ich möchte nicht FREEZE-FRAME machen.

Sei für dich selbst verantwortlich.

Ich kann überhaupt nichts.

Liebe dich selbst.

Ich möchte nicht zu ihnen zum Essen gehen

Gib nach und mach dir nichts draus

Ich glaube, sie ist komisch.

Schalte um auf einen neutralen Zustand.

Ich bin so aufgeregt, ich könnte vor Freude schreien!

Sei lässig.

Niemandsland

Ziel

„Niemandsland" bietet durch seine Anforderungen die Chance, Balance und Koordination zu entwickeln und Kooperation zu fördern. Die Kinder üben dabei „Ach, nicht weiter schlimm!" und konzentrieren sich anschließend wieder auf ihr Herz. Sie sollen erkennen, dass ein Fehler kein Grund für übermäßige Sorgen ist und dass sie nicht den Mut verlieren müssen. Das Spiel trainiert die Teamfähigkeit und bietet jede Menge Spaß.

Alter
8 bis 18 Jahre

Zeit
15 Minuten oder länger

Teilnehmer
1 Erwachsener und 3 bis 10 Kinder

Ort
Draußen (am besten im Gras)

Hilfsmittel
➡ Zwei Laufplanken – zwei glatte Bretter, 5 x 10 Zentimeter, etwa 1,20 Meter lang.
➡ Ruhebalken – fünf glatte Balken, 10 x 10, etwa 90 Zentimeter lang
➡ Eine Augenbinde für jeden Teilnehmer.
⇨ Stoppuhr oder Uhr mit Sekundenzeiger
⇨ Papier und Bleistift

Anleitung

1. Entsprechend dem Plan auf Seite 160 wird ein Weg vom Alten Land (Start) zum Neuen Land (Bestimmungsort) geschaffen. Man legt eine Laufplanke mit ihren Enden auf zwei Ruhebalken, dann folgt eine dritte Ruhestation, die mit der zweiten durch eine weitere Laufplanke verbunden wird. Der Weg zwischen den Ruhebalken sollte nicht gerade, sondern schräg oder im Zickzack verlaufen. Die vierte Ruhestation befindet sich etwa 1,20 Meter von der dritten Station entfernt, beide werden nicht durch eine Laufplanke verbunden. Dasselbe geschieht mit der fünften Ruhestation. Um das Endziel (den fünften Ruhepunkt) zu erreichen, müssen die Spieler selbst den Weg vorbereiten, indem sie mit einer der Laufplanken den leeren Raum zwischen der dritten und vierten und später zwischen der vierten und fünften Ruhestation überbrücken. Dazu ist Teamarbeit und Koordination erforderlich, da die Spieler dabei auf den Balken stehen bleiben müssen.

2. Das Ziel des Spiels besteht darin, sicher von einem Ruhebalken zum anderen über die Bretter zu laufen, bis alle Spieler das Ziel erreicht haben. Fällt einer der Spieler vom Brett „in die heiße, vulkanische Lava", kann er nicht mehr sehen (er bekommt eine Augenbinde). Jeder Spieler mit Augenbinde steigt wieder auf das Brett, von dem er heruntergefallen ist, und läuft weiter über die Planken, wobei er von Mitgliedern seines Teams geleitet wird, die ihn ohne Augenbinde von den Ruhepunkten aus beobachten: Sie leiten ihn entweder mit Worten oder halten, sofern sie auf demselben Brett sind, seine Hand.
Da wahrscheinlich weniger Bretter als Spieler vorhanden sind, müssen sich die Spieler auf den Brettern arrangieren. Rückwärts gehen gilt nicht. Der Spielleiter erklärt, dass Fehler vorkommen können, dass aber dann „Ach, nicht weiter schlimm!" gerufen und diese Technik geübt werden

sollte. Das Spiel ist beendet, wenn entweder alle Spieler das Ziel erreicht haben oder alle Spieler von den Brettern gefallen sind und eine Augenbinde tragen.
3. Klären Sie in einer kurzen Besprechung, was beim Spiel hilfreich war und was nicht.

Variationen

1. Messen Sie die benötigte Zeit. Die gemessene Zeit kann als Ansporn für spätere Spiele dienen.
2. Teilen Sie die Gruppe in Teams auf und notieren Sie die Bestzeiten der Teams.
3. Bitten Sie die Mitspieler um weitere Vorschläge, wie man im Team noch mehr Spaß haben könnte; zum Beispiel können sich alle an den Händen halten, während sie über die Bretter gehen, oder sie gehen rückwärts.

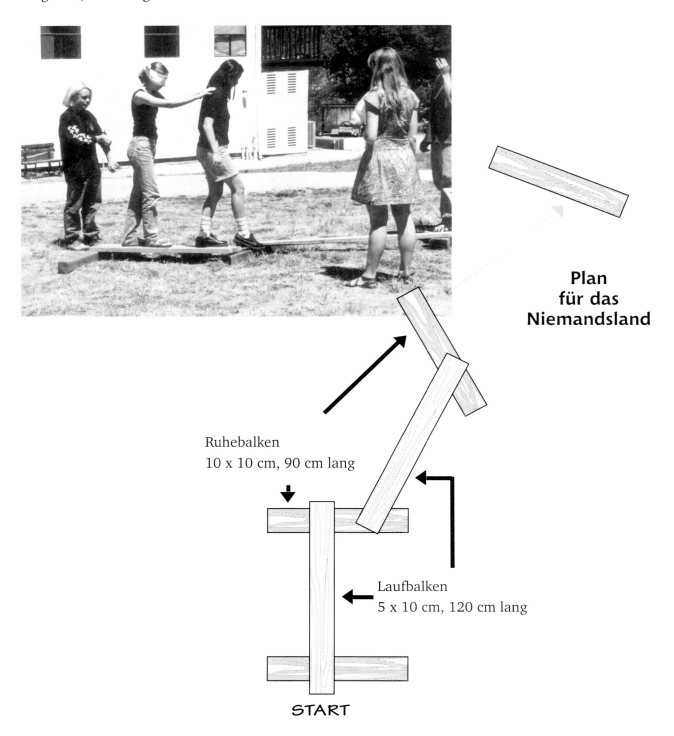

Plan für das Niemandsland

Ruhebalken
10 x 10 cm, 90 cm lang

Laufbalken
5 x 10 cm, 120 cm lang

START

Gewinn-Verlust-Protokoll

Ziel
Die Kommunikation zwischen Erwachsenen und Jugendlichen kann leicht an einen Punkt geraten, dass man von „Schiffen, die nachts aneinander vorbeifahren" sprechen könnte. Man teilt zwar einen gemeinsamen Haushalt, aber es gibt keine gemeinsame Sprache oder Kultur. Es ist wichtig, dass der Dialog erhalten bleibt, damit die Bindungen innerhalb der Familie (*bonding*) erhalten bleiben. Das „Gewinn-Verlust-Protokoll" hilft, die Kommunikation wieder zu beleben und über die alltäglichen Erlebnisse von Jung und Alt auf dem Laufenden zu bleiben. Da Jugendliche auf eine offene Kommunikation am ehesten ansprechen, ist diese Übung ein ausgezeichnetes Mittel dazu.

Alter
12 bis 18 Jahre

Zeit
20 Minuten oder länger

Teilnehmer
1 Erwachsener und 1 Jugendlicher oder mehrere

Ort
Drinnen (mit einer Fläche zum Schreiben)

Hilfsmittel
➡ Glas mit Wasser
➡ Papier und Bleistift für jeden
⇨ MC *Heart Zones* oder *Speed of Balance*, Kassettenrekorder

Anleitung

1. Machen Sie eine Zeit aus, wann Sie sich ungestört zusammensetzen können (am besten abends). Zu Beginn zeigen Sie auf das Glas Wasser und machen darauf aufmerksam, dass dieses eine Metapher dafür ist, wie wir den Tag voller Energie beginnen. Im Laufe des Tages lassen stressige Themen, Ereignisse oder Konflikte kleine Löcher im Glas entstehen, durch die Wasser (Energie) abfließt. Gleichzeitig wird durch positive Ereignisse, Unterhaltungen und erreichte Leistungen wieder Energie hinzugefügt. Wo stehen wir am Ende eines Tages? Haben wir unser Glas Wasser durch übermäßigen Stress geleert? Oder hat sich unsere positive Einstellung und unser Gleichgewicht erhalten, weil wir positiv auf die Ereignisse reagiert haben?

2. Alle Beteiligten erhalten ein Blatt Papier. Die Überschrift lautet „Gewinn-Verlust-Protokoll", darunter wird in der Mitte ein senkrechter Strich gezogen. Die linke Spalte wird mit „Gewinne", die rechte Spalte mit „Verluste" überschrieben. Jeder schreibt die positiven Ereignisse, Unterhaltungen und Interaktionen des Tages in die Spalte „Gewinne".
Um sich an die Einzelheiten zu erinnern, geht jeder den Tag von morgens bis abends durch, vom Aufwachen über die Schule, die Arbeit oder andere Tätigkeiten. Die Verlustspalte wird mit den Themen, Unterhaltungen und Ereignissen gefüllt, die negativ waren oder Energie kosteten.
(Siehe Beispiel auf S. 162)

3. Nachdem beide Spalten fertig sind, schreiben Sie einen Kommentar über Ihren Tag. War er energieanregend und befriedigend? Oder stressig und auslaugend? Gab es mehr Stress oder mehr gute Erfahrungen? An welcher Stelle hätten Sie den Stress reduzieren und mehr Befriedigung erzielen können?

4. Die Übung endet damit, dass jeder einen Bericht über seinen Tag abgibt. Hören Sie einander aufmerksam zu und anerkennen Sie die ehrliche Kommunikation.

5. Besprechen Sie miteinander, wie oft Sie gemeinsam das Gewinn-Verlust-Protokoll machen wollen. Manche Familien tun dies täglich, andere wöchentlich.

Variationen

1. Machen Sie ein Protokoll von der zurückliegenden Woche anstatt vom jeweiligen Tag.
2. Nutzen Sie das Gewinn-Verlust-Protokoll, um das Pro und Kontra bei verschiedenen Themen abzuwägen: bei Projekten, Ferienzielen, Problemen, bei gegensätzlichen Meinungen zu einem Thema, usw.
3. Lassen Sie im Hintergrund *Heart Zones* oder *Speed of Balance* laufen, während die Protokolle ausgefüllt werden.

Gewinn-Verlust-Protokoll

Gewinne	Verluste
Basketball gespielt	Zu viel Geschirr abgespült
Gefüllte Schweinesteaks gegessen	Den schmierigen Abfall weggetragen
Gelesen	Nicht Basketball gespielt
Geschlafen	Wegen anderer Menschen ungeduldig geworden
Meine Freunde getroffen	
Meine Eltern gesprochen	Ein Spiel verloren
Mein Team hat gewonnen	Allergien gehabt
Mit Freunden ins Kino gegangen	

Kommentar – *Es war ein guter Tag. Ich bin froh, dass ich mehr Gewinne als Verluste hatte. Die Gewinne geben mir ein gutes Gefühl und lassen mich entspannen. Wären da mehr Verluste, hätte ich das Gefühl, nicht im Gleichgewicht zu sein. Schlechte Dinge nehmen die guten Dinge nicht weg, außer sie heben sich gegenseitig auf. Dann müsste ich mich darum kümmern.*

Kapitel 9

Die Wahrnehmung vertiefen

Besser erkennen und reagieren

Ziel

Kleinkinder, die erkennen lernen, wann sie „im Herzen" oder „weg vom Herzen" sind, können auf bestimmte Situationen besser reagieren. Sie bekommen eine solide Basis an innerer Sicherheit und emotionaler Intelligenz, die ihnen ihr ganzes Leben lang nützen wird. Das „schreckliche" Alter von zwei Jahren setzt ein, wenn die Kleinen ausprobieren, was es heißt, sich selbst zu behaupten. Sie sagen oft nein, wenn sie eigentlich ja sagen wollen, weil sie die Reaktion ihrer Umwelt testen wollen. Zweijährige sind schnell frustriert, haben Wutanfälle oder verhalten sich in jeder Weise auffallend. Sie erkennen allmählich Gegensätze wie groß-klein, heiß-kalt, kurz-lang, glücklich-traurig, ich mag/ich mag nicht. Wenn Sie Ihrem kleinen Sohn oder Ihrer Tochter erkennen helfen, wann sie „im Herzen" oder „weg vom Herzen" sind, können sie Situationen besser einschätzen. Ihr Sohn lernt, dass er, wenn er frustriert, wütend oder traurig ist, „weg von seinem Herzen" ist. Empfindet er liebevolle Gefühle und Glück, ist er „im Herzen". Mit diesem Spiel können Zwei- bis Vierjährige lernen, wieder in ihr Herz zu gelangen und dann die Dinge anders zu sehen und bessere Entscheidungen zu treffen.

Alter
2 bis 4 Jahre

Zeit
20 Minuten

Teilnehmer
1 Erwachsener und 1 bis 3 Kinder

Ort
Drinnen

Hilfsmittel
➡ Ein kleiner Handspiegel
➡ Kreide, Scheren und Materialien, mit denen sich Gegenstände veranschaulichen lassen
⇨ Material zum Puppenbasteln

Anleitung

1. Erklären Sie Ihrem Kind, was Gegensätze sind. Hier einige Bespiele dafür:
- Ein „großer" Ball und ein „kleiner Ball".
- Singen Sie zunächst „laut", dann „leise".
- Ein Schluck „heiße" Suppe und ein „kalter" Eiswürfel.
- Schalten Sie das Licht ein und aus: Licht an bedeutet „hell", Licht aus bedeutet „dunkel".
- Zwei verschieden lange Schnüre für „lang" und „kurz".
- Machen Sie eine Türe auf („offen") und schließen Sie sie wieder („geschlossen").

Kapitel 9: Die Wahrnehmung vertiefen

2. Bitten Sie Ihre Tochter Ihnen zu zeigen, wie sie aussieht, wenn sie glücklich ist. Dann halten Sie ihr den Spiegel hin und zeigen ihr, wie sie aussieht. Dabei sagen Sie: „Wenn du glücklich bist, bist du ‚in deinem Herzen'."
3. Dann zeigt Ihre Tochter Ihnen, wie es ist, wenn sie traurig oder wütend ist. Sie halten ihr wieder den Spiegel vor und zeigen ihr, wie sie aussieht. Dabei sagen Sie: „So siehst du aus, wenn du ‚weg von deinem Herzen' bist." Wenn Sie dann fragen, welches Gesicht sich besser anfühlt, wählen Kinder für gewöhnlich das glückliche Gesicht.
4. Dann verziehen Sie Ihr Gesicht zu einer traurigen oder schmollenden Miene und sagen: „Wenn dein Gesicht so aussieht, fühlt sich das nicht gut an. Du bist wütend oder traurig und möchtest weinen oder jemanden schlagen. Du solltest dann zurück zu deinem Herzen und wieder liebevoll werden." Sie legen Ihre Hand auf Ihr Herz und sagen: „Ganz ruhig werden und nicht mehr bewegen! Wenn wir so starr und steif werden, wollen wir uns Zeit nehmen, Liebe auszusenden. Danach bist du wieder glücklich und weißt, was du als Nächstes tun sollst. Das üben wir jetzt mal …"

5. Sie bereiten Ihre Tochter darauf vor, dass Sie, wenn sie das nächste Mal weg von ihrem Herzen ist, den Spiegel hervorholen und mit ihr dieses „Einfrieren" spielen werden. Sie werden Sie daran erinnern, Liebe auszusenden oder so zu tun, als würde sie ein Häschen streicheln oder jemanden umarmen. Und anschließend werden Sie sie fragen, was sie am besten als Nächstes tun solle.
6. Spielen Sie mehrere Tage mit dem Spiegel, bis Ihr Kind erkannt hat, dass glücklich und liebevoll sein bedeutet, im Herzen zu sein, und dass wütend und traurig sein bedeutet, vom Herzen weg zu sein. Erinnern Sie Ihr Kind jeweils daran, dass es „einfrieren" und Liebe ausschicken soll, wenn sein Gesicht traurig oder wütend ist. Bewahren Sie den Spiegel so auf, dass Ihr Kind ihn holen und damit spielen kann. Ist Ihr Sohn oder Ihre Tochter dann wütend oder ärgerlich, halten Sie den Spiegel hoch und erinnern daran, dass es Zeit ist zu erstarren. Helfen Sie Ihrem Kind, auf das Gefühl von Liebe umzuschalten. Ist Ihre Tochter wieder glücklich, zeigen Sie ihr im Spiegel, wie das aussieht, und betonen dabei, dass sie wieder „in ihrem Herzen" ist. Und Sie fragen, was sie als Nächstes tun möchte. Dabei anerkennen Sie, dass sie eine gute Wahl getroffen hat.

Variationen

Sie basteln mit Ihrem Kind gemeinsam eine glückliche und eine traurige Puppe. Die glückliche Puppe nennen Sie „Lisa im Herzen", die unglückliche Puppe „Lisa weg vom Herzen". Sie lassen sich jeweils eine der Puppen zeigen und müssen raten, welche „Lisa im Herzen" und welche „Lisa weg vom Herzen" ist. Wird Ihr Kind wütend oder ärgerlich, zeigen Sie auf „Lisa weg vom Herzen" und erinnern es an das „Einfrieren". Und helfen Sie Ihrem Kind, zu einem Gefühl der Zuneigung zu wechseln. Dann zeigen Sie auf die glückliche Puppe und sagen Ihrem Kind, es sei wieder „im Herzen".

Ein Fest für die Sinne

Ziel
Das „Fest für die Sinne" bietet Kindern die Gelegenheit, mit ihren Sinnen auf verschiedene Reize zu reagieren, während sie die Augen verbunden haben. Da die Kinder nichts sehen, wird ausgeschlossen, dass Vorurteile darüber, wie etwas riecht, schmeckt, sich anfühlt oder klingt, die Wahrnehmung verfälschen. Kinder können so jeden ihrer Sinne neu erleben. Beobachten Sie den spontanen Ausdruck auf den Gesichtern der Kinder.

Alter
5 bis 13 Jahre

Zeit
20 Minuten oder länger

Teilnehmer
1 Erwachsener und 3 oder mehr Kinder

Ort
Drinnen (ein ruhiger Platz)

Hilfsmittel
- Augenbinden für alle
- Decke oder Tischdecke
- Teller oder Tassen, um verschiedene Gegenstände oder Nahrungsmittel zu präsentieren
- Vier Dinge zum Riechen (zum Beispiel Gewürze, Blumen, Duftwasser, Seife, Nahrungsmittel)
- Vier Dinge zum Schmecken (Orange, Zitrone, Zwiebel, Apfel, Zimt, Honig, Salz, Pfeffer)
- Vier Dinge zum Berühren (rauer Stein, glatter Stein, Blatt mit wachsartiger Oberfläche, ein Büschel Wolle, Pelz, Schwamm, Sandpapier, Plastik, Metall, Samt)
- Vier Klangquellen (Glocke, Holzstücke, Sandpapier, Pfeife, Gong, Wasser, das von einem Krug in einen anderen gegossen wird)
- Papiertücher oder Servietten

Anleitung
1. Geben Sie die verschiedenen Dinge auf Teller oder in Tassen, ohne dass die Kinder sie sehen. Decken Sie ein Tuch darüber.
2. Geben Sie jedem Teilnehmer ein Papiertuch oder eine Serviette.
3. Verbinden Sie jetzt allen die Augen und bitten Sie um Ruhe. Niemand darf sprechen. Wenn die Kinder einen Gegenstand erraten haben, sollen sie diesen nicht laut benennen.
4. Nehmen Sie das Tuch weg und erzeugen Sie nacheinander die verschiedenen Töne. Sie lassen ein Geräusch bzw. einen Klang für 10 Sekunden ertönen und machen vor dem nächsten 10 Sekunden Pause.
5. Die verschiedenen Gegenstände zum Riechen werden herumgereicht und jedes Kind hat 10 Sekunden Zeit zum Riechen.
6. Dann sind die verschiedenen Gegenstände zum Befühlen an der Reihe.
7. Schließlich werden die Dinge zum Schmecken herumgereicht. (Papiertücher oder Servietten benutzen.)
8. Zum Schluss nehmen alle Mitspieler schweigend die Augenbinden ab und sollen darauf achten, welcher Gegenstand ihnen als Erstes ins Auge sticht und ihre Aufmerksamkeit auf sich zieht.
9. Tauschen Sie die Erfahrungen aus. Befragen Sie die Teilnehmer, mit welchem Wahrnehmungssinn sie am meisten Spaß hatten, welche sinnliche Erfahrung ihnen am wenigsten gefiel und welche Dinge am leichtesten zu erkennen waren.

Hast du das schon mal gesehen?

Ziel
Das Erfinden von Wortspielen macht Spaß und Kinder können, wenn sie sich die Wortkombinationen bildlich vorstellen, ihre Vorstellungswelt erweitern. Ohne die Fantasie wäre das Rad nie erfunden worden. Hätte Kolumbus sich die Erde nicht rund vorgestellt, wäre er nie in die neue Welt gesegelt. Mit diesem Spiel lernen Kinder zwischen der Fertigkeit des Analysierens und ihrer Vorstellungskraft zu unterscheiden. Versucht man, sich Wortspiele auszudenken, bleibt der Geist oft bei der üblichen Bedeutung eines Wortes stecken. Die Vorstellungskraft des Herzens dagegen kann neue Möglichkeiten entdecken.

Alter
8 bis 14 Jahre

Zeit
20 Minuten oder länger

Teilnehmer
1 Erwachsener und ein oder mehrere Kinder

Ort
Drinnen (an einem Tisch oder Schreibtisch)

Hilfsmittel
➡ Bleistift und Papier für jeden Teilnehmer
➡ Wörterbücher (je eines für drei Kinder)

Anleitung
1. Lesen Sie einige Beispiele von Wortspielen vor (siehe unten). Dabei malen die Kinder, was ihnen beim Vorlesen als Bild in den Sinn kommt.
2. Bitten Sie die Kinder, eigene Wortspiele zu erfinden. Vielleicht dauert es einige Minuten, aber die meisten Kinder finden sehr schnell einige gute Wortspiele. Sie können sich dazu im Raum verschiedene Gegenstände anschauen oder im Wörterbuch blättern.
3. Dann stellen die Kinder ihre Wortspiele vor. Diese Tätigkeit ist sehr gut geeignet, wenn Kinder unruhig oder gelangweilt sind, wenn sie nicht wissen, was sie an einem Regentag anfangen sollen, oder wenn sie sich beim Autofahren langweilen. Damit lässt sich die Fantasie anregen und Lachen hervorlocken; außerdem können Kinder damit zum kreativen Schreiben angeregt werden.

Beispiele

Pferdeboxen	**Hast du je Pferde boxen gesehen?**
Stubenfliegen	**Hast du je Stuben fliegen gesehen?**
Flügelschrauben	**Hast du je Flügel schrauben gesehen?**
Bügelfalten	**Hast du je Bügel falten gesehen?**
Trauerweiden	**Hast du je Trauer weiden gesehen?**
Zimmerpflanzen	**Hast du je Zimmer pflanzen gesehen?**
Straßengraben	**Hast du je Straßen graben gesehen?**
Theaterrollen	**Hast du je Theater rollen gesehen?**

„Ach, nicht weiter schlimm!"

Ziel
Alle Menschen machen Fehler, aber für Heranwachsende können Fehler schmerzlich oder peinlich sein. Mit diesem Spiel wird eine Technik eingeführt, die das Unbehagen angesichts eines Fehlers verringern kann und lustige und komische Perspektiven anbietet. Diese Übung hilft, dass Kinder und Jugendliche sich oder andere nicht verurteilen.

Alter
9 bis 15 Jahre

Zeit
20 Minuten oder länger

Teilnehmer
1 Erwachsener und 4 oder mehr Kinder

Ort
Draußen (oder drinnen, wenn genug Platz ist)

Hilfsmittel
➡ Buch, Murmel oder Tischtennisball, Löffel, Plastikei
➡ Papiertücher
➡ Ein Buch mit Zungenbrechern
⇨ Papier und Bleistift

Anleitung
1. Sie erklären die Spielregeln. Es gibt eine Reihe lustiger Aktivitäten, für die bestimmte körperliche oder verbale Fertigkeiten nötig sind. Macht ein Spieler einen Fehler, rufen alle gemeinsam: „Ach, nicht weiter schlimm!" Der Mitspieler, der den Fehler gemacht hat, scheidet aus. Wer als Letzter übrig bleibt, hat gewonnen. (Vor dem Spiel üben alle gemeinsam dreimal „Ach, nicht weiter schlimm!")

2. Die Aufgaben (Alle kommen nacheinander an die Reihe.)
- Ein Buch etwa 3 Meter weit auf dem Kopf tragen.
- Einen Tischtennisball oder eine Murmel etwa 1,50 Meter weit auf dem Kopf oder auf dem Rücken balancieren.
- Ein Ei, einen Tischtennisball oder eine Murmel auf einem Löffel etwa 7 Meter weit tragen.
- Zungenbrecher drei Mal aufsagen ohne sich zu versprechen.

Beispiele für Zungenbrecher:

- Kleine Kinder können keine Kirschkerne knacken.
- Brautkleid bleibt Brautkleid und Blaukraut bleibt Blaukraut.
- Fischers Fritze fischte frische Fische – frische Fische fischte Fischers Fritze.

Variationen

1. Die Gruppe wird in Teams aufgeteilt, die miteinander wetteifern oder gleichzeitig unterschiedliche Aktivitäten machen.
2. Lassen Sie die Kinder ihre eigenen Zungenbrecher erfinden, in denen die Namen der verschiedenen Herztechniken vorkommen sollen.
3. Die Kinder überlegen sich weitere Aufgaben, bei denen man leicht Fehler machen kann.
4. Tauschen Sie sich aus über Fehler und darüber, wie Menschen auf Fehler reagieren, besonders bei Prüfungen in der Schule. Machen Sie darauf aufmerksam, wie Selbstverurteilung Klarheit verdunkelt und verhindert, dass wir unsere Begabung und unsere Energie positiv nutzen. Fragen Sie die Kinder, wie ihre Selbstgespräche aussehen. Sagen sie zu sich selbst Sätze wie „Ich bin dumm", „Ich Idiot!" oder „Mein Lehrer (Vater, Mutter, Freund) wird mich nicht mehr mögen"? Erklären Sie, wie die Herzintelligenz uns zeigt, wie wir uns einschätzen können, ohne uns zu verurteilen, weil wir einen Fehler gemacht haben. Wenn man sich sagt „Ach, nicht weiter schlimm!", lässt sich eine ausgewogene Sichtweise erreichen. Und FREEZE-FRAME kann dann aufzeigen, was als Nächstes zu tun ist.
5. Die Kinder wählen einen Bereich, in dem sie sich selbst oft verurteilen (Arbeit in der Schule, Prüfungen, Aussehen, Sport, Verhalten, usw.) und üben „Ach, nicht weiter schlimm!". Danach machen sie FREEZE-FRAME, um zu erkennen, wie sie sich verbessern können. Lassen Sie alle ihre Antworten aufschreiben und diskutieren Sie anschließend darüber.

Wo wohnst du?

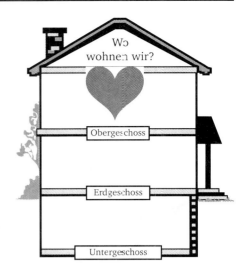

Ziel

Diese Übung soll zeigen, wie negative Urteile über uns selbst und andere uns von unserem Herzen fern halten und Lösungen blockieren. Wenn wir nicht darauf achten, spulen wir Urteile im Geist immer wieder ab und fühlen uns dadurch elend. Vielleicht haben wir das Gefühl, dass ein negatives Urteil über das, was jemand getan hat, gerechtfertigt ist. Aber ob das nun gerechtfertigt ist oder nicht, wenn solche Gedanken und Gefühle unsere Energie abziehen und uns unseren Frieden und unsere Freude rauben, müssen sie als Defizit betrachtet werden. Wenn wir die Techniken nutzen, können wir eine Situation mit unserer Herzintelligenz wahrnehmen und fair beurteilen, warum diese Person so gehandelt hat. Dann können wir entscheiden, wie wir unser Denken verändern, damit wir nicht unsere Energie verschwenden. Wenn wir unsere Herzintelligenz einsetzen, können wir die urteilenden Flüsterstimmen, deren Chor in unserem Innern anschwillt, eliminieren und für uns selbst, für andere Menschen und jegliche Situation mehr Verständnis aufbringen.

Alter
9 bis 18 Jahre

Zeit
20 Minuten oder länger

Teilnehmer
1 Erwachsener und ein oder mehrere Kinder

Ort
Drinnen oder draußen

Hilfsmittel
➡ Farbiges und unliniertes Papier, Hefter
➡ Bleistift für jeden Teilnehmer

Anleitung

1. Kündigen Sie ein Experiment an: Alle Teilnehmer schreiben eine Woche lang auf, wie oft sie sich dabei ertappen, dass sie sich selbst negativ beurteilen. Wenn sie ehrlich sind, werden sie überrascht sein, wie viele Beurteilungen täglich in ihrem Geist aufblitzen. Weisen Sie darauf hin, dass Urteilen allgemein üblich ist. Manchmal geschieht das so schnell, dass man selbst kaum merkt, dass man gerade geurteilt hat.
2. Jeder Teilnehmer fertigt ein Heft an. Alle erhalten zwei Seiten farbiges Papier für die Außenseiten und außerdem je einmal eine Kopie der Seite 172 und sieben Mal die Vorlage des Hauses von Seite 173.

Im Untergeschoss ...

leben wir dann, wenn wir wütend, verärgert oder verletzt sind. Wir beschuldigen oder kritisieren andere oder uns selbst und rechtfertigen damit die Tatsache, dass wir urteilen und weg vom Herzen sind.

Im Erdgeschoss ...

leben wir, wenn wir versuchen, uns nicht aufzuregen und neutral zu bleiben. Auch wenn jemand nicht fair oder unüberlegt gehandelt hat, versuchen wir, in unser Herz zu gehen und die Situation mit Mitgefühl und Verständnis zu beurteilen. Trotzdem sind noch immer negative Urteile im Flüsterton hörbar. Wir müssen noch tiefer in unser Herz gehen, um zu sehen und zu verstehen und dann zu entscheiden, inwieweit wir dieses Urteil ändern wollen, um zu einer positiven Lösung zu kommen.

Im Obergeschoss ...

leben wir dann, wenn wir die Gesamtsituation im Überblick sehen. Wir erkennen, dass wir selbst dafür verantwortlich sind, wie wir uns fühlen. Wir hören auf zu verurteilen und fragen unsere Herzintelligenz, wie wir die Dinge im Augenblick verbessern können. Wir hören auf unser Herz und tun, was es sagt. Manchmal sagt uns unser Herz, wir sollten ehrlich unsere Meinung sagen, um zu vermeiden, dass ein weiteres Urteil aufkommt. Zu anderen Zeiten fordert unser Herz uns auf, Mitgefühl und Verständnis aufzubringen, um herauszufinden, warum jemand so gehandelt hat, wie er gehandelt hat. Wenn wir uns selbst verurteilen, sagt uns unsere Herzintelligenz vielleicht: „Ach, nicht weiter schlimm, bleib in deinem Herzen und mach weiter."

3. Fragen Sie die Teilnehmer, ob sie sich an Urteile erinnern, durch die sie in das Untergeschoss, ins Erdgeschoss, ins Obergeschoss gerieten? Wenn Sie Beispiele für Beurteilungen besprechen, wird leichter erkennbar, wonach die Teilnehmer Ausschau halten sollen, um es aufzuschreiben.
4. Jeder Teilnehmer behält sein Berichtsheft bei sich und schreibt Urteile oder Selbstverurteilungen auf. Manche Teilnehmer werden nur auf *ein* Urteil am Tag aufmerksam. Immer wenn Sie sich eines Urteils bewusst werden, wird eine Bemerkung in den entsprechenden Teil des Hauses eingetragen. Dann machen Sie Freeze-Frame und bitten Ihr Herz um Klarheit, damit sich das Urteil nicht wiederholt. Vielleicht bekommen Sie auch nicht unmittelbar eine Antwort. Wenn Sie immer wieder aufrichtig Ihr Herz befragen, werden Sie Erleichterung und eine Lösung finden. Lassen Sie sich nicht entmutigen, wenn ein Urteil wieder hochkommt und Sie einige Zeit im Erdgeschoss bleiben. Fragen Sie immer wieder Ihre Herzintelligenz und bemühen Sie sich, kein Urteil ungeprüft zu lassen. Die Antwort schreiben Sie ins Obergeschoss.
5. Fragen Sie die Teilnehmer, ob sie gerne wüssten, wie sie mit dem Aufzug aus dem Unter- ins Obergeschoss gelangen. Das geht so: Wenn Sie ein Urteil erkennen und Freeze-Frame machen, versuchen Sie alle Gedanken fallen zu lassen und atmen 20 Sekunden Liebe mitten aus Ihrer Brust. Wenn Sie Liebe atmen, versetzt Sie das tiefer in Ihr Herz. Die Antwort kommt vielleicht nicht unmittelbar, aber sie kommt schneller, wenn Sie tiefer in Ihr Herz gehen.
6. Erinnern Sie die Teilnehmer jeden Tag daran, Urteile auf ihren Blättern einzutragen. Am Ende der Woche sprechen Sie über die Ergebnisse.

Wo wohnen wir?

Wo das Herz ein Urteil aufgibt, dadurch dass es den Stress auflöst und zu größerem Verständnis gelangt.

Beispiele:

→ Ich mache mir übermäßig Sorgen und fange an, mich selbst zu verurteilen. Ich werde CUT-THRU machen und mir Mitgefühl und Verständnis schicken.
→ Wenn ich Thomas aufmerksam zuhöre, hat er, auch wenn er anders ist, interessante Dinge zu sagen. Ich gehe zu meinem Herzen und fühle mit, anstatt ihn zu beurteilen.
→ Meine Eltern verstehen einfach nicht, was es heißt, ein Jugendlicher zu sein. Ich werde versuchen, sie nächstes Mal nicht zu verurteilen und wütend zu werden, und sie statt dessen um ein Gespräch von Herz zu Herz bitten.

Obergeschoss

Wo wir versuchen, Urteile aufzugeben, aber sie tauchen weiterhin im Flüsterton wieder auf

Beispiele:

→ Vielleicht reagiere ich etwas übertrieben. Ich werde CUT-THRU machen und Herzenergie aussenden.
→ Sie wollen mir nicht zuhören, aber das kann ich auch nicht erwarten. Sie wissen es nicht besser.
→ Manchmal kann ich den Mund nicht halten. Anstatt mich zu verurteilen, dass ich dumm bin, sage ich mir einfach „Ach, nicht weiter schlimm", bleibe in meinem weichen Herzen und bessere mich.

Erdgeschoss

Wo wir das Gerümpel aufbewahren und an Stress verursachenden Beurteilungen festhalten.

Beispiele:

→ Und schon wieder ärgert sie mich.
→ Alle sind so gemein zu mir. Sie machen sich über mich lustig
→ Lucies Idee war dumm.
→ Wenn sie mir zuhören würden, könnten sie verstehen, was ich sage. Sie sind so verbohrt!
→ Ich hasse Einkaufen!

Untergeschoss

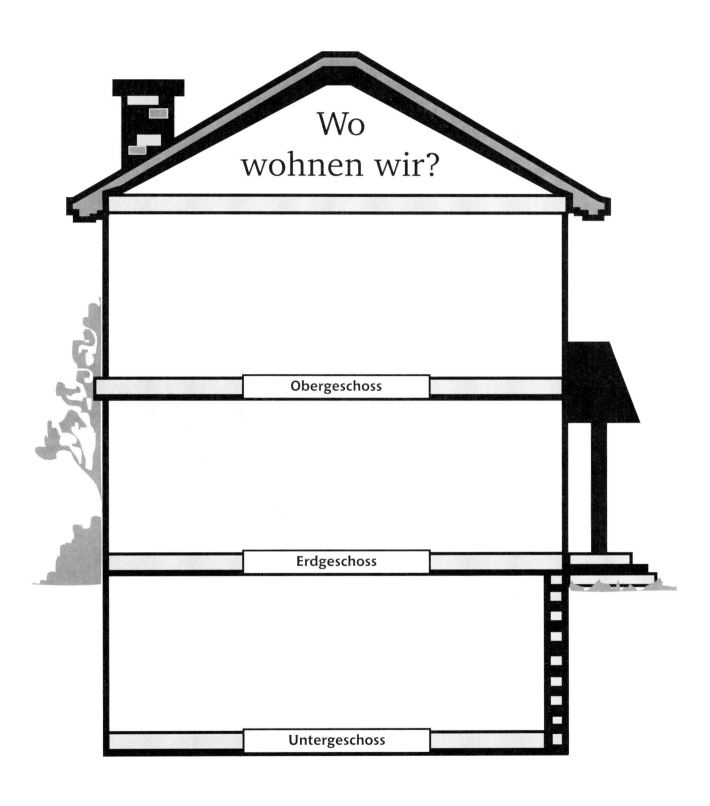

Hey, das ist cool

Ziel

Junge Leute verhalten sich oft „cool" und versuchen damit, Gleichaltrige zu beeindrucken und sich der Gruppe anzupassen. Dieses Verhalten steht oft im Widerspruch zu dem, was ihr Herz ihnen sagt. Ziel dieser Übung ist es, die Jugendlichen zu ermutigen ihr Herz und ihren Kopf zu befragen, um zu entscheiden, was wirklich „cooles" Verhalten ist.

Alter
10 bis 18 Jahre

Zeit
45 Minuten oder länger

Teilnehmer
1 Erwachsener und 6 oder mehr Jugendliche

Ort
Drinnen

Hilfsmittel
➡ DIN-A4-Papier
➡ Bleistift und Papier für jede Kleingruppe
➡ Tafel mit Stiften in zwei verschiedenen Farben
⇨ MC *Heart Zones* oder *Speed of Balance*, Kassettenrecorder

Anleitung

Ehe Sie beginnen, sehen Sie noch einmal die Anleitung zu *Heart Mapping®* auf Seite 49 durch.

1. Sie erklären den Teilnehmern, dass sie in Gruppen zu dritt oder zu viert zunächst eine *Mindmap* und dann eine *Heartmap* zum Thema „Cool sein" anfertigen. Anschließend werden die Ergebnisse in der Gesamtgruppe ausgetauscht. Lesen Sie die Anleitung von Seite 49 vor und zeichnen Sie an der Tafel ein Beispiel (zu einem anderen Thema) auf. Fordern Sie alle auf, sich zu beteiligen, und betonen Sie, dass es keine richtigen oder falschen Antworten gibt.
2. Die Gruppe wird in Teams mit drei oder vier Teilnehmern (im Alter zueinander passend) aufgeteilt. Jede Gruppe benennt einen Schreiber, er benötigt Papier und Bleistift.
3. Der Schreiber unterteilt das Blatt in der Mitte durch eine waagrechte Linie. In die obere Hälfte malt er einen Kreis und schreibt das Wort „cool" hinein.
4. Dann nennen die Teilnehmer dem Schreiber ihre Vorstellungen von „coolem" Verhalten. Für jede Idee zieht der Schreiber eine Linie vom Kreis nach außen, so dass so etwas wie ein Rad mit Speichen entsteht, und gibt in Stichworten die genannte Idee wieder. Ähnliche Ideen oder Dinge, die in *eine* Kategorie gehören, werden auf Linien geschrieben, die von den Hauptlinien abzweigen. Alle Gedanken sind zugelassen, auch wenn sie wenig „cool" klingen. Während dieses *Brainstorming* werden die Ideen weder beurteilt noch kritisiert.
5. Wenn alle mit der *Mindmap* fertig sind, machen alle Teilnehmer eine Minute lang FREEZE-FRAME und fragen ihr Herz, was „cooles Verhalten" ist.

6. Danach zeichnen die Schreiber jeweils einen Kreis in die untere Hälfte ihres Blattes und schreiben wieder „cool" in den Kreis. Die Teams konzentrieren sich wieder und erstellen jetzt eine *Heartmap* über „cooles Verhalten".
7. Die Teams lesen dann ihre *Mindmap* und ihre *Heartmap* und diskutieren Unterschiede oder Ähnlichkeiten zwischen beiden.
8. Jedes Team trägt seine Ergebnisse vor der gesamten Gruppe vor. Währenddessen schreiben Sie die Antworten an die Tafel. Dabei verwenden Sie *eine* Farbe für die *Mindmap* und eine *andere* für die *Heartmap*.
9. Fragen Sie nach, welche Schlüsse aus der *Heartmap* der Gruppe gezogen werden können. Stellen Sie zur Diskussion, was der Unterschied zwischen „cool sein" und „cool erscheinen" ist.

Variationen

1. Diskutieren Sie in den Tagen danach, ob neue Beobachtungen über „cooles Verhalten" aufgetaucht sind. Warum ist es cool, „dem eigenen Herzen zu folgen"?
2. Lassen Sie während des FREEZE-FRAME und während der Anfertigung der *Heartmaps* die Kassette *Heart Zones* oder *Speed of Balance* im Hintergrund spielen.

Urteile fällen

Ziel
„Urteile fällen" ist ein Spiel, bei dem die Teilnehmer aufgefordert sind, ihre Meinung zu bestimmten Themen, über berühmte und herausragende Persönlichkeiten, Nahrungsmittel und sonstige altersgemäße Themen zu äußern. Dabei bereitet es viel Vergnügen zu beobachten, wie Teilnehmer auf die Äußerungen anderer reagieren, und zu sehen, welche inneren Prozesse ablaufen, während sie überlegen. Zu Beginn wird angekündigt, dass es keine richtigen oder falschen Antworten gibt, sondern nur Wahrnehmungen. Wichtig ist anschließend, dass besprochen wird, welche Art von Reaktionen, Urteilen oder Selbstbeurteilungen während des Spiels auftraten. In der Nachbesprechung sollte auch angesprochen werden, welche Herausforderung es bedeutet, einfach man selbst zu sein.

Alter
10 bis 18 Jahre
Zeit
15 Minuten oder länger
Teilnehmer
1 Erwachsener und 6 oder mehr Jugendliche
Ort
Drinnen oder draußen (genügend Platz, um drei Reihen zu bilden)
Hilfsmittel
➡ Bleistift und Papier

Anleitung
1. Stellen Sie eine Liste zusammen mit zwölf bis fünfzehn Namen von Persönlichkeiten oder Themen, auf die die Gruppe wahrscheinlich heftig reagieren wird. Versuchen Sie jedoch, stark kontroverse Themen zu meiden, damit nicht Gefühle hängen bleiben, die nicht aufgelöst werden können. Folgende Themen wurden bereits erfolgreich ausprobiert: Michael Jackson, *Heavy Metal*, *Rap*-Musik, Brokkoli, Milch, Steaks, beliebte Filme, Unterrichtsfächer.
2. Der Inhalt des Spiels ist, dass jeder Teilnehmer eine Wahl trifft, wenn Sie einen Namen oder ein Thema nennen – entweder zustimmend, ablehnend oder unentschieden. Es werden drei Reihen gebildet. Die Reihe für Zustimmung formiert sich auf einer Seite des Raums, die Reihe für Ablehnung gegenüber. Unsichere oder neutrale Stimmen bilden eine Reihe in der Mitte.
3. Nach dem Spiel stellen Sie den Teilnehmern folgende Fragen:
   a) Wollte einer von euch seine Meinung ändern, als er die Reaktion der anderen sah?
   b) Hat jemand andere wegen ihrer Entscheidung beurteilt?
   c) Fühlte sich jemand wegen seiner Entscheidung schlecht oder hat er sich selbst beurteilt?
   d) Warum fällt es schwer, eine Wahl zu treffen oder eine Wahrnehmung zu äußern, vor allem wenn sie der allgemeinen Auffassung widerspricht?

Variation
Wählen Sie Wörter, mit denen die Teilnehmer sich selbst beschreiben können. Haben sie das Gefühl, dass ein Wort auf sie zutrifft, gehen sie in die Reihe für Zustimmung. Sind sie neutral oder unsicher, gehen sie in die mittlere Reihe. Wenn ein Begriff nicht auf sie zutrifft, reihen sie sich bei Ablehnung ein.

Beispiele:
sanft, mutig, laut, verspielt, ehrlich, bescheiden, emotional, energisch, sinnlich, gesprächig, introvertiert, sensibel, umgänglich, fantasievoll, sozial.

Selbstwahrnehmung

Ziel

In der Phase des Heranwachsens sehen Jugendliche sich veranlasst, sich in Relation zu Gleichaltrigen und der Gesellschaft zu definieren. Diese Übergangsidentität lässt sich mit einem Drachen (am Himmel) vergleichen, der ohne Halt gebenden Schwanz einem starken Wind ausgesetzt ist und ohne Richtung von einem Trend zum anderen wechselt. Das schnelle Tempo des Lebens verstärkt zusätzlich die Schwankungen, die Teenager durchleben. Sich selbst aus dem Herzen heraus wahrzunehmen kann als starker Anker dienen, während die Jugendlichen ihren Weg durch die Stürme und Wendungen dieser Übergangszeit suchen. Die Übung bietet Teenagern die Möglichkeit, sich selbst tief gehender wahrzunehmen, und sie lässt sie hoffen und die Richtung besser erkennen.

Alter
13 bis 18 Jahre

Zeit
20 Minuten oder länger

Teilnehmer
2 oder mehr Jugendliche

Ort
Drinnen oder draußen

Hilfsmittel
➡ Papier und Bleistift für jeden
➡ Ein kleiner Spiegel für jeden

Anleitung

1. Geben Sie zunächst eine allgemeine Einleitung: Während der Teenagerzeit ergeben sich viele Fragen bezüglich der eigenen Identität. Wer bin ich? Wohin gehöre ich? Wie schneide ich im Vergleich mit Gleichaltrigen ab? Was gibt es zu tun und mit wem? Die Übung besteht aus drei Runden, in denen ihr Antworten auf ähnliche Fragen aufschreibt. Jeder von euch bekommt einen Spiegel, damit ihr euch besser wahrnehmen könnt. Die Übung ist vertraulich; wenn ihr wollt, könnt ihr jedoch anschließend den anderen berichten. In Runde 1 geht es um äußere, körperliche Merkmale und eine allgemeine Vorstellung von euch selbst. Runde 2 geht tiefer, sie beginnt mit einem kurzen FREEZE-FRAME, und dann überlegt ihr, was ihr an euch schätzt (Vorzüge) und was besser werden müsste (Defizite). Runde 3 beginnt wieder mit einem FREEZE-FRAME, und dann stellt ihr eurem Herzen Fragen: Wer bist du und wohin gehst du? Aus der Perspektive des Herzens könnt ihr euch objektiver betrachten. Mit FREEZE-FRAME kann es euch gelingen, von eurem Kopf wegzukommen und euch klarer und ohne Selbstbeurteilung zu betrachten.

2. Sie geben jedem Teilnehmer einen Spiegel, Papier und einen Bleistift. In **Runde 1** beschreiben sie sich äußerlich und allgemein, geben aber kein Urteil zu ihren Beobachtungen ab.

3. Nach einigen Minuten gehen Sie zu **Runde 2** und leiten ein FREEZE-FRAME für alle ein. Sie erinnern die Teilnehmer daran, tiefer in ihr Herz zu gehen, wenn sie sich weiter erforschen. Jeder schreibt seine Vorzüge und seine Defizite auf.

4. **Runde 3** beginnt wieder mit einem FREEZE-FRAME. Dieses Mal sollen die Teilnehmer noch tiefer gehen. Die Antwort aus ihrem Herzen auf die Frage, wer sie sind und was sie werden wollen, wird schriftlich festgehalten.

5. Am Ende der Übung wird über die Erfahrungen diskutiert. Stellen Sie folgende Fragen:
- Ist es euch leicht oder schwer gefallen, euch zu betrachten? Warum?
- Inwieweit wird euer Selbstbild durch den sozialen Status beeinflusst? Inwieweit wird euer Selbstbild durch die Einschätzung eures Herzens bestimmt?
- Verändern sich eure Vorstellungen von euch selbst?

Beispiele

Ein vierzehnjähriges Mädchen
Runde 1: Ich bin in der achten Klasse, habe blondes Haar, eine Brille, eine Zahnspange, Sommersprossen und braune Augen. Ich mag Fernsehen, Kino und Ballett.

Runde 2: Vorzüge – nett, ruhig, freundlich, bereitwillig, gute Noten, schöner Ring, schöne Haare und Augen, eine fürsorgliche Familie. Defizite – Brille, Zahnspange, Sommersprossen, werde leicht wütend, streite mit meinem Bruder.

Runde 3: Ich werde die Highschool beenden und dann vielleicht aufs College gehen. Vielleicht werde ich Schauspielerin oder Chirurgin. In den Fernsehserien sieht das immer nach viel Freude aus, aber ich weiß, dass man sehr genau sein muss, dass auch viel Schreckliches vorkommt und lange Arbeitszeit. Ich möchte auch heiraten. Ich werde einfach abwarten und sehen, was geschieht.

Ein vierzehnjähriger Junge
Runde 1: Fanatischer Basketballspieler, Rapper, bin eitel, nicht ruhig.

Runde 2: Vorzüge – mutig (nicht schüchtern), mag Musik, viel Energie, will unbedingt Basketball spielen und Sport treiben. Defizite – bin persönlich betroffen, wenn es um Basketball und meinen Körper geht, spreche zu laut, zu ungeduldig.

Runde 3: Ich bin jemand, der immer da ist, wo gerade etwas los ist. Ich betrete neue Räume, um Dinge anders zu versuchen, um weiter zu kommen.

Ein fünfzehnjähriger Junge
Runde 1: Ich sehe Peter. Ich sehe Sommersprossen, rotes Haar, grün-blaue Augen, die Familiennase, die Familienunterlippe. Rote Wangen, Zahnspange, gelbe Zähne, Pickel, muss mein Haar bürsten.

Runde 2: Vorzüge – lustig, nett, freundlich, intelligent, stark, ruhig.
Defizite – ein bisschen verrückt, muss zu mir und anderen ehrlicher sein, brauche mehr Disziplin.

Runde 3: ch bin ein Tier, ein menschliches, eine weitere Stufe auf der Leiter der Evolution. Ich kann und werde einen Unterschied bewirken, ob ich es will oder nicht. Ich will so wie alle mehr sein, als ich bin. Ich möchte leben und gut leben. Ich bin nicht zufrieden mit meiner Umgebung und betrachte die meisten Leute als unter mir stehend, obwohl ich sie als Menschen deswegen nicht verurteile. Ich werde weiter das tun, was ich für mein Leben haben will, obwohl ich nicht weiß, was es ist, und wahrscheinlich auch nicht wissen werde, bis ich dazu bereit bin. Ich werde wahrscheinlich mein Schicksal akzeptieren, wenn es so etwas wie Schicksal gibt.

Umfrage über Stress

Ziel
Wie gehen Menschen mit Stress um? Zunächst scheint das kein Thema zu sein, das Jugendliche besonders zu interessieren scheint. Nach dieser Übung jedoch werden sie sehr viel mehr über sich selbst und andere wissen. Von Phase I bis zu Phase III lernen Jugendliche, wie sie selbst, Gleichaltrige, ihre Eltern und andere Erwachsene auf den alltäglich vorhandenen Druck reagieren. Und sie werden entdecken, wie der Stress noch vergrößert wird, wenn man sich selbst, andere Menschen und alle möglichen Themen *beurteilt*. Für die Übung sind mehrere Sitzungen nötig.

Alter
13 bis 18 Jahre

Zeit
Phase I = 40 Minuten
Phase II und III je 30 Minuten

Teilnehmer
1 Erwachsener und 2 oder mehr Jugendliche

Ort
Drinnen (Die Untersuchung in Phase II kann in der Öffentlichkeit durchgeführt werden, zum Beispiel in einer Ladenpassage oder einem Supermarkt)

Hilfsmittel
➡ Tafel oder Flipchart mit entsprechenden Stiften
➡ Papier und Bleistift für alle Teilnehmer
➡ Klemmbrett oder harte Unterlage zum Schreiben

Anleitung
1. Sie erklären die Ziele und die einzelnen Phasen des Projekts. Phase I handelt davon, wie Jugendliche und Erwachsene Stress erleben und wie sie darauf reagieren. In diesem Zusammenhang wird auch die FREEZE-FRAME-Technik erklärt und geübt. In Phase II wird eine Feldstudie durchgeführt, für die jeder Teilnehmer mindestens fünf Menschen befragt – Gleichaltrige, Eltern oder andere Erwachsene. Phase III beendet die Übung mit einer Auswertung und einer abschließenden Betrachtung.
2. Beginnen Sie Phase I mit einer Erörterung folgender Fragen:
- Was sind Dinge, die euch, euren Kameraden oder Erwachsenen Stress bereiten? Die Antworten werden auf der Tafel in die linke Spalte unter „Stress" eingetragen.
- Was sind Auswirkungen von Stress – mental, emotional und körperlich – bei euch und anderen? Die Antworten kommen in die mittlere Spalte unter „Auswirkungen".
- Welche Lösungen habt ihr und andere, um mit Stress fertig zu werden? Schreiben Sie die Antworten in die rechte Spalte unter „Lösungen".

Beispiele:
Stress: Mit wem soll ich mich wann verabreden? **Auswirkungen:** Kopfzerbrechen, Magendrücken
Lösungen: Essen, Diät, trinken, rauchen, nicht verabreden

Klären Sie im Gespräch, wie die meisten Lösungen entweder a) das Problem nicht lösen oder b) erst dann greifen, wenn der Stress sich bereits ausgewirkt hat.
Verdeutlichen Sie, wie FREEZE-FRAME greift, wenn Stress auftritt, indem Sie das Wort FREEZE-FRAME *zwischen* die Kategorien „Stress" und „Auswirkungen" schreiben.

3. Machen Sie jetzt FREEZE-FRAME mit den Teilnehmern, damit sie selbst erfahren können, wie hilfreich es ist. Anschließend bitten Sie die Teilnehmer, FREEZE-FRAME für eines ihrer Stressthemen (jedoch nicht für das schwierigste) anzuwenden. Bitten Sie alle, vor dem nächsten Treffen FREEZE-FRAME für zwei weitere Stressbereiche zu machen und dann darüber zu berichten. Zu Beginn der nächsten Sitzung (Phase II) lassen Sie sich über die Erfahrungen mit FREEZE-FRAME berichten.
4. Phase II ist die Feldstudie, für die die Jugendlichen fünf Freunden oder Mitschülern, Eltern oder anderen Personen die drei Fragen stellen, die unter 2. aufgeführt sind. Damit die Ergebnisse der Befragung zusammengefasst werden können, müssen (nach dem Muster eines *Multiple-Choice*-Tests) für jede Frage vier mögliche Antworten gefunden werden, außerdem wird eine Zeile frei gelassen, in die man noch weitere Antworten eintragen kann. Helfen Sie bei der Vorbereitung der *Multiple-Choice*-Fragen. Anschließend schreiben Sie die Antworten in eine Tabelle und kopieren diese mehrmals – jeder sollte mindestens fünf Fragebogen für die Aktion zur Verfügung haben. Beraten Sie mit den Teilnehmern, wo sie ihre Befragung durchführen wollen. (Machen Sie darauf aufmerksam, dass sie bei einer Befragung in Geschäften um Erlaubnis fragen müssen.)
5. In Phase III werden die Ergebnisse aller Fragebogen ausgewertet. Das kann entweder eine kleine oder die gesamte Gruppe tun. Die häufigsten Antworten können graphisch als Säulen dargestellt oder die verschiedenen Kategorien von Antworten können prozentual angegeben werden.
6. Besprechen Sie die Ergebnisse und bitten Sie die Teilnehmer um ihre Schlussfolgerungen. Was haben sie gelernt? Sind sie der Meinung, dass unsere Gesellschaft gut mit Stress umgehen kann? Wissen die Teilnehmer und ihre Freunde, wie man gut mit Stress umgehen kann? Warum haben Menschen so viel Stress? Können sie erkennen, dass eine Technik wie FREEZE-FRAME hilft, besser mit Stress umzugehen?

Variationen
1. Unterteilen Sie die Fragen nach „Stress für Jugendliche" und „Stress für Erwachsene". Vergleichen Sie die Antworten nach Gemeinsamkeiten und Unterschieden.
2. Vielleicht können Sie die Ergebnisse in der Schulzeitung oder in der Lokalzeitung veröffentlichen.
3. Untersuchen Sie andere Themen, zum Beispiel Fragen der Kommunikation, Gruppendruck, Wahlmöglichkeiten, usw. Lassen Sie die Gruppe wieder Fragen und mögliche Antworten finden.

Beispiel
Bericht eines Jugendlichen nach der Stressumfrage: „Mein Freund und ich gingen in die Einkaufspassage. Zuerst war ich nervös. Die Leute sagten, sie hätten keine Zeit, aber dann habe ich den Dreh herausbekommen. Es war wie ein Spiel. Wir hatten eine ‚Mission' und nach einer Weile war es uns egal, was die Leute dachten, weil wir unseren Spaß hatten. Mich überraschten die Ergebnisse der Erwachsenen nicht. Ich wusste, dass Arbeit der letzte Stress ist. Erwachsene müssen früh aufstehen, den ganzen Tag arbeiten, sie kommen spät nach Hause und schreien dann ihre Kinder, den Mann oder die Frau an. Erwachsene haben durch die Dinge Stress, von denen alle Amerikaner gestresst sind: Arbeit und Geld. Das ist der amerikanische Traum! Die meisten Erwachsenen versuchen zu entspannen, sie lassen den Stress heraus oder betätigen sich sportlich. Ich selbst glaube, dass FREEZE-FRAME bei allen funktionieren könnte. FREEZE-FRAME kann den Stress sofort stoppen. Die Lösung Nummer 1 bei Jugendlichen sind Drogen und das überrascht nicht, da Menschen damit entspannen können. Aber diese Lösung wirkt nur momentan, wie wenn du Ferien machst. Du kommst immer wieder in die Realität zurück und musst dich mit ihr auseinander setzen."

Stressumfrage bei Jugendlichen
von zwei Vierzehnjährigen in einer Ladenpassage

Stress bei Jugendlichen
1. Beziehungen   5
2. Familie   10
3. Gemeine Menschen   3
4. Drogen   4
5. Schule   11
6. Geld   6
7. Arbeit   5
8. Zeit   3
9. Freundschaften   2

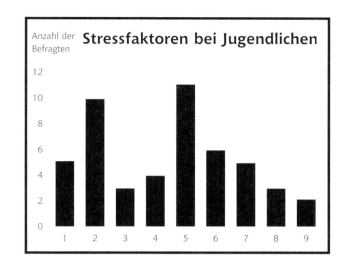

Auswirkungen bei Jugendlichen
1. Wütend werden   16
2. Körperliche Schmerzen   3
3. Niedergeschlagen   11
4. Müde   10
5. Nervös   7
6. Gelangweilt   6
7. Schlechter Schlaf   4
8. Keine   4

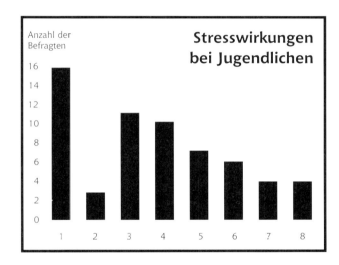

Lösungen der Jugendlichen
1. Meditieren, beten   2
2. Gespräch mit Freunden   5
3. Training, Sport   8
4. Wütend werden   5
5. Drogen   12
6. Entspannen   10
7. Es einfach vergessen   9
8. Versuch etwas zu ändern   3
9. Musik   7
10. Beziehungen   4

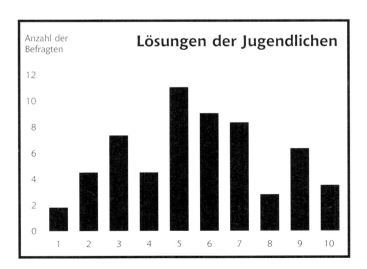

Stressumfrage bei Erwachsenen
von zwei Vierzehnjährigen in einer Ladenpassage

Stress bei Erwachsenen
1. Kinder   11
2. Arbeit   32
3. Verkehr   12
4. Chef   5
5. Nicht genügend Zeit   10
6. Regierung   13
7. Geld   24
8. Beziehungen   15

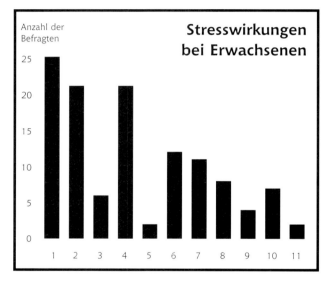

Auswirkungen bei Erwachsenen
1. Ärgerlich, erregbar   25
2. Müde   21
3. Angespannt   6
4. Körperliche Schmerzen   21
5. Verwirrung   2
6. Niedergeschlagen   12
7. Nervös   11
8. Besorgnis   8
9. Mehr essen   4
10. Kann nicht schlafen   7
11. Macht mir nichts aus   2

Lösungen der Erwachsenen
1. Meditieren, beten   14
2. Darüber reden   8
3. Training, Sport   45
4. Wütend werden   1
5. Drogen und Alkohol   9
6. Entspannen   17
7. Nachdenken und auf Distanz gehen   23
8. Neue Umgebung   8
9. Gesunde Ernährung   2
10. Filme anschauen   2
11. Die Natur genießen   7
12. Musik   4
13. Essen   2

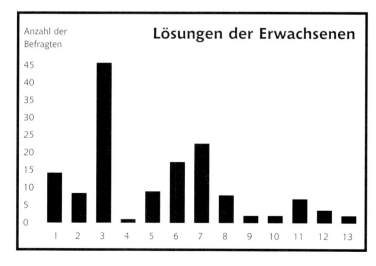

Kapitel 10

Teamarbeit

FREEZE-FRAME-Marsch

Ziel
Mit Musik können Kinder ihre Stimmung zum Ausdruck bringen und ihr Herz ermuntern. Wenn die Familie gemeinsam Musik anhört, ist das sicher eine gute Alternative zum gemeinsamen Fernsehen. Die Übung verbindet eine vereinfachte Version des FREEZE-FRAME mit Marschmusik und erfordert aktives Zuhören sowie Selbstkontrolle, damit sie gelingen kann. Familien und Gruppen lernen dabei, sich als Team spielerisch zu bewegen. Ob Sie den FREEZE-FRAME-Marsch zu Hause oder in der Klasse spielen – es wird allen Teilnehmern sehr viel Spaß machen.

Alter
2 bis 8 Jahre

Zeit
10 Minuten

Teilnehmer
Erwachsene und 3 oder mehr Kinder

Ort
Drinnen oder draußen (Es muss genug Platz für die Bewegung im Kreis sein.)

Hilfsmittel
➡ Kassettenrekorder oder CD-Player
➡ Marschmusik mit anregendem Rhythmus (Sehr gut geeignet ist der „Heart March" auf der Kassette bzw. CD *Speed of Balance* von Doc Childre. Der Rhythmus passt für diese Übung gut und das Stück kann mehrmals gespielt werden.)

Anleitung
1. Der Spielleiter erklärt die Übung: Alle marschieren im Kreis zur Musik und machen die Bewegungen nach, die der Spielleiter vormacht. Wenn die Musik stoppt, macht jeder kurz FREEZE-FRAME. Setzt die Musik wieder ein, marschieren alle weiter. Wenn kein Erwachsener anwesend ist, der die Musik immer wieder unterbricht, kann ein Teilnehmer der Gruppe dies tun.
2. Machen Sie die Bewegungen vor, die beim Marschieren ausgeführt werden sollen: marschieren, in die Hände klatschen, usw. Machen Sie auch die FREEZE-FRAME-Übung einmal vor.
3. Bitten Sie alle zu einem Kreis, lassen Sie die Musik einsetzen und beginnen Sie zu marschieren. Versuchen Sie möglichst alle mit einzubeziehen.
4. Sobald die Musik stoppt, „erstarren" alle im Sinne der FREEZE-FRAME-Übung. Der Spielleiter erklärt, dass beim Wiedereinsetzen der Musik alle eine Hand auf ihr Herz legen und Liebe oder Wertschätzung an den- oder diejenige schicken, die vor ihnen marschiert. Wenn er ankündigt „Weitergehen, Liebe aussenden", wird die Musik eingeschaltet und alle marschieren weiter.

Variationen
1. Jedes Mal, wenn die Musik stoppt, gibt der Spielleiter an, wer als Nächster Liebe bekommt – der Teilnehmer, der jeweils hinter einem steht, ein Kind, die Eltern, die ganze Welt, usw.
2. Der Spielleiter fordert alle Kinder auf, ihm zu folgen, und führt die Kinder quer durch den Raum und um die Möbel herum, die Kinder halten sich an den Händen und laufen gemeinsam in Form einer Acht, usw. Größere Kinder haben vielleicht Spaß daran, neue Tanzschritte auszuprobieren.
3. Verschiedene Familienmitglieder sind abwechselnd Spielleiter, geben die Anweisungen und bestimmen die Bewegungen.

Bilderpuzzle

Ziel

Jüngere Kinder spielen im Allgemeinen nicht gemeinsam, sondern eher nebeneinander. Die Kinder sollen bei dieser Übung lernen, friedlich gemeinsam zu spielen, sei es in der Familie oder in der Klasse. Bei Tätigkeiten im „Team" ist es wichtig, dass gemeinsame Interessen gefunden werden. Bei diesem Spiel schafft sich eine kleine Gruppe von Kindern mit Bastelmaterial ihren eigenen Spielort, zum Beispiel nach Motiven auf einem Bauernhof, auf einem Spielplatz, im Zoo, am Strand, im Park, in der Schule, im Flughafen, in der Stadt usw. Wählen Sie etwas aus, mit dem wahrscheinlich alle Kinder vertraut sind.

Alter
3 bis 5 Jahre

Zeit
20 Minuten oder länger

Teilnehmer
1 Erwachsener und 1 bis 3 Kinder

Ort
Drinnen (an einem großen Tisch)

Hilfsmittel
➡ Bilderbücher mit Dingen, Gebäuden, Tieren usw., die üblicherweise an dem gewählten Ort zu finden sind.
➡ Bleistift und Papier
➡ Ein großer Bogen Papier
➡ Bunte Marker oder Buntstifte
➡ Scheren oder Messer
⇨ Mehrere Bogen Papier werden mit Klebstreifen verbunden, damit alle Kinder genügend Fläche zur Verfügung haben.
⇨ Knetmasse oder Ton
⇨ evtl. abwaschbare Farben, Pinsel, Papier oder alte Tücher zum Ausbreiten auf dem Boden, Kittel für jedes Kind

Anleitung

1. Entscheiden Sie, welches Motiv für das Puzzle genommen wird. Fragen Sie die Kinder, ob sie bereits an einem solchen Ort gewesen sind, und lassen Sie sie von ihren Erlebnissen berichten.
2. Zeigen Sie den Kindern Bilder zum Thema des Puzzles in Bilderbüchern.
3. Suchen Sie gemeinsam mit den Kindern Gegenstände, die im Bilderpuzzle dargestellt werden können (Gebäude, Menschen, Tiere)
4. Dann malen Sie auf einen großen Bogen Papier die Umrisse für das Gesamtbild und die Umrisse der genannten Menschen, Tiere oder Gegenstände. Diese Skizze wird mit Bleistift ausgeführt.
5. Jedes Kind bekommt einen Teil des Bildes zugewiesen, den es mit Farbstiften ausmalen soll.
6. Schneiden Sie aus dem fertigen Bild viele kleine (oder auch größere) Puzzleteile. (Vgl. Muster Seite 186)
7. Die Kinder setzen das Puzzle wieder zusammen. Loben Sie sie für die gemeinsame Arbeit.

Kannst du mit dem Herzen sehen?

Variation

Lassen Sie das ausgewählte Thema, Motiv bzw. Szenario in Ton modellieren. Malen Sie zunächst wieder eine Skizze mit Umrissen auf einen großen Bogen Papier.

- Sie erklären den Kindern, dass und wie sie das ausgewählte Thema in Ton modellieren sollen. Zunächst zeigen Sie den Kindern wieder Bilder. Wenn Sie also einen Bauernhof modellieren wollen, suchen Sie nach Bildern, auf denen die Tiere vollständig abgebildet sind. Ehe die Kinder Tiere aus Ton formen, sollen sie zunächst verschiedene Dinge, die auf das Bild gehören (zum Beispiel einen Stall für die Kühe oder die Hühner) skizzieren und ausmalen.
- Sie bestimmen die Teams und verteilen die Materialen zum Zeichnen und Ausmalen.
- Nach dem Malen bekommt jedes Kind Ton oder Knetmasse, um Tiere oder sonstige ins Bild passende Dinge zu formen. Jedes Kind macht für sein Team eine Figur aus Ton oder Knetmasse, wobei sich die Kinder an den Bilderbüchern orientieren können. Manche Figuren werden in ihrer Form sehr ungewöhnlich sein – unterbinden Sie jedoch Kritik der Kinder untereinander.
- Betonen Sie anschließend den Aspekt, dass die Arbeit gemeinsam getan wurde und dass aus der Zusammenarbeit ein bemerkenswertes Ergebnis hervorging. Vielleicht laden Sie Eltern oder Freunde zur Besichtigung ein und lassen die Kinder ihre Kreationen erklären.

Im Rhythmus klatschen

Ziel

Musik ist eine universelle Sprache und spricht die Herzen von Kindern aus allen Kulturen an. Bei dieser Übung gibt der Erwachsene einen einfachen Rhythmus vor, den die Kinder mit Klatschen oder (falls vorhanden) mit Rasseln und anderen Geräuschinstrumenten aufnehmen. Wenn die Gruppe im Rhythmus sicher ist, können die Kinder Textzeilen erfinden und im Rhythmus aufsagen. Das kann viel Spaß für alle bedeuten und dafür braucht es keine Musikexperten.

Alter
6 bis 15 Jahre

Zeit
15 Minuten oder länger

Teilnehmer
1 Erwachsener und eines oder mehrere Kinder

Ort
Drinnen oder draußen

Hilfsmittel
- Papier und Bleistift für jede Gruppe
- Rasseln und andere Geräuschinstrumente

Anleitung

1. Geben Sie mit Klatschen einen einfachen Rhythmus vor.
   Beispiel: einfache Rhythmen mit mehreren Schlägen
   - Tak – tak – tak – tak ...
   - Tak – tak/tak – tak – tak/tak ...
   - Tak – tak – tak – tak/tak ...
2. Die Kinder klatschen im vorgegebenen Rhythmus. Wenn dieser stimmt, probieren sie andere aus.
3. Bilden Sie kleine Gruppen, wobei Jüngere und Ältere in einer Gruppe sein sollten. Jede Gruppe erhält Papier und Bleistift und überlegt sich einfache Reime oder Gedichte, die man mit dem rhythmischen Klatschen begleiten kann. Betonen Sie, dass die Verse ernsthaft und vom Herzen inspiriert sein sollten – dass sie Freude bereiten sollten. Humor ist erwünscht, aber niemand sollte dabei herabgesetzt werden. Danach übt die Gruppe die Gedichte im Rhythmus aufzusagen.
4. Schließlich führt jede Gruppe ihren Rhythmus vor und trägt anschließend ihre Reime vor, zu denen die Übrigen dann klatschen.

Als Beispiel können Sie einen bekannten Gedicht- oder Liedtext vorsprechen und dazu klatschen.

Nichts wie ran!

Ziel
Mit dieser schnellen Übung werden individuelle und Team strategien gefördert, körperliche Wendigkeit und FREEZE-FRAME werden dabei trainiert. Gelegentlich wird es Durcheinander und Geschrei geben, wenn die gegnerischen Teams auf denselben Ball aus sind. Achten Sie darauf, dass alle über dem Spaß nicht die Rücksichtnahme vergessen. „Nichts wie ran!" lässt sich gut mit altersgemischten Gruppen spielen – mit der Familie, mit Nachbarn und in der Schule – und es fördert den Teamgeist.

Alter
7 bis 14 Jahre

Zeit
20 Minuten oder länger

Teilnehmer
Erwachsene und 6 oder mehr Kinder

Ort
Draußen (oder in einer Turnhalle)

Hilfsmittel
➡ 2 Bälle so groß wie Tennisbälle
➡ 2 Seile oder 4 Kegel zum Markieren der Grenzlinien
➡ Pfeife

Anleitung
1. Ziehen Sie für die Teams zwei Abstandslinien, die etwa 10 Meter auseinander liegen. In das Feld zwischen den Abstandslinien legen sie zwei Bälle, etwa 3 bis 3,50 Meter voneinander entfernt.
2. Verteilen Sie die Teilnehmer auf zwei Teams und achten Sie darauf, dass beide Mannschaften etwa gleich stark sind. Stellen Sie aus beiden Mannschaften durch Vergabe von Nummern „Paare" aus Gegenspielern zusammen, die sich nach Alter, Größe und Geschicklichkeit ähneln.
3. Die Spielregeln sind folgende: Jedes Team steht hinter seiner Linie. Der Spielleiter ruft eine Nummer auf und pfeift anschließend. Daraufhin laufen aus jeder Mannschaft die Spieler mit der entsprechenden Nummer los und versuchen mindestens einen der beiden Bälle zu erwischen und über die eigene Linie zurückzubringen, ohne dass sie vom anderen Spieler gefangen werden. Jeder eroberte Ball ergibt einen Punkt. Wird ein Spieler mit dem Ball in der Hand vom Gegner gefangen, scheidet der gefangene Spieler aus und bekommt keinen Punkt. Der Fänger hat entweder bereits einen Ball in der Hand oder kann den noch freien Ball ergreifen; er bekommt jedoch keinen Punkt für den Ball, den sein Gegner bereits hatte. Es ist nicht erlaubt, einen Spieler zu belauern, der einen Ball holen will; beide Spieler sollten ernsthaft versuchen, sich einen Ball zu holen.
4. Nach jeder Runde werden die Punkte bekannt gegeben und dann wird die nächste Nummer aufgerufen. Das Spiel geht so lange, bis alle an der Reihe waren. Pausen mit FREEZE-FRAME sollten dazwischen, insbesondere zur Halbzeit ausgerufen werden, damit die Teams ihre Strategie absprechen können.

5. Auch vor dem Spiel macht jedes Team einmal kurz FREEZE-FRAME und bespricht die Strategie. Dazu werden folgende oder ähnliche Fragen gestellt:
   a) Welcher der Bälle ist am einfachsten zu erwischen? (Die Spieler können sich entlang ihrer Linie zur Mitte dieser Linie bewegen, um so näher an den Ball zu kommen.)
   b) Wenn ein gegnerischer Spieler zum selben Ball läuft, welche Strategie setzt man dann am besten ein? Bemüht man sich um den anderen Ball oder versucht man dem Gegner zuvorzukommen?
   c) Wenn Enttäuschung aufkommt, wie geht man am besten damit um? Fordern Sie alle auf, ihre Meinung zu sagen und aufmerksames Zuhören zu üben, um so den Teamgeist zu stärken.
6. Jedes Team kann zwei Mal Auszeit für FREEZE-FRAME beanspruchen, um die eigene Strategie zu überdenken. Je zwei Minuten sind dafür erlaubt. Nach dem Spiel machen alle noch einmal FREEZE-FRAME und besprechen dann, was Spaß gemacht hat und was schwierig war oder was sich als effektive Strategie erwiesen hat.

Variation

Drei Spieler jeder Mannschaft laufen gleichzeitig los. Wer einen Ball erwischt, kann ihn einem Mitspieler im Feld zuwerfen, der dann die Linie zu erreichen versucht und damit einen Punkt bekommt. Fällt der Ball zu Boden, geht der Punkt verloren. Bezüglich Fangen gelten die gleichen Regeln.

Sketche mit Herz

Ziel

Hier wird die Kreativität und Fantasie der Kinder angesprochen. Durch Rollenspiele, Pantomime oder Sketche soll die Anwendung der Herztechniken in der Familie oder in der Schule gefördert werden. Solche Spiele können gelegentlich sicher für bessere Unterhaltung in der Familie sorgen als das Fernsehen. Das Spiel beginnt mit einem kurzen, improvisierten Sketch, in dem dargestellt wird, wie jemand vom Herzen weg gerät, dann FREEZE-FRAME macht und schließlich eine andere, zunächst geheim gehaltene Technik macht, um wieder zu seinem Herzen zurückzukommen – diese Technik wird per Karte gezogen, sodass die anderen nicht wissen, um welche Technik es sich handelt. Ob nun Einzelne oder Teams spielen, sie alle haben ihren Spaß und lernen dabei die Techniken besser kennen.

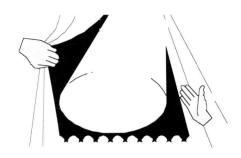

Alter
7 bis 18 Jahre (Kinder unter 7 können mit Unterstützung eines Jugendlichen oder Erwachsenen teilnehmen.)

Zeit
20 Minuten oder länger

Teilnehmer
Erwachsene und 2 oder mehr Kinder

Ort
Drinnen

Hilfsmittel
➡ Die „Gewinn"-Karten aus dem Spiel von Seite 153–158
➡ Papier und Bleistift
➡ Eine Münze
⇨ Schminkutensilien, Kleidungsstücke und Theaterrequisiten, Beleuchtung

Regeln

1. Beschließen Sie, ob einzeln oder als Gruppe gespielt wird. Achten Sie dabei darauf, wie weit die Einzelnen mit den Techniken vertraut sind und ob sie altersmäßig zusammenpassen. Kinder unter 7 brauchen einen Jugendlichen oder Erwachsenen zur Unterstützung.

2. Wählen Sie entsprechend der Liste auf Seite 191 Gewinnkarten aus den Karten von Seite 153–158 aus.

3. Einzelne Teilnehmer oder Teams zeigen abwechselnd einen Sketch, in dem dargestellt wird, wie jemand weg vom Herzen ist und dann mit Hilfe einer Technik wieder zu seinem Herzen zurückfindet. Die Technik wird mit Hilfe einer gezogenen Karte ermittelt.

4. Im Spiel sollen möglichst viele Punkte erreicht werden. Einen Punkt erhält man dann, wenn man als Team oder Einzelner richtig errät, welche Herztechnik vorgestellt wird, obwohl diese vorher nicht genannt wurde. Ein Mitspieler achtet dabei auf den Punktestand.

1. **Geeignete Karten mit Herztechniken für Kinder jünger als 7:**

   - Sei liebevoll
   - Wertschätzung
   - HEART LOCK-IN
   - Sei positiv
   - Sprich mit einem Freund
   - Aufmerksam zuhören mit dem Herzen

2. **Karten mit Herztechniken für Kinder ab 7 (zusätzlich zur ersten Liste):**

   - Sag die Wahrheit
   - FREEZE-FRAME
   - Genieße die Natur
   - Geh in einen neutralen Zustand
   - Übe CUT-THRU, damit du dich besser fühlst
   - Sei flexibel
   - Sei lässig
   - Bewege dich weiter
   - Gib nach und mach dir nichts daraus
   - Faires Herz
   - Übernimm Verantwortung für dich selbst

Anleitung

1. Wer als Erster spielt, wird durch eine Münze entschieden.
2. Die Gewinnkarten werden gemischt. Dann nimmt jeder Spieler oder jedes Team ein Karte vom Stoß und weiß damit, welche Technik darzustellen ist.
3. Alle Beteiligten haben 10 Minuten Zeit, um sich einen kurzen, improvisierten Sketch zu überlegen: Jemand gerät von seinem Herzen weg, macht FREEZE-FRAME und nutzt dann eine weitere Technik, um wieder zum Herzen zurückzukommen.
4. Nach jedem Sketch versuchen die übrigen Teams oder Teilnehmer die Technik zu erraten. Jede korrekte Antwort ergibt einen Punkt.
5. Sind alle Sketche gezeigt, werden die Punkte zusammengezählt und der Sieger ermittelt.

Beispiel

Ein Team hat die Karte „Wertschätzung" gezogen. Drei Kinder im Alter von fünf, acht und neun Jahren erfanden den folgenden Sketch über eine Mutter, die ihren Kindern neues Spielzeug gekauft hatte.

Mutter: „Ich war gerade einkaufen und habe für jeden ein neues Spielzeug mitgebracht."
Kinder (zusammen): „Oh, toll", und beide ergreifen ein Spielzeug und spielen damit.
Junge: „Ich mag lieber *dein* Spielzeug. Es ist größer. Ich will es haben." Er versucht es seiner Schwester zu entreißen.
Mädchen: „Nein, du bekommst es nicht, es ist meines."
Mutter: „Hört auf zu streiten oder ich nehme euch beide Teile weg." Die Kinder sind still und machen FREEZE-FRAME.
Mädchen: „Vielen Dank für mein neues Spielzeug, Mama."
Junge: „Ich habe schon so viele Spielsachen. Da ist es okay, wenn ihr Teil schöner ist. Danke, Mama, dass du mir etwas gekauft hast."
Ende des Sketches. – Die Zuschauer haben richtig geraten: „Wertschätzung".

Variation: Die Sketche werden noch interessanter, wenn Sie Kleidungsstücke, Schminke, sonstige Requisiten und „Bühnenbeleuchtung" besorgen.

Irrgarten

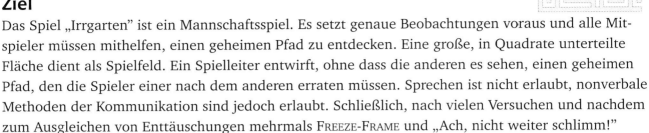

Ziel

Das Spiel „Irrgarten" ist ein Mannschaftsspiel. Es setzt genaue Beobachtungen voraus und alle Mitspieler müssen mithelfen, einen geheimen Pfad zu entdecken. Eine große, in Quadrate unterteilte Fläche dient als Spielfeld. Ein Spielleiter entwirft, ohne dass die anderen es sehen, einen geheimen Pfad, den die Spieler einer nach dem anderen erraten müssen. Sprechen ist nicht erlaubt, nonverbale Methoden der Kommunikation sind jedoch erlaubt. Schließlich, nach vielen Versuchen und nachdem zum Ausgleichen von Enttäuschungen mehrmals FREEZE-FRAME und „Ach, nicht weiter schlimm!" angewendet wurden, findet ein Mitspieler den verborgenen Pfad und die anderen folgen ihm.

Alter
7 bis 18 Jahre

Zeit
30 Minuten oder länger

Teilnehmer
1 Erwachsener und 4 oder mehr Kinder

Ort
Drinnen (in einem großen Raum) oder draußen (auf Rasen oder glatter Steinfläche)

Hilfsmittel
- Klebeband (Rolle mit 30 m) zum Darstellen eines Irrgartens. Weitere Möglichkeiten:
- Auf Stein: Zwei Stück Kreide
- Auf Rasen: 30 m Seil, Hammer, 4 Metall- oder Holzstäbe, Messer zum Schneiden des Seils und 50 Beutelverschlüsse. Diese Variation ist die aufwendigste, aber das Zubehör kann immer wieder verwendet werden.
- Papier und Bleistift
- Maßband
- Kleine Glocke oder etwas anderes zum Signalgeben
- Uhr mit Sekundenzeiger oder Stoppuhr

Anleitung

1. Sie bilden aus 25 Quadraten von 30 Zentimeter Seitenlänge einen quadratischen Spielplan (fünf Reihen mit jeweils fünf Quadraten, siehe Abbildung auf S. 194) Wenn alle Mitspieler über zwölf Jahre alt sind, werden sechs Reihen mit je sechs Quadraten genommen.

a) Wenn Sie Klebeband verwenden, nehmen Sie sechs Streifen von 1,50 Meter Länge und legen sie parallel, 30 Zentimeter voneinander entfernt, auf den Boden. Um die Quadrate herzustellen, legen Sie weitere sechs Streifen von 1,50 Meter Länge senkrecht dazu – wieder im Abstand von je 30 Zentimeter. So entsteht ein Irrgarten mit 25 Feldern. Für einen Irrgarten mit 36 Feldern brauchen Sie 14 Streifen Klebeband von 1,80 Meter Länge. Wenn Sie das Klebeband auf einen Teppich legen, knicken Sie am besten die Enden um, so dass sich das Band leicht wieder lösen lässt.

b) Wenn Sie Kreidelinien aufzeichnen, halten Sie sich an dieselben Maße.

c) Wenn Sie den Irrgarten im Freien anlegen, verwenden Sie die Stöcke, um damit die vier Ecken des Irrgartens festzulegen. Im Abstand von 1,50 Meter schlagen Sie die vier Stöcke mit einem Hammer in den Boden. Sie nehmen ein Seil von 6,30 Meter, legen es um die vier Stöcke und verknoten die offenen Enden. Als Nächstes schneiden Sie vom Seil acht Stücke mit 1,60 Meter

Länge ab. Vier Stücke werden dann parallel im Abstand von 30 Zentimetern in das vorhandene Viereck gespannt und an beiden Seiten mit dem umlaufenden Seil verknüpft. Die letzten vier Stücke werden quer dazu über und unter den vorhandenen Seilen durchgezogen und ebenfalls befestigt. Alle losen Enden sowie die Stellen, an denen die Seile einander kreuzen, werden zur besseren Haltbarkeit verknotet. Überstehende Stücke werden mit dem Messer abgeschnitten. Nach dem Spiel kann dieser Rahmenplan für den Irrgarten eingerollt und weggeräumt werden.

2. Der Spielleiter kopiert die Abbildung des Spielplans (S. 194) und zeichnet, ohne dass die Spieler es sehen, einen Pfad ein, der die Spieler durch den Irrgarten führen soll. Achten Sie darauf, dass der Pfad der Altersstufe der Spieler angepasst ist. (Beispiele dazu auf Seite 194) Kennzeichnen Sie auf dem Papier das Anfangsquadrat, das die Spieler herausfinden müssen, und zeichnen Sie den Weg von Quadrat zu Quadrat bis zum Ausgangsfeld auf.

3. Ziel des Spiels ist es, dass alle Spieler den Verlauf dieses Weges erkennen und den unsichtbaren Weg durch den Irrgarten laufen. Der Spielleiter gibt den einzelnen Mitspielern Rückmeldung, ob sie das richtige Feld gewählt haben oder nicht. Solange ein Spieler entlang der richtigen Felder geht, kann er weitergehen. Kommt er auf ein Feld, das nicht zu dem unsichtbaren Pfad gehört, muss er zurück zur Linie, an der die anderen Spieler warten, um in den Irrgarten einzutreten. Die Spieler dürfen nicht miteinander sprechen, nur nonverbal kommunizieren. Tritt ein Spieler auf eine Linie oder sagt er etwas, so muss er zurück und sich hinter den anderen Spielern aufstellen. Mitspieler, die den Pfad richtig durchlaufen haben, sollten denen, die noch nicht durch den Irrgarten gelangt sind, nonverbal helfen.

4. Die Spieler gehen einzeln in den Irrgarten und müssen erraten, welches Feld in der ersten Reihe der Start ist. Sie dürfen weder vom Ausgang her eintreten noch hinter dem Spielleiter stehen (der an der Ziellinie steht). Wenn der erste Spieler den Irrgarten betritt, schaut er auf den Spielleiter, um zu sehen, ob er das Eingangsfeld für den unsichtbaren Pfad erraten hat. Der Spielleiter fordert zum Weitergehen auf, falls der Weg richtig ist, sonst läutet er mit einem Glöckchen. Tritt der Spieler auf ein falsches Feld, muss er umkehren und den Irrgarten auf demselben Weg verlassen, auf dem er eingetreten ist. Dann geht ein anderer Spieler in den Irrgarten. Alle Spieler beobachten sorgfältig, welches der korrekte Weg ist. Nachdem ein Spieler den Irrgarten erfolgreich durchquert hat, können bis zu drei Spieler gleichzeitig in den Irrgarten gehen, damit alle schneller durchkommen. Macht jedoch einer der drei einen Fehler, müssen alle drei zurück und neu starten.

5. Der Spielleiter fragt: Gibt es noch Fragen?

6. Wenn alle Fragen beantwortet sind, dürfen alle eine Minute lang nonverbale Kommunikationsstrategien beraten.

7. Nach einer Minute verkündet der Spielleiter: „Beginnen wir schweigend. Keine Gespräche mehr."

8. Nach dem Spiel wird besprochen, wie die Einzelnen das Spiel erlebt haben. War es eine Herausforderung, frustrierend oder Spaß? Mussten Sie FREEZE-FRAME machen? Oder „Ach, nicht weiter schlimm"? Waren einige Spieler mehr bei der Sache als andere? Welche Mittel der nonverbalen Kommunikation wurden genutzt? Was könnte in der Zukunft genutzt werden?

Variationen

Legen Sie eine bestimmte Spieldauer fest. Überlegen Sie, ob Sie Strafminuten verteilen, wenn jemand spricht.

Kannst du mit dem Herzen sehen?

Spielplan und Beispiel für Irrgarten mit 25 Feldern

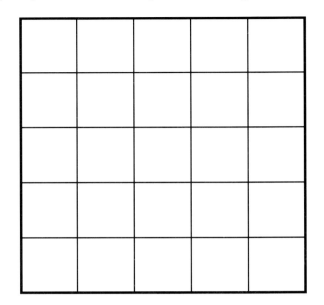
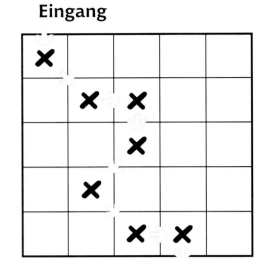

Spielplan und Beispiel für Irrgarten mit 36 Feldern

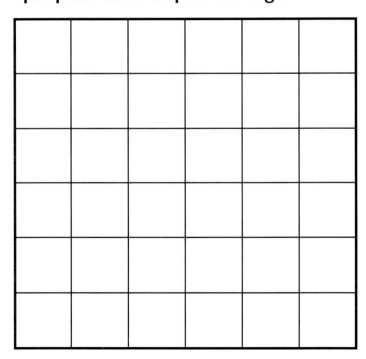
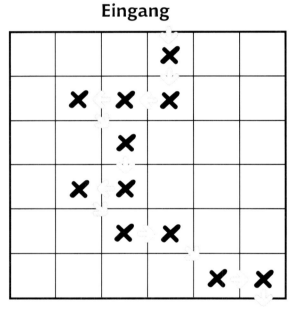

Schnelle Kette

Ziel
Mit diesem Spiel soll die Koordination, Kooperation und Teamfähigkeit ausgebaut werden. So wie Vögel lernen, in Formation zu fliegen, macht Sport und jedes Mannschaftsspiel mehr Spaß, wenn die Teilnehmer in ihrem Bewegungsablauf synchron sind. Wenn Kinder gemeinsam die Techniken anwenden, können sie selbst beobachten, wie ihre Koordination besser und ihre Geschwindigkeit schneller wird, und sie erleben im Team den dynamischen Fluss von Harmonie und Kohärenz.

Alter
8 bis 18 Jahre

Zeit
10 Minuten oder länger

Teilnehmer
5 oder mehr Kinder

Ort
Drinnen oder draußen (mit genügend Platz, um Kreise zu bilden)

Hilfsmittel
➡ Ein mittelgroßer Ball für jedes Team
➡ Eine Uhr mit Sekundenzeiger oder eine Stoppuhr

Anleitung
1. Der Ball soll von allen Spielern im Kreis so schnell wie möglich weitergegeben oder geworfen werden. Bei jeder Gruppe wird die Zeit gemessen.
2. Es gibt zwei Regeln:
   Der Ball muss von allen Teilnehmern berührt werden.
   Der Ball muss immer in der gleichen Richtung weiterlaufen.
3. Bilden Sie mehrere Teams mit etwa gleich vielen Kindern und ähnlicher Geschicklichkeit. Ein älteres Kind (oder ein Erwachsener) achtet auf die Zeit und beteiligt sich nicht am Spiel.
4. Ist ein Team bereit, wird die Zeit genommen; das Spiel ist dann zu Ende, wenn alle Spieler den Ball in der Hand hatten.
5. Egal wie viel Zeit gebraucht wird – der Spielleiter sollte den Spielern sagen, dass sie ihre Zeit noch verbessern können. Gibt es mehr als eine Gruppe, ruft der Spielleiter die Zeit aus, so dass die anderen Gruppen angespornt werden, ihre Zeit zu verbessern.
6. Die Teams machen Freeze-Frame vor Beginn und behalten den Fokus auf ihr Herz beim Spiel bei, damit sie schneller und besser synchron werden.
7. Achten Sie darauf, wie erfinderisch die einzelnen Gruppen sind, um ihre Zeiten zu verbessern.

Variationen
Bei größeren Kindern kann der Ball nach unterschiedlichen Regeln geworfen werden. Zum Beispiel zu den gegenüber oder rechts vom Spieler stehenden Spielern, zu jedem dritten Spieler in der Runde oder abwechselnd zwischen Jungen oder Mädchen.

Blinde Geometrie

Ziel
Damit wird die Sensibilität für Bewegungen und die Kooperation im Team gefördert. Außerdem ist aufmerksames Zuhören notwendig, um den Anweisungen des Spielleiters folgen zu können. Kinder, die Teamleiter spielen dürfen, müssen visualisieren und räumlich denken können, damit ihre Anleitungen Erfolg versprechen.

Alter
8 bis 18 Jahre

Zeit
10 Minuten oder länger

Teilnehmer
1 Erwachsener und 5 oder mehr Kinder

Ort
Drinnen oder draußen (auf einer großen, ebenen Fläche)

Hilfsmittel
➡ Augenbinden für alle Teilnehmer
➡ Langes Seil (etwa 50 Meter Wäscheleine)

Anleitung
1. Die Teilnehmer sollen unter Verwendung der vollen Länge des Seils ein Quadrat (oder eine andere geometrische Form) bilden. Alle Teilnehmer haben die Augen verbunden und halten sich am Seil fest. Einer der Teilnehmer wird Teamleiter.
2. Alle Teilnehmer schweigen während des Spiels – außer dem Teamleiter, der, obwohl auch er die Augen verbunden hat, den anderen Teilnehmern Richtungsanweisungen gibt, damit ein Quadrat, ein Kreis, ein Rechteck, eine Raute oder eine sonstige Form entsteht.
3. Hat der Spielleiter das Gefühl, dass die gewünschte Fläche von den Teilnehmern mit dem Seil dargestellt ist, lässt er alle die Augenbinden abnehmen und überprüfen, wie nahe sie an die vorgegebene Form gekommen sind.
4. Sprechen Sie anschließend darüber, was funktioniert hat und was nicht.
5. Das Spiel wird mit einem neuen Spielleiter wiederholt, der die gleiche oder eine neue Form entstehen lässt.

Fantasieinseln

Ziel

Kinder und Erwachsene haben neben den Grundbedürfnissen Nahrung, Kleidung und Wohnung auch das Bedürfnis nach Liebe, nach Spaß und nach körperlicher und emotionaler Sicherheit. In diesem Fantasiespiel mit Werten und Wahlmöglichkeiten besetzt jeder Einzelne oder jedes Team eine Insel, die für ein bestimmtes Bedürfnis steht. Während bestimmte Bedürfnisse in einem Bereich vollauf befriedigt werden, fehlen andere Dinge, die ein erfülltes Leben ausmachen. „Fantasieinseln" ist ein Familienspiel, bei dem Kreativität, Kooperation und Teamarbeit gefördert werden, indem die Teilnehmer versuchen, ihre Grundbedürfnisse zu bestimmen und zu befriedigen. Sie lernen außerdem, Güter und Dienstleistungen auszutauschen.

Alter
12 bis 18 Jahre

Zeit
30 Minuten oder länger

Teilnehmer
Erwachsene und vier oder mehr Kinder

Ort
Drinnen oder draußen

Hilfsmittel
➡ 12 Karteikarten pro Insel
➡ Papier und Bleistift für jeden Teilnehmer
➡ Bunte Marker für Zeichnungen und Anzeigen

Anleitung

1. Ehe Sie das Ziel des Spiels erklären, lassen Sie jeden Spieler sechs Grundbedürfnisse für ein befriedigendes Leben bestimmen. Ihr Leben wäre bei Nichterfüllung dieser Bedürfnisse schrecklich unbequem, sie wären schlecht ernährt, einsam oder gelangweilt. **Beispiele:** Ernährung, Kleidung, Wohnung, Eltern, Freunde oder bestimmte andere Menschen, Spaß, Gesundheit, usw. Diskutieren Sie die Ergebnisse in der Gruppe.

2. Erklären Sie das Ziel des Spiels und lesen Sie folgenden Text vor: „Jeder Mensch hat Grundbedürfnisse, die befriedigt sein müssen, damit er ein gesundes und erfülltes Leben führen kann. In diesem Spiel besetzt jeder Einzelne (oder jedes kleine Team) eine Insel, die für ein bestimmtes Bedürfnis steht, wobei andere Grundbedürfnisse nicht abgedeckt sind. Durch Kooperation und Handel kann jede Insel ihre Bedürfnisse befriedigen, indem Waren oder Dienstleistungen mit benachbarten Inseln ausgetauscht werden. Jede Insel hat das Ziel, so gut wie möglich zu leben."

3. Für die Teams: Die Gruppe wird nach Möglichkeit in vier Teams unterteilt, indem die Spieler abzählen (1, 2, 3, usw.) und dann entsprechend ihrer Nummer in ein Team gehen. Pro Team sollten nicht mehr als zwei Spieler sein – also sollten entsprechend viele Teams gebildet werden.

4. Jedes Team wählt einen Kundschafter, der die Informationen über die Produkte und Bedürfnisse der anderen Inseln sammelt, und außerdem einen Kaufmann, der mit den Kaufleuten anderer Inseln über den Austausch verhandelt. (Besteht das „Team" aus nur einem Mitglied, so ist dieses Kundschafter und Händler zugleich.) Kommunizieren dürfen die Teams nur über ihre Händler oder Kundschafter – im Übrigen darf nicht gesprochen werden, sonst gibt es Strafpunkte oder ein Produkt wird entzogen.

5. Jede Insel wählt eine andere Bedürfniskategorie, zum Beispiel: Nahrung, Spaß, Freunde, Schutz, Emotionen, Technologien, usw.

6. Jede Insel bestimmt innerhalb ihrer Bedürfniskategorie sechs Grundprodukte. Diese Produkte dürfen auf keiner anderen Insel vorhanden sein, auch nicht in ähnlicher Form. Jedes der sechs Produkte wird auf zwei verschiedene Karteikarten geschrieben (also insgesamt 12 Karten). Die doppelten Karten können im Austausch für andere Güter weggegeben werden.
   Beispiele für Produkte oder Dienstleistungen innerhalb einer Bedürfniskategorie:
   Nahrung: Gemüse, Brot, Fleisch, Süßigkeiten, Früchte, Getränke
   Spaß (keine Technik): Strand, Spiele, Bücher, Zoo
   Emotionen: Freude, Glück, Erregung, Frieden, Mut, Lachen
   Geräte und Technik (aktuell): Computer, Transportmittel, Telefon, Roboter, Straßen
7. Es gibt zwei Runden von zehn Minuten zum Handeln und dazwischen fünf Minuten, in denen jedes Team seinen Bedürfnisstand bestimmt. Sind mehr als zwei Spieler im Team, werden nach den fünf Minuten Kundschafter und Händler neu bestimmt. Nach der zweiten Austauschrunde gibt es eine Zwischenbilanz der Kundschafter, die feststellen, ob alle Inseln ihre Bedürfnisse erfüllt haben und gut leben. Wenn nach einstimmiger Meinung Erfüllung erreicht ist, zählt jedes Team auf, welche Produkte seine Insel angehäuft hat. In einer dritten Runde können alle Teams ein weiteres Produkt dazunehmen (auch außerhalb ihrer Bedürfniskategorie), um ihre Lebensqualität noch weiter zu verbessern.
8. Nach dem Spiel diskutieren Sie darüber, wie die Erfüllung von Grundbedürfnissen im Leben zur Erfüllung beiträgt.

Variationen

1. Tragen Sie in einer Liste die von den Teilnehmern genannten Grundbedürfnisse nach der Zahl der Nennungen zusammen und sprechen Sie über die Gründe für diese Auswahl.
2. Lassen Sie die Teilnehmer die Bedürfnisse von Erwachsenen nach der Häufigkeit der Nennung in Listen zusammenstellen. Vergleichen Sie diese Statistik mit der der Jugendlichen.
3. Die Teilnehmer stellen mit Zeichnungen und Anzeigen für ihre Produkte ein Werbeposter ihrer Insel her.
4. Diskutieren Sie über die aktuelle Lage im lokalen Bereich, landesweit oder global und stellen Sie zur Diskussion, ob die Bedürfnisse der Menschen befriedigt werden oder nicht (und warum). Sprechen Sie über Lösungsmöglichkeiten.

Beispiele

Eine Lehrerin an einer Mittelschule führte dieses Spiel mit Schülern durch, die aus vielen verschiedenen Ländern kamen: Jordanien, Israel, Mexiko, Polen, Pakistan, Dominikanische Republik, Kolumbien und El Salvador. Ihr Kommentar: „Alles lief sehr gut. Einige Schüler, die sich sonst nicht so leicht anderen anschließen, wurden in ein Team gesteckt und arbeiteten wirklich gut mit. Sie wählten die Kategorien Nahrung, Spaß, Emotionen, Geräte, Technik und besondere Menschen. Nach zwei Handelsrunden erkannten die Kinder, dass wir die Hilfe der anderen brauchen, um ein erfülltes Leben zu haben. Wir werden dieses Spiel sicher noch einmal machen."

Kommentar eines Vierzehnjährigen: „Es hat Spaß gemacht, so im Team zu arbeiten. Wir wurden richtig kreativ, bauten unsere eigene Inselwelt auf und konnten dann sehen, wie sie sich veränderte, als neue Bedürfnisse auftauchten."

Anhang

Anmerkungen

1 Seligman, M.: *The optimistic child,* New York: Houghton Mifflin, 1995
2 Gardner, H.: *Frames of mind. The theory of multiple intelligences,* New York: Basic Books, 1985; deutsch: *Abschied vom IQ. Die Rahmen-Theorie der vielfachen Intelligenzen,* Stuttgart: Klett-Cotta, 1991
3 Gross, R.: *Peak learning,* Los Angeles: Jeremy Tarcher, 1991
4 Cantin, M., und Genest, J.: *The heart as an endocrine gland,* in: *Clinical and Investigative Medicine,* 1986, 9 (4): S. 319-327
5 McCraty, R., Atkinson, M., Tiller, W.A.: *New electrophysiological correlates associated with intentional heart focus,* in: *Subtle Energies,* 1995, 4 (3): S. 251-268
6 McCraty, R., u.a.: *The effects of emotions on short term heart rate variability using power spectrum analysis,* in: *American Journal of Cardiology,* 1995, S. 76
7 Pribram, K. H.: *Brain and Perception: Holonomy and structure in figural processing,* Hillsdale NJ: Lawrence Erlbaum Ass. Publ., 1991
8 Goleman, D.: *Emotional intelligence: Why it can matter more than IQ,* New York: Bantam Books, 1995; deutsch: *Emotionale Intelligenz,* München/Wien: Hanser, 1996
9 Childre, Doc: *A parenting manual: Heart hope for the family,* Boulder Creek CA: Planetary Publications, 1995; deutsch: *Immer dem Herzen nach. Ein Ratgeber für Eltern,* Kirchzarten: VAK, 2000
10 Childre, Doc: Freeze-Frame®. *Fast action stress relief,* Boulder Creek CA: Planetary Publications, 1994
11 Childre, Doc: Cut-Thru®, *Achieve total security and maximum energy,* Boulder Creek CA: Planetary Publications, 1995

Über den Autor

Doc Childre ist Autor, Komponist und Pionier im Bereich Selbststärkung und Stressmanagement. Er gründete 1990 das Institut für HEARTMATH® (IHM) im kalifornischen Boulder Creek. Im IHM wurde das HEARTMATH®-System entwickelt; es will in einem einfachen, allgemein zugänglichen Rahmen Möglichkeiten anbieten, mit denen man augenblicklich Stress lindern und ein größeres Maß an Klarheit und Zielstrebigkeit erreichen kann.

Das IHM bietet eine Vielzahl von Schulungsprogrammen für Bildungsorganisationen, für Firmen sowie für Menschen, die in Heil- und Pflegeberufen, in der Verwaltung oder in kirchlichen Gruppen tätig sind.

Doc Childre hat weitere Materialien entwickelt, mit denen man das Gelernte festigen und seine Erfahrung der Herzintelligenz vertiefen kann:

- *Die Herzintelligenz entdecken. Das Sofortprogramm in fünf Schritten*
  Dies ist das Einführungsbuch zum Kennenlernen des HEARTMATH®-Systems.
- *Heart Zones. Musik zur Förderung der Herzintelligenz*
  Dies ist eine besondere Designerinstrumentalmusik, die Doc Childre entwickelte, um das Gleichgewicht des autonomen Nervensystems und die Kommunikation zwischen Herz und Gehirn zu verbessern. Diese Musik kann als Hintergrundmusik bei jeder Gelegenheit gehört werden, unterstützt aber auch das Üben des FREEZE-FRAME®-Fünfschritts. Erhältlich als MC oder CD (deutsche Version bei VAK – über den Buchhandel).
- *Forschungsberichte zur HerzIntelligenz-Methode*
  Seit Jahren wird die Methode wissenschaftlich ausgewertet. Interessierte können die Forschungsberichte direkt beim Verlag bestellen.
- *Die Herzintelligenz entdecken. Das Sofortprogramm bei Streß. Das Basisprogramm*
  Dieses Basisprogramm umfasst das Buch *Die Herzintelligenz entdecken,* die MC *Heart Zones* und das *Arbeitsheft* zum Üben der FREEZE-FRAME®-Technik. Es ist als Set gedacht für Menschen, die intensiv einsteigen wollen. (Das Set gibt es direkt beim Verlag VAK.)

Beim Verlag können Sie sich gerne über weitere Bücher und Materialien der Reihe HEARTMATH – HERZINTELLIGENZ sowie über eventuelle Seminarangebote informieren. Einen kostenlosen Gesamtprospekt erhalten Sie bei: VAK Verlags GmbH, Eschbachstraße 5, D-79199 Kirchzarten bei Freiburg, Fax 07661-987199

Über weitere, englischsprachige Bücher und Hintergrundinformationen sowie Fortbildungsmöglichkeiten informieren Sie sich bitte direkt beim amerikanischen Originalverlag Planetary oder beim HEARTMATH®-Institut:
http://www.heartmath.org
http://www.heartmath.com
http://www.planetarypub.com

Weitere Bücher von Doc Childre
(zum Teil bereits in Deutsch bei VAK erschienen)

- *Immer dem Herzen nach. Ein Ratgeber für Eltern*
  Wie man Herzintelligenz in der Familie anwendet, die Kommunikation zwischen Eltern und Kindern verbessert und auch in schwierigen Situationen Ausgeglichenheit bewahrt.
- *Kopf oder Herz? Lifeguide für Teens*
  Ein Buch, das Jugendlichen zeigt, wie sie die Herausforderungen ihres Lebens meistern, indem sie Kopf und Herz in Einklang bringen und ihrer inneren Stimme vertrauen.
- *Vom Chaos zur Kohärenz. Herzintelligenz im Unternehmen*
  Das Buch zeigt, wie man im Berufsleben mit Inner Quality Management Erfolg hat und den Weg aus der Stress-Schraube findet.
- *Cut-Thru: How to Care Without Becoming a Victim*

CUT-THRU® ist eine der HEARTMATH®-Techniken. Sie hat zum Ziel, unsere Gedanken- und Gefühlswelt emotional in den Griff zu bekommen. Zu diesem Buch gibt es die MC/CD *Speed of Balance* sowie ein Basisprogramm (Buch, MC und Begleitheft zum Üben).

- *Self Empowerment: The Heart Approach to Stress Management*
  Die HEARTMATH®-Methoden werden hier auf das Selbstmanagement angewendet.

Über die Mitarbeiter

Sara Hatch Paddison
Sara Paddison brachte all ihre Erfahrung als Autorin, Mutter und als Mitarbeiterin von Doc Childre sowie das psychologische und pädagogische Wissen, das sie an der *East Carolina University* erworben hat, in ihre Arbeit an *Kannst du mit dem Herzen sehen?* ein. Sie ist Vizepräsidentin und Leiterin der Finanzabteilung des gemeinnützigen *Institute for HeartMath* (IHM) und Autorin des Buches *The Hidden Power of the Heart,* auf dem die erfolgreichen *Heart Empowerment*®-Seminare des IHM basieren und das inzwischen in der dritten Auflage vorliegt. In *The Hidden Power of the Heart* erzählt Sara, wie sie selbst sich durch die Anwendung von HEARTMATH – HERZINTELLIGENZ veränderte.

Dr. Deborah Rozman
Die Psychologin, Autorin und IHM-Abteilungsleiterin Deborah Rozman ist vielleicht am ehesten für ihre Buchklassiker für Kinder, Pädagogen und Eltern bekannt. Dazu gehören *Meditating With Children.* Sie ist eine führende Erziehungspsychologin und Gründerin einer erfolgreichen neuen Schule, die sich darauf spezialisiert hat, Kreativität und Intuition bei Kindern zu fördern. Sie entwickelt und präsentiert die IHM-Programme in den USA und Kanada und ist häufig Hauptreferentin bei Veranstaltungen.

Jeffrey Goelitz
Als Lehrer und Erziehungsberater ist Jeffrey Goelitz auch in der Lehrerfortbildung tätig. Er ist Autor von *The Ultimate Kid,* einem Leitfaden zum Lernen mit dem ganzen Gehirn für Eltern und Lehrer. In den USA gibt er HEARTMATH®-Seminare für Lehrer, Eltern und Berater. Derzeit ist er auch Direktor für Erziehungs- und Ausbildungsfragen am IHM.

Wanda Wortman
Wanda Wortman leitet ein Projekt für Hortbetreuung. Sie testete die Spiele und Übungen dieses Buches mit Kindern verschiedener Altersgruppen und machte Verbesserungsvorschläge. Sie ist selbst Mutter und berät Eltern in Fragen des Stressabbaus und der emotionalen Ausgeglichenheit in Familien.

Doc Childre:
Die Herzintelligenz entdecken
Das Sofortprogramm in fünf Schritten
Reihe: HeartMath – HerzIntelligenz

Stress - auch der so genannte negative Stress - gehört zum modernen Alltag. Die Auswirkungen für Herz und Gemüt sind enorm. Der Autor Childre hat eine Intelligenz entdeckt, die Soforthilfe ermöglicht: die Herzintelligenz.

Möglicherweise gehören auch Sie zu den Menschen, denen nach der Lektüre von *Die Herzintelligenz entdecken. Das Sofortprogramm in fünf Schritten* ein Stein vom Herzen fällt.

1999, 194 Seiten, 15 Abb., 15 x 21,5 cm, Paperback,
29,80 DM/27,50 sFr/218,– öS,
ISBN 3-932098-49-8

Doc Childre:
Immer dem Herzen nach
Ein Ratgeber für Eltern
Reihe: HeartMath – HerzIntelligenz

Dieses Buch vermittelt Eltern, wie sie die HERZINTELLIGENZ-Methode in der familiären Erziehung anwenden können. Damit bewahren sie selbst auch in schwierigen Situationen Ausgeglichenheit, verbessern die Kommunikation mit ihren Kindern und vermitteln diesen mehr Selbstbewußtsein. Die HERZINTELLIGENZ-Methode hilft Familien, einfühlsame Kommunikation zu pflegen und emotionale Belastungen zu mindern. Mit den leicht zu erlernenden, wissenschaftlich fundierten HERZINTELLIGENZ-Techniken können Eltern bei ihren Kindern Liebe zum Lernen sowie die Fähigkeit zu intuitivem Erkennen und Entscheiden aus dem Herzen fördern.

1. Auflage 2000, 194 Seiten, Paperback (15 x 215 cm),
29,90 DM/27,50 sFr/218,– öS, ISBN 3-932098-62-5

Doc Childre:
Kopf oder Herz?
Lifeguide für Teens
Reihe: HeartMath – HerzIntelligenz

Junge Menschen erleben viele Herausforderungen, Konflikte und emotionale Wellenbewegungen. Dieses Buch zeigt, wie sie zu meistern sind: indem man Kopf und Herz in Einklang bringt, seiner inneren Stimme vertrauen lernt und auch mit anderen auf der Ebene des Herzens kommuniziert.
Sich selbst entdecken, seinen Platz in der Gesellschaft finden, bewusst Beziehungen aufnehmen - all dies kann Stress bereiten. Die HERZINTELLIGENZ-Techniken helfen, sich auf sein Herz zu besinnen, um Selbstsicherheit, Klarheit und Ausgeglichenheit zu finden. In lockerem Ton behandelt der Autor Themen wie Musik und Drogen, Freundschaften und Emotionen, zuhören und miteinander sprechen. Ein Buch, das Jugendliche ermuntert, die schwierigen Jahre mit Kopf und Herz - mit HERZINTELLIGENZ zu meistern.

1. Auflage 2000, 149 Seiten, Paperback (15 x 21,5 cm),
24,80 DM/23,– sFr/181,– öS, ISBN 3-932098-64-1

Doc Childre:
Heart Zones
Musik zur Förderung der Herzintelligenz
Reihe: HeartMath – HerzIntelligenz

Das *Institute of HeartMath* hat jahrelang Untersuchungen der Gehirnwellen (EEG), des Elektrokardiogramms des Herzens (EKG), des Hautwiderstandes, der Körpertemperatur, der Atmung und des Blutdrucks bei Menschen vorgenommen, während sie Musik hörten. Die effektivste Kombination aus Tönen, Rhythmen und Zusammenklängen wurde zur Grundlage der Komposition von *Heart Zones*. *Die Musik zur Förderung der Herzintelligenz.*
Musik: Howard Martin (Perc.), Spieldauer 33:45 Minuten.

CD mit Booklet, 29,80 DM/27,50 sFr/220,50 öS, ISBN 3-932098-52-8

Institute of HeartMath (Hrsg.):
Forschungsberichte zur HerzIntelligenz-Methode

Das *Institute of HeartMath* (IHM) ist eine innovative, gemeinnützige Organisation. Ihr Gründer, Doc Childre, hat die Herzintelligenz neu entdeckt – jene Intelligenz, die in der heutigen Zeit häufig zu wenig beachtet wird und in der ein ungeheures Potenzial schlummert. Die Methoden des IHM helfen, Stress zu lindern und auf höhere Ebenen des persönlichen Gleichgewichts, der Kreativität und intuitiven Einsicht vorzudringen. Diese Broschüre dient dazu, anschaulich die Forschungen des IHM rund um die Methode *HeartMath – HerzIntelligenz* darzustellen.

53 Seiten, 35 Abb., 21 x 30 cm, 22,– DM/20,– sFr/161,– öS
Zu beziehen nur direkt bei VAK Verlags GmbH, Eschbachstr. 5, 79199 Kirchzarten, Fax 0 76 61/98 71 99

Andrew Matthews:
Tu, was dir am Herzen liegt

Dieses Buch zeigt exemplarisch, wie Menschen denken und handeln, die Freude am Leben haben und erfolgreich sind. Es vermittelt mit Witz und Humor wie man

- dahin kommt, eine Arbeit zu tun, die man gerne macht
- sich selbst und die anderen lieben, das heißt akzeptieren lernt
- sein inneres Gleichgewicht findet
- sein Leben meistert, indem man die Verantwortung dafür übernimmt.

2. Auflage 2000, 142 S., Paperback (18 x 24,5 cm),
29,80 DM/27,50 sFr/218,– öS, ISBN 3-932098-39-0